大众体育理论分析与多元发展研究

牛建军\著

中国水利水电出版社
www.waterpub.com.cn
·北京·

内 容 提 要

本书是在对大众体育进行长期研究、搜集大量相关资料的基础上撰写的,并借鉴参考了诸多学者的相关研究,是关于大众体育发展的科学成果。本书首先对大众体育的基本理论进行了分析,接着对大众体育的多元发展进行了全面的探讨,分别对社区体育、家庭体育、休闲体育、保健体育、健身健美体育这五个维度的大众体育进行了深入的研究。最后,则对不同人群参与大众体育的理论与发展进行了研究.包括儿童少年、青年、中老年、女性、残障人群等的大众体育。本书集科学性、系统性、实用性、时代性等特征于一体,知识性强,理论研究科学严谨,语言准确,章节划分得体,结构体系完整,理论与实践高度结合,对于推动大众体育的发展具有重要的价值与意义,是一本值得学习研究的著作。

图书在版编目（ＣＩＰ）数据

大众体育理论分析与多元发展研究 / 牛建军著. --
北京 ： 中国水利水电出版社，2017.6（2022.9重印）
　　ISBN 978-7-5170-5405-4

Ⅰ．①大… Ⅱ．①牛… Ⅲ．①群众体育—研究 Ⅳ.
①G811.4

中国版本图书馆CIP数据核字(2017)第105390号

责任编辑:杨庆川　陈　洁　　　封面设计:马静静

书　　名	大众体育理论分析与多元发展研究 DAZHONG TIYU LILUN FENXI YU DUOYUAN FAZHAN YANJIU
作　　者	牛建军　著
出版发行	中国水利水电出版社 （北京市海淀区玉渊潭南路 1 号 D 座 100038） 网址:www. waterpub. com. cn E-mail:mchannel@263. net（万水） 　　　　sales@ mwr.gov.cn 电话:(010)68545888(营销中心)、82562819（万水）
经　　售	全国各地新华书店和相关出版物销售网点
排　　版	北京鑫海胜蓝数码科技有限公司
印　　刷	天津光之彩印刷有限公司
规　　格	170mm×240mm　16 开本　19.75 印张　354 千字
版　　次	2017年7月第1版　2022年9月第2次印刷
印　　数	2001-3001册
定　　价	68.00 元

前　言

大众体育的开展对于人们体质健康水平的提高具有重要的意义,同时还能够促进人们保持良好的心理健康状态。因此,近年来我国积极注重推动大众体育事业的开展,促进人民健康水平的不断提升,使得人民生活质量和幸福指数得到全面提高。

早在 2011 年,为了促进大众体育的发展,我国就开始积极推进全民健身活动的开展,颁布了《全民健身计划纲要》。在 2014 年,"全民健身"上升为我国的国家战略,为大众体育的开展营造了更好的社会氛围。2016 年,我国又相继颁布了《全民健身计划(2016—2020 年)》(以下简称《计划》)《"健康中国 2030"规划纲要》(以下简称《纲要》)。新颁布的《计划》明确指出要不断推动人们体育健身意识的增强,促进参与体育锻炼的人数的增多。提出了到 2020 年,每周参加 1 次及以上体育锻炼的人数达到 7 亿的目标。而《纲要》提出了明确的健康指标,并提出积极促进全民健身运动的开展,促进人们参与体育活动的方法。

一系列政策文件的发布和执行为我国大众体育的发展提供了良好的发展契机,而大众的各项体育需求也为大众体育提供了内在的发展动力。为此,在大众体育发展过程中,应首先对大众体育实践进行总结和分析,不断完善大众体育的理论建设,并结合实际指出大众体育的未来发展方向。只有坚持科学的理论指导,才能够实现大众体育更好地发展。因此,本书对大众体育的基本理论进行了分析,在此基础上对其多元发展进行了研究与探讨,以期促进我国大众体育获得更好的发展。

本书共十章。第一章至第四章对大众体育的基本理论进行了分析,具体而言:第一章对大众体育进行了基本概述,第二章对大众体育的构成要素进行了分析,第三章对大众体育与现代社会的发展两者之间的关系进行了深入探讨,第四章对大众体育组织管理的相关理论进行了阐述。第五章至第九章对大众体育的多元发展进行了全面探讨,分别对社区体育、家庭体育、休闲体育、保健体育、健身健美体育这五个维度的大众体育进行了深入研究。第十章则对不同人群参与大众体育的理论与发展进行了研究,包括儿童少年、青年、中老年、女性、残障人群等的大众体育。

本书立足于我国大众体育发展的需求,对大众体育与我国现代社会的互动进行了多元探析,对于《计划》和《纲要》的具体实施具有重要的理论与实践意义。

在撰写本书时,参考了多位学者关于大众体育相关理论的前沿研究,在此对其表示感谢。大众体育处在不断发展之中,作者能力和精力也是有限的,书中所述如有不妥之处,敬请读者指正。

作　者

2017 年 3 月

目　录

第一章　大众体育概述

大众体育是体育的一种表现形式,他有着非常广泛的参与人群,同样也有着非常广泛的群众基础。随着全民健身运动的推进,大众体育作为其中一种非常有效的手段,受到人们的极力推崇。本章就大众体育基本知识进行阐述。

第一节　大众体育的概念与特点

一、大众体育的概念

所谓大众体育是指农民、职工、街道居民等群体凭借自身意愿参加的,能够促进参与者身心健康水平得以不断提高的,具有多种形式和丰富内容的群众体育活动过程。

从基本概念来看,大众体育是构成我国体育事业的重要组成部门。一般来说,人们往往会将大众体育与社会体育、群众体育相等同。

大众体育的概念分为狭义和广义两个方面。

从广义的层面来看,大众体育是相对竞技体育来说的,它是指除了竞技体育以外的所有的体育活动。

从狭义的层面来看,即为上述所下的大众体育定义,在此不再重复。

二、大众体育的特点

(一)广泛性与终身性

作为一种体育形式,大众体育是由大众所参与的,在大众参与性方面,没有任何一种文化形式能够与大众体育相媲美。无论在年龄、性别、阶层、种族和民族等方面,任何群体都能够参与到大众体育之中。换句话说,只要有人群的地方,都会存在着不同发展形态和发展程度的大众体育。

所有人的一生中几乎都离不开大众体育,因此终身体育中大众体育是一项重要的组成部分。

(二)灵活性

大众体育有着非常灵活的组织形式,社会团体、行政部门等都能够有效组织大众体育活动,群众可以自发地对大众体育活动进行组织和开展。大众体育不会因为一些因素的存在而在发展方面过分受到限制,通过参与多种形式、灵活的大众体育活动能够满足人们对体育的需求。

(三)业余自愿性

业余自愿原则是人们参与大众体育所必须遵循的一个最为基本的原则,这也是大众体育的重要特征之一。在参与大众体育活动方面,公民的行为不会受到任何人和手段的强制。相比较来说,在军队体育和学校体育中,军人和学生参与体育活动都具有一定的强制性,这也是大众体育与两者的主要区别。由此可以说,大众体育具有比较强的业余自愿性。

第二节　大众体育的产生与发展

大众体育健身是社会生产力发展到一定阶段所必然出现的一种社会现象,同时其对提高生产力、促进社会安定团结、繁荣人类精神文化生活等方面都有着积极的作用。

一、经济水平的提高

在社会文化生活发展中,经济的发展是其得以不断进步的前提条件和理论基础,经济基础能够为其他所有文化事业提供必要的物质保障。当发展到相应的阶段之后,社会经济必然能够更好地促使体育事业走向繁荣。随着人类的发展,大众健身也得到了相应的发展,可以说,大众健身是社会经济发展和社会发展进步的必然产物。工业社会的发展为大众体育健身的开展提供了充分的发展条件,人们的生活生产方式随着现代知识经济的到来产生了非常重大的变化,大众健身也得到了更好的发展。大众健身的迅速崛起是符合人类生存发展基本规律的。

在满足人们的最低层次的需要之后,人们也必然会产生更高层次的需求。换句话说,在人们将自身的吃穿住等问题解决之后,就会产生向高层次精神消费的需求。人们的体育观念随着社会的进步和物质的丰富而产生本质的变化,人们也逐渐开始从生产—生产—生产的定式改变为生产—休闲—娱乐新理念。这不仅是在我国,在世界诸多国家和地区中,只要是经济繁荣的地方,其文化事业也必然会得到相应的促进,大众健身也会具有非常大的发展潜力。

二、闲暇时间的增加

经济体制的改革和其结构的调整会随着经济的发展而得到促进。面临这种情况,发达资本主义国家会实现新的工作制度,这种新工作制度能够延长职工的休闲时间。成思危认为,人类大约在 1 万年前进入了农耕时代,只有 10% 的时间能够用在休闲方面;在出现手工业者和工匠等社会分工之后,则有 17% 的时间用于休闲;在人类进入蒸汽机时代之后,随着社会生产力的提高,人类的休闲时间占到 23%;电子化的动力机器到了 20 世纪 90 年代,每一件工作的速度得到快速提高,人们有 41% 的生活时间用于对娱乐休闲的追求。2015 年前后,随着知识经济和新技术的迅猛发展,人类有 50% 的时间用于休闲。这些都能够充分说明,社会的不断发展为人们从事大众健身提供了重要的时间保障,同时休闲时间的不断延长也为人们参与体育活动提供了可能性。20 世纪 50 年代后期,各个国家形成了娱乐行业和娱乐市场,并且体育娱乐行业也开始得以逐步发展起来。

三、城市化进程的加快

自从进入工业革命之后,欧美国家的社会经济得到了非常快速的发展,也是在此背景之下,各个国家的农村城市化也得到了非常快速的推进。这就使得城市之中集中了大量的人口,城市人口的密度得以快速增加。体育运动带有非常鲜明的市场经济特征。与此同时,人与人之间的社会距离也得以大大缩短,这使得大规模的群众体育活动的形成成为可能,如出现了几千人车越野,几百人横渡海峡,上万人参与马拉松比赛,几十万人参与健美和健身活动,几百万人参加相关体育协会,这些都不仅仅是奇迹。城市本身就是体育事业得以产生、发展和不断繁荣的地方。伴随着现代城市体育人口的不断增长,构建体育场地和大型体育设施已成为现代社会的必然要求。

四、科技的进步

随着现代科学技术的快速发展,人们的社会生产力得到快速提升,生产方式也逐步发生改变,从事脑力劳动的人员数量也在不断增长,在各个行业之中,脑力劳动人数占到全部就业人口的一半以上。由于长时间伏案工作容易造成"肌肉饥饿""运动不足"等情况,这会对人的身体健康产生非常重要的影响,这现已成为社会普遍关注的问题,这就使得大众健身能够为知识分子阶层提供服务,劳动知识分子成为大众健身的主要参与者,大众健身成为脑力劳动工作者进行健康投资的必要补充。脑力劳动者需要通过参与一些大众体育健身活动来更好地增进健康,提高自身的身心素质。正是在这种情形之下,大众体育健身得到了更好地推动发展。

五、现代都市"文明病"的加剧发展

随着现代社会和科技的不断发展,人们的体力劳动越来越少,家务劳动时间也越来越短。同时,随着社会经济的快速发展,国家也开始实行一些高物价、高工资、高消费的分配政策,在很多发达国家之中,一些居民的膳食结构和食物数量都发生了很大的变化。如美国每年每人消耗的食物总量为1 463磅,其中脂肪含量高达42%,动物蛋白摄取量占蛋白摄取量的80%。在营养学家看来,这样的膳食结构是非常不科学的,容易造成高血压、心脏病、糖尿病、肥胖症以及恶性肿瘤等现代"文明病"的产生和高发。人们也正是在此情况下对大众体育健身在提高人的身体素质和改善人体健康状况方面有着非常重要的意义,同时也能够很好地对各种疾病进行有效的预防和治疗,这就吸引着越来越多的人参与到全民健身运动之中。美国由于开展了大众健身,冠心病的发病率20世纪70年代比20世纪40年代下降了8.7%,死亡率下降了7%,20世纪80年代后仍在持续下降。

六、大众健身项目的多元化发展

传统体育运动项目在当前这个时代很难满足现代人多样化的体育运动需求,在日新月异的现代社会之中,人们的爱好和兴趣也都呈现出了很多不同的特点。我们正处在健身时代,多样化的体育目标也促使着大众健身要具有多元化的形式,以促使大众体育健身活动能够更好地针对不同的人群满足他们的多样要求。尽管不同的人有不同的欣赏口味,但是,在众多体育项目中,必然有一些经历了时间和历史的考验,从而在大众健身领域长盛不衰。

从大众体育运动项目的整个发展过程来看,其发展曲线呈现出一定的动态性。一些项目一直以来发展的都很平常,并没有出现起伏;一些项目曾经流行了很长一段时间,风靡一时,但只是昙花一现,日渐衰落;一些项目基本上处于苟延残喘、半死不活的境地。但我们也发现,有些项目具有顽强的生命力,他们在商家刻意的推动下,在人群中无意间发展成很大的规模。此外,在人群中每年都有一些新的项目成为时尚受到追捧。在时间和空间方面来看,不同的体育运动项目存在着一定的差别。这就是说在不同的时间和地域中人们所喜欢的体育运动项目也是不尽相同的,但对于那些流行于社会的项目来说,在空间和时间上具有相对稳定性和同一性。这些体育运动项目具有比较健全的竞赛制度和组织制度,包括各国和国际的专业组织、俱乐部,有国际性及各个层次的比赛,也有一大批爱好者。

七、大众体育健身的开放性和多功能性

大众体育健身具有非常明显的开放性特征,它是面向广大民众开放的。大众的共同参与,能够将其所具有的广泛而又深厚的群众基础充分展现出来,这些都是能够促使其流传于社会的重要原因。有些大众体育健身项目在一定时期内比较流行,由此可见它是开放的、不定的,而并非是封闭的、一成不变的。例如,有些项目虽然比较古老了,但是仍在流行;有的项目例如健美、钓鱼、体育舞蹈、轮滑、冲浪、滑水等目前正在向竞技体育的方向发展,成为奥运会候补项目,世界运动会的正式比赛项目;有的项目如网球、沙滩排球则已经发展成为奥运会的正式比赛项目。大众体育健身运动也正是因为这种交叉性和模糊性而左右逢源,能够更好地促使其自身得到发展。这种开放性主要体现在随着时代的不断发展,一些新的时尚健身项目得以不断涌现出来,不断推陈出新,没有尽头。

与此同时,大众健身具有很多功能,能够满足人们增进健康、消除身心疲劳、亲近大自然、调剂生活、陶冶情操、促进人际交往和追求刺激与欢乐等多方面的需要,这些也都是大众体育运动健身的魅力之所在,这也是其能够在现代飞速发展的社会中得到人们欢迎和喜爱的重要原因。世界上没有任何一种其他休闲手段能像时尚健身那样具有如此众多的功能,使你变得更加强壮、健美、快乐、充实、高雅、满足、坚强,以更好的体力和心情来迎接新的工作和生活,并且在运动、健身、健美中体验生活,享受生活。

八、大众健身与人力资本

就现代经济来说,人的健康、能力和知识等方面的不断提高相对劳动力数量和物质资本的增加对经济增长的贡献要远远高出很多。保健和教育是投资人力资本的两个重要方面。休闲健身可以视为是一种人力资源投资,因为可以将这种投资进一步转化成健康资本存量,这主要表现为无疾病、健康状态或延长寿命,良好的身体健康条件能够更好地创造出价值,成为人力资本中非常重要的要素。由此可见,在促使人力资本提升方面,大众体育健身有着非常重要的作用。

大众健身在促使人力资本提升方面有着非常重要的作用,健康人寿保险事业的发达是促使大众体育健身得以不断发展的另外一个原因,在美国有1 750家私人保险公司从事保险业务,80%的居民参加保险。这些保险公司为了减少和避免损失,也大力提倡大众健身,建立体育设施。为大众健身的开展提供了方便条件。这样就从客观上促进了大众健身事业的发展,提高了人们的健身积极性。同样,也满足了人们的心理要求,因为每个人都希望自己能够健康的生活,都希望自己能够延年益寿。

九、人口老龄化的加剧

人口老龄化作为一种社会现象,它现已成为当今世界的共同话题。根据相关标准规定,60岁以上的为老年人,但60岁以上的人口占到国家总人口的10%或65岁以上占到国家总人口的7%都是进入老龄社会的标志。

20世纪四五十年代后,发达资本主义世界人口增长趋于缓慢,出生率大大下降,又由于医疗水平的提高,平均死亡年龄上升,老年人在社会上的比重越来越大,出现了社会老龄化的现象。1996年我国60岁以上的人口达总人口的10.5%;而2002年的统计数据显示:我国65岁以上的人口总数已经达到9 377万人,占总人口的7.3%。预计到2020年,我国60岁以上的老年人将占总人口的16%。所以,老龄化社会正在以迅猛的速度向我们袭来。

众所周知,人步入老年以后,身体素质会急剧下降,所以健康状况会受到极大的威胁。伴随着人口老年化的恶性发展,各种疾病、传染病也在社会上加速传播开来,所以,老年人口的迅速增加,会产生一系列的社会问题。在现代大众健身中,中老年人是一支重要的中坚力量。因为中老年人受到的健康威胁要更大一些,他们对大众健身的热情和积极性也就更高一些。如果大众健身运动能够广泛、全面的普及,那么必然会大大增进老年人的健康素质,由此减少老年人疾病的发生率,能够有效地减轻社会福利和医疗费用,从而缓解政府和社会的经济压力。所以,大众健身运动得到了政府和社会各界的大力支持。

十、大众体育健身是构建和谐社会的基本途径

随着现代经济全球化的不断发展,世界各国在经济方面的交往也越来越频繁,这使得和谐社会的构建的意义不仅在中国,在世界各个国家都有共同发展的趋势。全面发展的人是构建和谐社会的重要基础,通过参与大众体育运动健身能够促使人身心更加和谐,对人际关系进行改善,达到人与自然环境、社会的和谐。大众体育运动健身的开展就是要促使人们大众健身意识的不断提高,形成一种科学、健康、文明的生活方式。在人际交往过程中,大众运动健身起到一种连接纽带的作用,正是在这一作用的推动之下,在共同健身目的的指导下,人们走到一起,融合到一起。人类的融合是人与自然达成和谐相处的一个基本条件,这对于整个社会的和谐都有着非常重要的促进作用。

第三节　大众体育健身的发展

大众体育健身自兴起之后便得到了相应的发展,本节主要对大众体育健身的发展阶段、发展现状及发展趋势进行阐述,旨在梳理大众体育健身发展的脉络,从而加深对大众体育健身的认识。

我国大众体育健身直到新中国成立之后才得到了相应的发展,发展至今,其主要经历了以下几个阶段。

一、创业阶段

1949—1957 年为创业阶段,在这一阶段中,中国尚处于百废待兴时期,多年的战乱使得我国国民的身体素质需要得到不断加强,中国民族身体素质的不断提高现已成为建设新中国和保卫祖国的重要保障。也是在这一时期大众体育健身受到了国家高度的关注和重视。中华全国体育总会于1952 年正式成立,在成立之初,毛泽东主席也专门进行题词:"发展体育运

动,增强人民体质"。同时,毛泽东主席也曾这样指出:体育是关系到 6 亿人民健身的大事。1954 年,国家体委制定并颁发了《关于加强人民体育运动工作的报告》,在其中明确指出:我国进入到计划经济建设阶段,人们的身体健康需要加强,各级党委将人民的体育运动作为一项国家新事业来抓,这使得大众体育健身得到了前所未有的发展和重视,在当时已成为体育事业发展的重要核心。

1952 年 6 月,成立了中华全国体育总会;同年 11 月,成立了中华人民共和国体育运动委员会。1955 年,全国总工会设置了体育部门,专门负责相关的职工体育工作。此外,各个省市、自治区等也先后成立了体育部门。1956 年,我国召开了首次全国农村体育工作会议,该会议要求建立相应的县级体委,并配备专职干部,重点强调了在农村体育中要贯彻简便易行和业余自愿的体育工作原则。1957 年,铁路、公安等全国 20 多个系统也相继成立了行业体育协会,拥有 4 万个基层职工体育协会。同时,体育场地设施在全国范围内也得到了前所未有的建设。在 1949 年,体育场地仅有 4 982个,3 年之后,各类体育场地数量就已经达到了 10 271 个。1953 年至 1957年期间,全国共建成体育场地 18 191 个,仅 1956 年一年间就建成 5 494 个,超过了新中国成立前体育场地的总和,极大地激发了广大人民群众参与体育锻炼的兴趣和热情。在此过程中,大众体育健身更加强了对骨干人员的相关培训,共培养了 41 000 多名骨干人员。同时,在学习和借鉴苏联先进经验的基础上,对有关大众体育健身活动的制度和政策开始制定和实施,进一步推广了"劳卫制",并实施了基层体协制度、产业体协制度、职工体育制度、工间操制度、广播操制度等。这一阶段,也逐步成为大众体育建设的一个"黄金发展时期"。

在这一时期,中华民族的身体素质得到了更好改善,同时也更好地促进了国防和经济建设的发展,并为大众体育健身以后的发展制定了一个基本框架。大众体育健身在这一时期有着非常鲜明的军事和政治色彩,它着重强调要为社会生产和国防建设提供相应的服务,这就使得大众体育健身成为非常严肃的政治任务,同时也将爱国主义同群众体育结合在一起,对人们参与体育锻炼的政治责任感予以极大的激发,在全国范围内掀起了参与体育运动健身的热潮。由于场地设施比较缺乏,并且要与社会生产和国防服务的相关需要相贴近,大众体育活动在这一阶段的内容比较枯燥、单一,具有突出的实用性,但多样性比较差,主要以军事性较强的项目或体能练习为主。

二、起伏发展阶段

起伏发展阶段(1958—1965 年)起始于 1958 年全国范围内出现的由于"左"倾思想占据主导地位,导致的全国性的"大跃进"运动,不切实际的高指标、浮夸风和形式主义在各行各业中泛滥成灾。许多地方大搞"千人表演""万人誓师"和"停产突击",要求工人"挑灯夜战做体操",农民"白天千军万马,晚上灯笼火把"进行突击锻炼。这些行为严重违背了大众体育健身的客观规律乃至人体的自然规律,雪上加霜的是在 1959 年后我国进入了三年的严重自然灾害,全国很多民众都吃不饱穿不暖,大众体育健身发展很快陷入了低潮,大多数群众停止了体育锻炼,不少体育协会无疾而终,"劳卫制"无法继续坚持下去,大众体育健身陷入停顿状态。从 1963 年起,全国人民熬过了三年自然灾害,我国的国民经济形势也有所好转,各行各业逐渐恢复了生机,大众体育健身的发展也开始复苏起来。1964 年在原国家体委的大力推动下,游泳、通讯、射击、登山在全国得到了大力发展,被称为"四项活动"。到了 1965 年,这四项体育活动的参与人数达到了 250 万人。同时,"劳卫制"经过一系列修订,成为《青少年体育锻炼标准》。

这一时期,群众体育在短短几年内大起大落,这使人们清醒地认识到群众体育工作的规律:大众体育健身的发展要与国家经济发展水平相适应,而不能超过这一水平,大众体育健身工作也不能与具体实际相脱离、违背身体锻炼原则的客观规律。根据我国大众体育健身开展的具体实际和实践经验,原国家体委科学制定出"业余、自愿、小型、多样、因时、因地、因人制宜"的原则。这些原则指明了我国大众体育健身的发展方向,即实事求是,注重实效。在这些原则的指导下,与我国基本国情相匹配的一整套大众体育发展模式也在逐步形成。全国范围内的各类大众体育健身组织开始恢复和新建。1965 年,随着第 2 届全国运动会的举行,大众体育健身活动在全国范围内开始出现高潮,得到了进一步发展。

三、畸形发展阶段

畸形发展阶段(1966—1976 年)指的是 1966 年开始的史无前例的十年"文化大革命"。"文化大革命"开始后,各级体育行政部门的工作处于停滞状态,先前建立起来的一整套行之有效的规章制度受到批判,甚至被废止。同时,已经形成的职工体育组织网络和业余体育运动队也被迫解散,其组织管理体系也在浩劫中荡然无存,已形成制度的广播操、工间操无法继续开展下去。民间的一些传统的体育活动甚至被列为"四旧"而惨遭批判,就此失传。群众性的运动竞赛活动也因无人敢组织而停止。大众体育健身从头到脚没有正常的地方。"文化大革命"时期文化专制主义压抑了各种文化活动的发展,导致各种文化活动一片凋零,社会文化生活异常枯燥,能够触及的仅仅是少得可怜的五出"样板戏"。寻求大众体育健身活动成为当时唯一能够满足人们文化需求的关键。于是 1969 年后大众体育健身异乎寻常的兴旺起来,全国不少县级以上的机关、工厂纷纷开展了以球类、游泳、长跑为主要内容的群众性体育竞赛活动。厂矿企业在节假日经常举办田径运动会和球类项目的联赛等竞赛活动。一年一度的"7·16"游泳横渡江河水库活动在职工中也得到普遍推广。职工开始自发地开展体育锻炼活动。农民则利用学校的场地、晒谷场和田间空地开展力所能及的体育活动。但是,这时的大众体育健身活动在所谓"突出政治"的干预下,完全违背了"业余、自愿、小型、多样、因时、因地、因人制宜"的开展大众体育健身活动的原则,大众体育健身活动中的形式主义在这一时期达到了极致,如出于政治需要,停工停产,大搞"千人操""万人横渡"等形式主义活动,完全依靠政府发号施令,通过行政手段来开展大众体育健身。大众体育健身的政治功能被人为夸大,常常被当成政治工具来冲击或干扰生产,产生了极坏的影响,使得我国在这一时期大众体育健身的发展极为不正常。

四、恢复、发展与初步改革阶段

恢复、发展与初步改革阶段(1977—1991 年)指的是随着"文化大革命"的结束,我国的各行各业均处于一个急需恢复、发展的状况。1978 年中国共产党第十一届三中全会标志着我国社会进入了改革开放时期。随着政治的稳定,思想的解放,经济开始快速增长,使我国各级各类的大众体育健身组织都得到了迅速的恢复和完善,大众体育健身活动在新的社会环境中得到迅速恢复和发展,从此进入到一个新的发展阶段。

20 世纪 80 年代随着我国社会经济体制改革的逐步深化和企业经营机制改革力度的加大,在计划经济体制下形成的大众体育健身发展模式遭遇到发展的瓶颈,社区体育这一新的大众体育形态在我国城市地区应运而生。社区体育在我国最早是由天津市河东区于 1989 年率先提出,最初是街道社区体协开展的各种体育文化活动,后来逐步扩展为对所有区域性体育活动的统称。业余休闲时间在家门口开展的社区体育活动逐渐成为满足人们体育需求的一条新途径,城市大众体育健身活动就此迅速得以普及并兴旺起来,在全国各级各类的大众体育健身组织以及早、晚锻炼的人群随处可见。

在农村,大众体育健身也得到了极大的重视,发展不甘落后。此时,一些诸如"辅导站""文化站""农村文化中心"等活动组织在各个地区的农村相继成立,并且这些活动组织都将体育活动作为重要的内容。1985 年,国家开始采取鼓励政策,对一些体育发展的县进行评比,并对优秀者给予奖励,这一措施极大地推动了农村体育工作的健康发展。1985 年中国农历体育协会经国务院批准而成立,随着各个省、市、自治区都相继建立了农民体协,并且在一些乡镇还配备了兼职或专职的体育干部,这为开展农民体育活动提供了便利。1990 年,随着"亿万农民健身活动"的推出,农村体育健身活动得到了很好的发展。

1979 年 11 月我国夺回了在国际奥委会的合法地位,中国体育开始全面登上世界体育舞台。迅速提高竞技体育水平,通过竞技体育的成就向世人展示中国,成为一项极为重要的政治任务。于是,在开展实际工作时,就呈现出重竞技体育、轻大众体育健身的现状。大众体育健身在竞技体育发展的前提下反而受到了影响。大众体育健身活动的发展和改革并未得到其应有的重视,但也没有脱离原有计划经济体制下的基本框架。

五、改革深化与创新阶段

1992 年之后为改革深化和创新阶段,这一阶段主要表现为随着社会经济改革的不断深入,人们逐渐意识到以计划经济体制作为基础的大众体育健身体制无法将大众体育健身在新的发展形势下的目的和功能实现,必须要对现有的大众体育健身体制进行有效的改革。全国体委主任座谈会于1992 年在广东中山召开,会议的主题是探讨体育改革。在会议上,时任国家体委主任指出,我国体育在改革开放以来取得了非常大的成就,但在计划经济体制的相关影响之下,体育管理体制的高度集中及其所带来的诸多问题很难适应当前的社会主义市场经济的发展。这就要求我们要促使体育改革的步伐得以加快,对体制进行转换和改革,以更好地建立同我国社会主义市场经济相适应的,符合现代体育运动规律,受到国家调控,依托于社会,能够自我发展的充满活力和升级的良性循环的体育管理体会和运行机制,从而形成以社会办作为主体,国家办同社会办相结合的新局面。在改革体育发展路线方面,本次会议具有历史性和转折性的意义,这标志着我国体育改革已经进入到了一个深入、全面的新阶段。为了纪念这次会议的重要性,在体育史上有着"中山会议"的纪念性称呼。国家体委在 1993 年下发了《关于深化体育改革的意见》,对体育改革发展确定了总体目标:改变原有的高度集中的体育体制,并建立能够适应社会主义市场经济体制,与现代体育运动规律相符合,受国家调控、依托于社会,并能够自我发展的充分活力的体育管理体制和良好的运行机制,将国家办与社会办有机结合起来,形成集中与分散相结合的格局,从而建立一个具有中国特色的社会主义体育新体制。要想确保该目标的顺利实现,就必须要使大众体育健身普通化、生活化、科学化、社会化、法制化和产业化。个人在体育方面的消费类型由福利型转变为消费型。体育活动由国家独办转变为所有参与者共办,并使体育组织脱离单纯行政型的组织形式。体育干部也由经验型转变为科学型,体育事业从事业型向产业型转变;体育工作也逐渐开始法治化。

国务院在 1995 年 6 月 20 日,颁布了《全民健身计划纲要》,这也是我国这一时期开展体育健身活动的重要的纲领性文件,进而向着进一步提高民族素质的战略高度出发,这对我国体育健身活动的任务、目标、措施提出了比较明确的要求。

1995 年 10 月 1 日《中华人民共和国体育法》的实施,为广大人民群众参与体育的基本权利,落实全民健身计划提供了强有力的法律保证。围绕着《全民健身计划》的出台与实施,《中国成年人体质监测标准》《大众体育指导员技术等级制度》等有关标准在全国范围得以相继推行。1996 年度体育彩票公益金的 60%用于建设全民健身活动场所,在全国城市的社区配建体育健身活动场地、设施,实行全民健身路径和全民健身工程。1996 年 11 月,国家体育总局在湖北武汉召开了第一次全国城市社区体育工作会议,对社区体育的概念、发展方向、现状特点等进行了深入的探讨和定位。

随着我国经济和社会改革的迅速发展,人们的生活水平得到明显的提高,加上 20 世纪 90 年代中期开始实施的"双休日"制度,人们经济条件的明显改善和闲暇时间的增多,为大众体育健身活动的开展提供了更好的契机,人民大众参与体育健身的热情高涨,人数激增,我国大众体育健身呈现出良好的发展势头。我国 16—70 岁的体育人口从 1996 年占总人口数的15.5%迅速上升到近年的 40%以上,有了巨大幅度的增长,从人数上来讲约有 4 000 万以上的人民群众加入到体育人口的行列当中。若将 7—15 岁的在校学生和武装力量作为体育人口统计在内,目前我国体育人口中7—70 岁的体育人口占总人口数的 50%,有了大幅度的增长。

上述这些体育改革措施极大地促进了中国大众体育健身事业的发展,推进和加快了大众体育健身活动的创新与发展、体育知识的普及、体育意识的培养以及相关体育理论科学知识的发展。同时,大众体育健身自身的功能得以充分的拓展,其产生的经济效益和社会效益越来越显著,在社会生产要素的改善、效率的提高、医疗费用的降低和社会稳定程度等诸方面也有显著的作用。但是我们更要清醒地看到,我国大众体育健身的基本格局是在新中国成立初期计划经济条件下建立的,在其后的几十年发展中,尽管进行了多次的改革,其基本格局却没有发生实质性的改变。而我国经济与社会改革的迅速发展,人民生活水平的明显提高和改善,大众对健康和体育需求的日益强烈,对参与大众体育健身愿望的日益高涨,如何面对21世纪第二个10年的新形势下的大众体育健身发展呈现的挑战与机遇,将市场经济机制与公益性极强的大众体育健身正确地结合起来,建立和完善适合我国国情、由国家调控、依托社会、服务大众,能更好地适应社会主义市场经济的大众体育健身管理体制和良性循环的运行机制,在理论和实践中仍存在着许多亟待深入探讨和解决的问题。继续深化大众体育健身体制的改革,将成为新世纪发展大众体育健身,推动全面建设小康社会的关键。

第四节 大众体育的结构与功能

一、大众体育的结构

体育作为一个系统,它是复杂的、开放的,其结构特征也是非常清晰的,而体育也正是因为这一结构才能够作为一个系统存在。大众体育的结构是指大众体育得以构成的各个内部要素之间相互作用、相互制约、相互联系的一种相对稳定的方式,现代体育主要是由多层次子系统共同构成,这些子系统共同组成了整个母系统,常见的子系统主要分为七种,分别是群众体育系统、竞技体育系统、学校体育系统、体育科研系统、体育宣传出版系统、体育场馆系统、体育服务系统。

大众体育中的这些子系统都是相互制约、相互联系的。各个子系统又分别包含了很多环节以及不可或缺的要素,这些要素和环节也都是相互独立、自成体系的,但同时也会受到整体的影响。由此可见,大众体育的各个环节都是相互渗透、相互作用、相互联系、相互制约的有机整体。体育有着很多种结构模式,其中学校体育、大众体育和竞技体育是其中最为基本的三种模式。这三种体育模式各自都有着独特的结构,具有比较鲜明的独立性特点。三者之间的区别在于结构而非内容,同时也在于大众体育各构成要素相互联系,相互作用方式的不同。

增进健康、增强体质是大众体育的根本任务,大众体育围绕这些任务,将各个子系统按照一定的结构形式,构成了一个相互联系的有机整体。这个整体的根本性质是社会系统这一物质的系统。从规模方面来看,大众体育作为一个组织系统,非常庞大,其中各个子系统又分为很多环节和要素,在一定程度上各个子系统也都是相对独立的,有着各自不同的功能。

(一)大众体育结构的特性

1.大众体育结构具有整体性

在现代社会中,大众体育是人们生活的重要组成内容,因此它能够将体育的本质属性和发展方向予以最大限度地体现出来。在大众体育中,每一个组成部分都是一个有机整体,无论职业、年龄和性别的人群以及各类参与者都是参与大众体育活动的主体,如果缺少了他们的参与,那么大众体育的结构也将变得不再完整。大众体育内容也存在很多联系,并且还能同外界环境进行能量、物质、信息交换的过程,这些交换和联系也都是通过大众体育的结构来进行实现的。

2.大众体育结构具有稳定性

目前,大众体育主要包含了职工体育、中老年体育、妇女体育、幼儿体育、残疾人体育、家庭体育、民族体育、民间体育等许多类别。以上各个部分相互之间存在着非常密切的联系,同时也是相互制约的,这些特点也将大众体育结构所具有的稳定性予以体现出来。但相比于学校体育和竞技体育的结构来说,大众体育结构在稳定性方面还是比较松散的。大众体育有着更加开放的系统,并且内外环境之间有着稳定的联系,同时同外界环境之间进行着稳定的能量、物质和信息交换。

3.大众体育结构具有层次性

现代大众体育有着非常复杂的结构层次,按照一定的标准可将其结构层次划分为表层结构和深层结构。

表层结构主要包括大众体育的类别结构、年龄结构、等级结构、项目结构、组织结构、管理结构等。

深层结构主要包括大众体育的功能结构、性质结构、智力结构、知识结构、人才结构、技术结构等。

4.大众体育具有动态性

相比于稳定性来说,大众体育结构也具有动态性,其整体性也是处在不断发展之中的,层次性也是时刻变化的。所以,大众体育结构的动态性也是一种普遍的、绝对的现象,这一特性是比较客观的。在人类社会中,大众体育是一种特有的现象,其结构除了会伴随着自身的运动而产生相应的改变之外,也会随着人类社会的发展而产生相应的变动。正是由于大众体育结构所具有的动态性促使着大众体育的发展不断遵循着过去、现在、未来的纵向序列,促使大众体育的发展速度、发展规律和发展程度始终处于不断变化之中,能够呈现出多姿多彩、纷繁复杂的局面。

(二)大众体育结构的类型

大众体育按照各个不同的标准和需要,以及不同的角度可以划分成很多种不同的类型。要根据具体的问题来进行具体应用。

大众体育结构从宏观角度来看,可以划分为分析结构和具体结构两种类型。

分析结构是指各种具体结构社会方式的总和,这种结构是抽象的,它是人类理性的产物。该结构主要可以从纵横两个方面来进行研究,纵的方面主要是分析各个不同时期人们的体育态度、价值观、活动方式等方面,横的方面主要是分析不同学历、不同职业等对人们的态度、价值观、活动方式的影响。

具体结构是指民间体育、婴幼儿体育、老年人体育、妇女体育、残疾人体育、职工体育、农民体育、家庭体育等形式。这种结构是有形的,可以使人们认识到,体育同社会生活的各个方面的联系都很紧密,并不是一种孤立的社会现象。对结构类型进行分析主要是对社会当中的经济、政治、文化等因素对体育的渗透和影响进行研究。

从组成形式方面来进行分析,大众体育结构可以分为封闭结构和松散结构两种。

封闭结构主要是指体育协会、体育俱乐部等一些具有比较严密纪律的团体和组织。

松散结构主要是指由群众自发组织的结构,这种结构一般情况下没有章程来更好地约束参与者,如自发组织起来的球迷团体、业余体育队、公园晨练点等。

从功能层面来看,大众体育结构主要包括决策、执行、协调、保障等组织机构,从这一方面来看,这些组织结构都是同属于管理系统结构。

大众体育有着比较松散的结构体系,它主要是由各个不同的参与者、不同的参与目的和参与动机所决定的。这就使得大众体育继承了自愿、小型多样的原则。其中个人与个人之间、组织和组织之间的关系是平等的,这种形式开展的体育活动往往不以争胜负为主要目的,而是主要体现其娱乐性和群众性的特点。

对于大众体育的发展速度和发展规模来说,大众体育结构有着非常重要的影响。结合合理性对大众体育的功能和性质有着重要的决定作用。更加趋于合理的大众体育结构,其系统中的各个构成部分都能够促使其整体更加有序化、组织化,也就越能够接近结构整体性的最优化的目的。大众体育结构具有多层次、多角度的特点,它能够将各个不同时期人们对体育的理解和认识予以更好地反映出来。所以随着我国体育社会化进程愈发快速,那么对于大众体育结构的合理性的研究与形成社会主义市场经济相适应的组织网络化体系是必须要完成的任务。

二、大众体育的功能

(一)大众体育的健身功能

人们参与身体锻炼总是要通过参与大众体育活动来实现。体育锻炼指的是通过各种形式的身体练习,与周围环境及卫生因素相结合,为了达到健身、娱乐与防治疾病为目的而进行的体育活动。体育锻炼有利于使人体的正常生长与发育得到保障;有利于人体机能水平与基本运动能力的提高;有利于保持年轻、达到延年益寿的效果;有利于对不良情绪与心理的调节,使自己精神饱满;有利于促进自身对外界环境适应能力的提高;有利于疾病的防治和身体功能的保持与恢复等。体育锻炼可以采取多种多样的方法进行,人们可以根据自己的身体需要与所追求的目的来选择适合自己的体育项目进行锻炼。

大众体育活动形式多样,不同形式的体育活动能够对人体发挥良好的健身、健美及健心功能。人们可以通过体育运动来使自身的体质不断增强,也可以促进自身健康水平的不断提高。这主要是由于人们的身体形态、身体机能、运动能力、适应社会环境的能力以及抵抗疾病的能力都有很大的发展与增强的潜力,只要运用科学合理方法进行体育锻炼,就在能够很大程度上增强自身的体质,防止疾病的发生。

(二)大众体育的社会功能

人们参加丰富多彩的大众体育活动能够锻炼自己的社会实践能力,具体体现在以下几方面。

1.有助于改善人际关系

现代社会中,人们的生活节奏不断在加快,在这样的生活环境中越来越喜欢将自己封闭起来,这样人与人之间的交流与沟通就难以实现,亲人与朋友之间的感情就会不断淡化,人与人之间很难通过接触营造和谐的社会氛围。人们整天埋头工作,如果没有一些特殊的活动,很难与其他人进行接触与交流。参加体育运动能够将这种局面打破,不管人们在性别、地域、信仰等方面有多大的不同,一旦参与到体育运动的锻炼中,他们就很容易接触、交流与互相学习,这时他们所形成的人际关系是融洽、和谐的。人们通过大众体育运动的参与互相传达信息,互通有无,交流自己的心得,心与心的距离就会不断拉近。在大众体育运动的参与过程中,人们能够结识很多朋友,他们之间相互帮助,保持着一种良好的人际关系,有利于其在社会上的生存与发展。

2.有利于竞争意识和协作精神的培养

大众体育运动对群众有着强烈的吸引力,主要是因为体育运动的形式多种多样,而且大都是以竞争与对抗的形式开展的,因此人们会积极参与其中。无论是体育活动与体育比赛,竞争与拼搏的精神贯穿在活动的始终。即使是充满娱乐性的体育游戏,也会有强烈的竞争性从其中反映出来。人们参与大众体育运动,参加体育竞赛,能够促进自身竞争意识的增强,促进对自身团结合作精神的培养。所以,大众体育对一个人竞争能力的培养和团结精神的养成具有积极的促进作用。集体性的体育活动能够表现出激烈的竞争性和超强的集体配合性,人们参与其中不但能够促进自身技能的充分发挥,促进自身体能、技能与心理水平的不断提高,而且能够使自身养成自觉遵循规则,与其他人团结协作、相互配合的习惯,这些又会反过来促进大众体育活动的顺利开展和良好锻炼效果的取得。

3.有利于德性修养的提高

大众体育的另外一个重要的社会功能就在于,人们通过参与大众体育活动,能够促进自身形成良好的品德。一个人的理想、信念等都会对其自身良好品德的形成造成一定的影响,有很强实践性特征的大众体育运动也会对一个人的德行修养产生影响。现阶段,人们社会责任感缺乏、自私等一些不良的心理问题就很容易出现。大众体育运动具有很强的竞争性与合作性特征,在参与过程中,一些活动任务需要人与人之间的相互协作才能完成,所以,参与大众体育活动,能够对人良好的个性品质与美好品德进行培养,使其成为一个自强自立、品格升华的人。

（三）大众体育的娱乐功能

概括而言,自娱与他娱是大众体育娱乐功能的两个突出表现。大众体育的自娱性指的是人们通过参与大众体育运动,能够在精神上获得满足,从而表现出一种娱乐的心态。他娱性指的是人们在观看大众体育运动的表演或比赛的过程中,情绪随着表演或比赛情况的变化而起伏不定,或高兴,或失落,或欢呼,或抱怨,这些情绪的变化都能够使其精神需求得到不同程度的满足。

不管是大众体育运动的自娱还是他娱,人们的心理与精神需求以及人们对大众体育的价值的认同是大众体育娱乐的重要基础与条件。大众体育娱乐既包括人们对大众体育外在形式美的享受,又包括人们对大众体育特性的崇尚与向往。人们对大众体育的推崇在对抗性与竞技性项目中能够得到充分的体现。对抗项目表演或竞赛的参与者在激烈的对抗中,能够将自己的勇敢、威武、顽强、聪慧甚至暴力的特征充分展示给观赏者,从而唤起观赏者的本能意识,使其在思想上受到刺激,精神上得到满足。

在大众体育的对抗性运动与竞技运动项目中,人体的力量美、灵巧美、速度美和柔韧美也能够得到淋漓尽致的表现,从而使人在竞技对抗的环境中感受美及其带给自己的愉悦感,观赏大众体育的人也能够从中得到美的享受。

人们参加大众体育,虽说是为了娱乐与健身,但也要达到一定规范程度,否则健身的效果就不会很明显。人们要将自己内在的精神通过外在的身体动作在大众体育中展现出来,要通过外部动作来将自己的节奏与风格体现出来,这就促使大众体育的运动特色及审美特征得以形成,从而增强参与者与观赏者的精神满足感。

大众体育具有内在精神美,这主要是从参与大众体育的表演中集中表现出来的。以传统休闲运动中的武术为例,其内在精神美具体表现在表演套路与套路对练中,前者能够将武术功力与技巧显示出来,后者是对实战的临摹。这种表演对武术的内在精神进行了反映与宣扬,血腥成分很少,艺术欣赏成分较多,从而给人以美的感受。

大众体育因其内容丰富、价值多元而受到很多人的欢迎,大众体育的受众没有年龄、性别及阶层之分,群众基础广泛,而且一些大众体育项目在时间、地点及场地上没有太高的要求,从而体现出其简便与经济的特点。因此大众体育逐渐发展成为人们健身与娱乐的重要手段。

第五节　大众体育的发展现状与趋势

一、我国城市市民参与大众体育活动的基本情况调查

（一）参与调查的城市市民基本情况

根据相关调查,选取我国部门城市的市民作为研究对象,并采用分区、分层抽样的方式来对这些城市不同年龄阶段市民进行抽样调查。根据相关调查结果可知,有效调查对象共490人,其中男性有267人,女性有223人,分别占到总调查人数的54.5%和45.5%。以上这些参与调查的市民中,有451人从事脑力劳动工作,占到总人数的92.0%,有39人从事体力劳动,占到总人数的8.0%。

根据相关数据显示,在这些参与调查的市民中,有52人处在10—19岁这一年龄段,占总人数的10.7%;有71人处在20—29岁年龄段,占总人数的14.5%;有120人处在30—39岁年龄段,占总人数的24.5%;有78人处在40—49岁年龄段,占总人数的15.9%;有86人处在50—59岁年龄段,占总人数的17.5%;有83人处在60岁以上年龄段,占到总人数的16.8%(图1-1)。其中,在这些被调查的人中,有90人达到研究生学历,占总人数的18.4%;有303人达到大学学历,占到总人数的61.8%;有89人达到高中学历,占到总人数的18.2%;有8人为初中及以下学历,占1.6%,如表1-1所示。

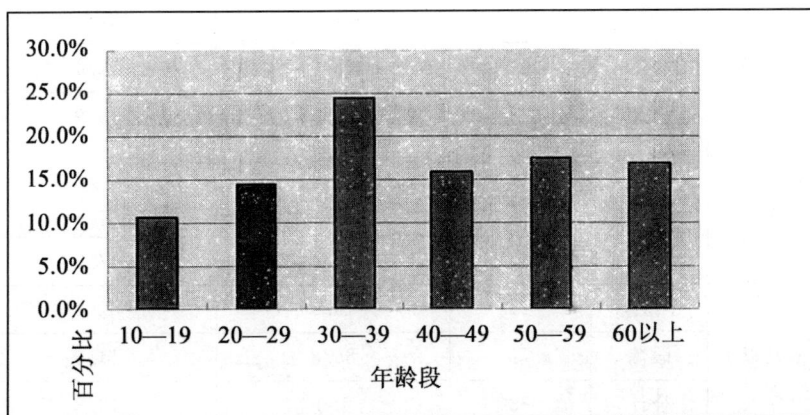

图1-1

表1-1　学历层次分布及占比

学历	人数	百分比
初中及以下	8	1.60
高中	89	18.2
大学	303	61.8
研究生及以上	90	18.4

(二)我国城市市民参与大众体育锻炼年龄段结构调查

表1-2　各个年龄阶段人群参与大众体育运动的占比

年龄段	选择	人数(人)	占该人群百分比(%)	占总样本百分比(%)
10—19岁	不锻炼	23	44.2	4.7
	锻炼	29	55.8	6.0
	合计	52	100	10.7
20—29岁	不锻炼	43	60.6	8.8
	锻炼	28	39.4	5.7
	合计	71	100	14.5
30—39岁	不锻炼	24	20	4.9
	锻炼	96	80	19.6
	合计	120	100	24.5
40—49岁	不锻炼	17	21.8	3.5
	锻炼	61	78.2	12.4
	合计	78	100	15.9
50—59岁	不锻炼	7	8.1	1.4
	锻炼	79	91.9	16.1
	合计	86	100	17.5
60岁及以上	不锻炼	11	13.2	2.2
	锻炼	72	86.8	14.6
	合计	83	100	16.8

年龄段	选择	人数（人）	占该人群百分比（%）	占总样本百分比（%）
总计	不锻炼	120		24.5
	锻炼	370		75.5
	合计	490		100

根据表 1-2 所示，从调查结果中发现，在年龄结构方面，我国城市市民在参与大众体育方面存在着非常不均衡的现象，从年龄结构来说，在参与体育锻炼的总人数中，10—19 岁阶段的人群占到 55.8%，20—29 岁占到 39.4%，这就形成了所谓的"断层现象"。

根据以上数据分析表明，参与大众体育的各个年龄段存在非常明显的失衡现象，这就是"断层现象"。导致这一现象产生的原因，一是学生毕业之后就没有参与体育活动的环境；二是当前在就业和工作方面面临很大的压力，这部分人群为了获得生存，很少有多余的时间参与大众体育；三是由于各种生活原因，如家庭生活琐事繁多等，致使他们放弃了参与大众体育活动。

（三）我国城市市民参与大众体育锻炼与受教育程度调查

表 1-3　参与大众体育锻炼与受教育程度百分比

是否参与大众体育锻炼	受教育程度（人数/百分比）			
	初中及以下（8/1.6）	高中（89/18.2）	大学（303/61.8）	研究生及以上（90/18.4）
是	1/12.5	18/20.2	282/93.1	69/76.7
否	7/87.5	71/79.8	21/6.9	21/23.3

根据人们受教育的程度来进行分析，从表 1-3 得出的相关数据来看，在所调查的参与大众体育活动的人口中，研究生层次参与大众体育的人数占到该群体的 76.7%，大学生群体有 93.1% 的人参与锻炼，高中生层次参与大众体育锻炼的占到 20.2%，初中生层次参与大众体育锻炼的占到 12.5%。从上述数据分析可知，是否参与大众体育锻炼与人们所接受的文化教育程度有着密切的关系。

(四)我国城市市民参与大众体育锻炼的目的

表1-4 参与大众体育锻炼同性别的关系

女(223人)	频数	百分比	男(267人)	频数	百分比
交际所需	18	8.0	减肥、健美	31	11.6
休闲娱乐,兴趣爱好	49	21.9	交际所需	57	21.3
放松身心,舒解压力	109	48.9	休闲娱乐,兴趣爱好	189	70.8
减肥、健美	207	92.8	放松身心,舒解压力	229	85.8
强身健体	223	100	强身健体	267	100

如表1-4所示,从相关调查结果来看,参与大众体育锻炼的人们,无论是男女,都有一个共同的目的,那就是强身健体,根据有关参与大众体育活动的目的来看,强身健体都是男性和女性所共同选择的对象,这也说明大众体育所具有的健身功能和作用得到了人们的普遍认可,参与大众体育锻炼主要目的就是强身健体。但不同的是,根据所得出的调查结果,男性参与大众体育活动除了要强身健体之外,选择"放松身心、舒解压力""休闲娱乐、兴趣爱好"的占到70%以上。而女性有92.8%的选择"减肥,健美",选择"放松身心,舒解压力"则占到48.9%。而将大众体育运动作为一种交际手段的在男性和女性中都占有较低的比例,分别为11.6%,8%。

上述表明,由于大众体育所具有的健身性、趣味性和娱乐性,受到广大人民的喜爱,已逐步成为人们参与体育锻炼,缓解生活和工作压力的一种非常重要的方式。综合来说,人们参与大众体育运动的目的与其自身的具体健身需求有着非常紧密的联系,对于大众体育运动所具有的功能和价值,大多数人都有着非常充分的认识,人们参与大众体育运动锻炼的目的和动机,呈现出多元化的特征。

(五)我国城市市民大众体育消费情况

大众体育消费包含有很多种类型,主要有活动性消费、实物性消费、博弈性消费、观赏性消费。

活动性消费是指为了参与大众体育锻炼所需的各种门票,到各种营利性的健身娱乐场所参与大众体育锻炼所需要的消费。

实物性消费是指购买相应的体育锻炼器材,运动装备、运动服装和鞋帽,订阅相关的体育杂志和报刊等。

博弈性消费是指购买足球和体育彩票等的相关支出。

观赏性消费是指观看相关的体育运动表演和运动比赛所需的门票花费等。

表1-5　参与大众体育锻炼平均每月的消费

	150 以上	100～150	50～100	50 以下
人数	51	87	131	211
百分比	12.4	17.8	26.7	43.1

表1-5,我国城市居民参与大众体育锻炼平均每月的消费情况,从具体数据来看,人们在参与大众体育锻炼方面,每月开销在50元以下的占到43.1%,有26.7%的人每月花费在50～100元,每月在大众体育锻炼方面花费100～150元的占到17.8.而只有12.4%的人每月花费达到150元以上。从以上数据来看,在参与大众体育锻炼方面,我国城市市民的整体消费是偏低的,不具备较强的体育消费意识。

表1-6为我国城市市民在大众体育消费方面的主要用途分析表,根据所得相关数据,物质性消费在大众体育消费中占有很大的比重,其中在购买运动服装、体育器材的频数达到435,占88.8%,到体育相关场所参与活动的消费频数达到162,占33.1%,购买体育杂志、期刊,购买体育彩票和参加相关培训的频数分别达到46,48,54。这说明我国城市市民在大众体育消费方面的质量并不高,购买体育彩票和购买运动服装等方面占据大部分的消费比例;参与观看比赛和参加体育培训的比例占到4.3%,11.0%。这些都表明我国城市市场参与大众体育锻炼时,在参与体育比赛观赏性服务方面的消费市场还是相对较弱的。

表1-6　我国城市居民在大众体育消费方面的主要用途

体育消费用途	频数	百分比
观看比赛的门票	21	4.3
购买体育杂志和书刊	46	9.4
参加体育培训	54	11.0
购买体育彩票	48	9.8
到收费的体育场所参与体育活动	162	33.1
购买相关的体育运动服装和运动器材	435	88.8

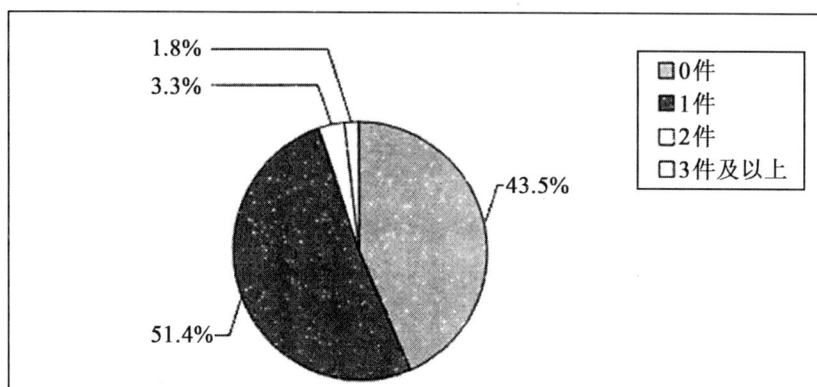

图 1-2

如图 1-2 所示,我国城市市民个人或家中所拥有的场地器材数量调查表明,家中或个人拥有 1 件体育健身器材的市民占到 51.4%,拥有两件及以上体育健身器材的体育器材占到 5.1%,一件健身器材也没有的占到 43.5%。

(六)我国城市市民参与体育锻炼的频率

表 1-7 不同职业每周参与大众体育锻炼的情况

	脑力劳动	体力劳动	合计
0 次	74/16.4%	0/0.0%	74/15.0%
1～2 次	307/68.1%	0/0.0%	307/62.7%
3～5 次	57/12.6%	30/76.9%	87/17.8%
无特殊情况每天参加	13/2.9%	9/23.1%	22/4.5%

如表 1-7 所示,我国城市居民每周参与大众体育活动的次数,主要集中在 1～2 次,所占比例达到 62.7%;每周参与 3～5 次的占 17.8%;每周参与 5 次以上以及基本每天都参加的占到 4.5%。根据调查可知,参与大众体育锻炼的次数同其所处的职业性质有着一定的关系。脑力劳动者每周参与 1～2 次大众体育锻炼所占比例最高,达到 68.1%,体力劳动者每周参与 3～5 次大众体育锻炼的次数最高,达到 76.9%。相比较来说,体力劳动者每周都会参与锻炼,而脑力劳动者则有 74 人不参与锻炼,占到 16.4%。

根据上述数据来看,我国市民每周参与大众体育锻炼的次数主要为 1

~2 次,然后是每周达到 3~5 次,而每周参与 5 次或每天都坚持锻炼的市民则少之又少。除此以外,不同的职业性质,有着不同的工作时间,脑力劳动者所承担的工作压力比较大,这就造成了他们在参与大众体育锻炼方面所占比例不高。

(七)我国城市市民参与大众体育锻炼的时间

如表 1-8 所示,我国城市市民在参与大众体育运动锻炼方面所花费的锻炼时间相关调查来看,30~60 分钟为人们参与体育锻炼的时间最为集中的时段,占到 48.6%;其次是 30 分钟之内的,占到 36.5%;能够达到两个小时以上的比较少,占到 4.7%;锻炼时间在 1~2 小时占到 10.2%。

根据相关科学实践研究表明,参与 30~60 分钟的运动锻炼,就能够促使人的身体机能产生积极的影响。就这一点来看,有相当部分城市市民在参与大众体育运动锻炼时间方面并不是非常科学,需要进一步加强指导。

表 1-8 我国城市市民参与大众体育锻炼的情况

锻炼时间	人数	百分比
2 小时以上	23	4.7
1~2 小时	50	10.2
30~60 分钟	238	48.6
30 分钟以内	179	36.5

表 1-9 我国城市市民参与体育锻炼的时段情况

	早饭前	上午	下午	晚饭前	晚饭后
频数	101	9	24	83	273
百分比	20.6	1.8	4.9	16.9	55.8

如表 1-9 所示,我国城市市民参与大众体育锻炼的时段调查数据显示,人们参与大众体育运动锻炼的时间段都比较固定。从表 1-9 所示,有 55.8% 的人选择在晚饭后参与大众体育锻炼;有 20.6% 的人选择在早饭前参与大众体育锻炼活动,选择在晚饭之前参与大众体育运动锻炼的市民也占有比较高的比例,为 16.9%。选择在上午和下午时段参与大众体育运动锻炼的人比较少,分别占到 1.8%、4.9%。

二、我国大众体育的开展现状

（一）大众体育政策

《全民健身计划（2011—2015 年）》于 2011 年正式颁布,对各级政府在执行公共体育服务职能的相关力度方面进行了大力推动,同时也在全民健身事业中将各级政府的主体作用充分发挥出来,通过进行广泛的宣传,来使全社会的人能够积极参与到全民健身之中,不断提高参与积极性,提高大众体育服务均等化,这样就能够促使大众体育成为我国人民进行强身健体,提高生活质量,愉悦精神,实现全面发展的一个非常重要的手段,这就要求我们要尽量建设一些能够满足各个年龄阶段锻炼需求的运动场地,并制定出时尚便捷的健身路径等目标。组织和宣传是将这些目标逐一实现的第一步,从而保证人们都能够积极参与其中。各相关体育部门要采用积极的行动,以更好地争取当地政府部门的各种支持,在各级政府的社会发展规划中纳入全民健身事业;并将相关的经费纳入到各级政府财政预算之中;在各级政府工作报告中列入全民健身工作,将政府对大众体育运动的重视和支持充分体现出来。

在大众体育活动中,相关体育组织结构是其指导者、组织者和宣传者,要更好地对大众体育组织加以建立和健全,将其作用充分发挥出来,这些都是能够促使大众体育得以更好发展的关键所在。目前,构成我国大众体育组织的主要有 4 个主体,分别是体育协会、体育行政机构、晨晚练点和体育俱乐部等。这些年来,根据相关数据统计,我国开设了很多体育组织,如晨晚练点、各类体育协会、体育俱乐部和基层体育行政,相比于以前有了非常明显的增长,其中晨晚练点和体育俱乐部有着比较大增幅,这些都表明晨晚练点和体育俱乐部都成为大众体育组织的主体,同时也是大众体育健身的重要支撑和依托。

在我国《全民健身计划》的指导下,我国大众体育不断响应各个政策,对相应的活动加以积极开展,如社区大众体育健身比赛、广场舞比赛等等。

（二）我国城市大众体育活动组织情况

根据相关调查数据表明,认为社区或单位工会会"偶尔有"组织大众体育活动的占到 45.5%,认为社区或单位工会"经常"都有组织大众体育活动的占到 29.6%。根据相关调查数据可知,"偶尔有"情况较为多见,其次是"经常有",再次是"非常频繁",最后就是"完全没有"。由此可见,我国城市大众体育活动的开展力度还是不够,这就需要各个社区或单位工会进一步加大大众体育活动组织开展的力度。

(三)我国城市全民健身运动宣传情况

如表 1-10 所示,根据相关调查可知,对于全民健身的开展情况,我国城市市民在宣传满意度方面选择"不太满意的",占到 38.2%;"比较满意"的占到 29.2%。而选择"很不满意"和"十分满意"占到 14.4% 和 18.2%。

表 1-10　我国城市市民对全民健身宣传工作满意度调查

	很不满意	不太满意	比较满意	十分满意
人数	71	187	143	89
百分比	14.4	38.2	29.2	18.2

三、大众体育的发展趋势

对于我国大众体育的发展趋势,主要呈现为以下几个方面。

(一)大众体育将全面社会化

随着我国社会主义市场经济体制的逐步建立,过去以往的计划经济体制被取代,政府独自办理大众体育健身活动的格局也逐步被打破,而是政府进行宏观调控,通过借助于社会的力量,多元化地参与到大众体育健身活动的运作和管理之中。在其中政府发挥了很多作用,如监督、领导、协调、宏观调控、政策制定、服务等,由社会组织团体来对大众体育健身活动的实际操作进行具体负责,各级各类的体育协会和体育社团的运作和承担将会在其中发挥着非常重要的作用。

大众体育活动组织也会变得更加网络化,其社会化程度必将得到进一步拓展和完善,各个体育协会和体育社团之间的相互合作也将得到加强,已通过对自身能力加以利用来进行有效组织和动员,进而促使大众体育健身活动得到有效、有序、合理、全面的开展。以此为基础,以跨单位、跨行业系统、跨社区的组织形式有效地将机关、企事业单位、社区和学校联合起来,对所有的体育资源优势加以充分分析,从而更为合理的对这些优势资源进行合理配置,使他们所具有的能量能够在有限的空间里最大限度地发挥出来,从而促使这些优势的体育资源实现充分的共享和利用,以更好地满足人们参与大众体育运动锻炼的各个不同需求。同时,家庭体育、社区体育得到很大的发展,也正是这些因素的存在能够推动全面健身计划得到更好地实施,同时这也是更好地实现全面建设小康社会的重要手段。

(二)体育法制建设将更加完善

随着现代社会的进步和快速发展,我国社会主义法制也得到了进一步的健全和完善,并将依法治国作为立国之本。随着我国法律体系的不断健全和完善,大众体育健身活动的相关法制建设也在不断加强和完善,大众体育健身活动也逐步做到了有章可循、有法可依,法律制度为人们参与体育运动的权利提供了强有力的保障,大大减少了对大众体育健身产生影响的违法活动,人们的维权意识和体育法制意识得到了不断增强,与此同时,人们也逐渐学会了利用法律武器开始对自身的权利和合法权益进行保护。由于经济的快速发展,人们生活水平的极大改善,物质生活的极大丰富使人们的体育健身意识不断增强,体育健身需求日益增长,伴随着这些,体育法制建设也将随之进一步地不断充实、变化,各种体育政策、法规体系将会更加完善,从而实现大众体育健身活动的可持续发展。

(三)大众体育健身将更为普遍

随着我国经济实力的不断增强,我国人民生活水平得到极大的改善和提高,大众体育健身活动也将随之快速地向前发展。在这一前提下,人们比以往任何时候都更加关注健康和追求健康,大众体育健身活动将会成为更多人生活中不可缺少的重要内容。随着社会的发展和进步,人们的科学文化素质不断增强,传播媒介对体育的宣传报道越来越深入人们的日常生活当中,从而使人们的体育观念和健身意识得到普遍的增强和提高,促使大众体育健身活动走进更多的家庭,成为人们生活中必备的内容之一。同时,现代生产方式和生活方式虽然带给人们诸多便利,但同时也给人们带来了所谓的现代社会"文明病"的侵害,而遏制"文明病"的迅速蔓延和对人们身心的严重危害,主动投身到大众体育健身活动中去显然是最好的方式,以此去追求健康、科学、文明、合理的生活方式,人们参与大众体育健身活动的身影随处可见,大众体育健身活动真正成为人们生活的重要组成部分。

(四)大众体育运动的科技水平将不断提高

随着现代社会的发展,在促使人们参与大众体育健身和提高大众体育健身质量方面,科学化锻炼成为其中的关键因素之所在。大众体育运动在我国的蓬勃发展和开展,使人们对大众体育运动健身有着越来越多的需求。并将使得大众体育健身活动的相关理论研究受到足够的重视、交流和探索,大众体育健身活动的科学研究也必将成为未来体育科学研究的重点。在大众体育运动中，将最新的科技研究成果运用其中，做到以人为本，充分地拓展和实施科学求实的原则和理念，使人们的体育健身锻炼随之而产生科学的变化，从过去随意的大众体育健身锻炼转变为更加科学化的大众体育健身活动。人们参与体育锻炼的科学意识也会得到大幅度提高，使越来越多的人在理解"生命在于运动"的同时，也对"生命在于更为科学地运动"有了更为深刻的理解。对于大众体育健身的态度，也从之前的知其然转变为知其所以然。大众体育运动的发展也会变得更加有组织、有计划、多元化。如同商场里面的商品一般，大众体育健身活动同样也有着很多种类，从内容、项目、形式、手段、方法、服务和条件等方面都将更好地面向大众，与我们当前的生活相贴近，能够更好地满足各个阶层、各个年龄阶段、各个职业参与者的体育健身需求，以更好地做到为他们提供更多科学的体育健身场地与器材，并结合各个锻炼者的具体实际，来制定出更为适合的体育运动方案、体育健身手段和健身方法。大众体育健身能够为人们提供更多的科学健身服务，促使人们更好地参与体育运动锻炼，并达到愉悦身心、强身健体的目的，养成终身参与体育运动的习惯，获得更多的效果。

随着我国改革开始的不断推进，人们的物质生活水平产生了非常大的变化。随着现代社会经济的快速腾飞，人们的生活水平也产生了非常大的改善。对于健康，人们给予了更大的关注和渴望，并不懈地追求健康，在体育健身方面产生了较高的健身需求，花钱买健康的理念已经深入人心。在当今社会，体育产业的开发已经成为我国扩大内需、促进经济发展的一个新的增长点，其经济潜力不容忽视。

随着现代全面健身运动的不断推进和普及以及北京奥运会的成功举办，人们的体育健身观念也产生了非常重大的变化，有了更为高涨的参与体育运动的热情。不断加强的体育运动观念，在体育投资、个人体育消费和家庭体育消费方面都有了大幅增长。健身场所受到人们的极大欢迎，运动服装也深受人们的喜爱，一些健身器械也开始进入到老百姓家中，在户外也能够见到一些打球、跑步、野营的人们，在很多人的日常生活中，体育活动已成为其中非常重要的组成部分。面对着这些庞大的体育消费市场，体育相关产业也得到了前所未有的发展，可以这么说，大众日益增长的体育需求，使得体育产业的发展得到了极大的促进和推动，同时体育产业的良性发展能够为人们参与体育活动提供更好的服务，对人们的体育消费产生了重要的刺激作用，这样能够更好地拓展出更多的体育消费市场，从而形成了体育产业与体育消费的良性循环，以使体育产业成为对经济进行拉动的新的增长点。这既是大众体育运动未来发展的潜力之所在，同时也是其所蕴含的最为强大的力量。

四、我国大众体育发展的对策

(一)加强对群众大众体育意识的普及

要从以下两个方面着手,才能做好这一点。

1.加大宣传

当前社会正处于一个信息化、网络化高速发展的时代,网络的不断发展,使人们越来越多的闲暇时间被网络游戏所占据,人们将更多的闲暇时间花在了玩网络游戏方面,而对体育活动的关注则越来越少。在这种情况下,我们可以通过充分利用大众传播媒介来对大众体育新闻加以更好的报道,使人们能够对全民健身浪潮有随时随地的感受。同时,广泛地宣传体育健身能够给人们的生活带来积极的影响,从而促使整个社会都能够进入到人人参与健身、崇尚健身的氛围,以最终达到使人们更好地认识大众体育的目的。

2.充分发挥政府的牵头作用

(1)对于学校体育教育的相关政策要予以加强,借助于学校的体育资源,使学生能够成立一个进行体育锻炼的短期培训班,并面向社会大众开放,普及一些比较简单、实用的体育锻炼方法和体育技能,以进一步加深人们的大众体育意识。

(2)根据全国各地的具体经济发展实际,对各种档次价位的健身俱乐部予以建立,并建设一些简单的健身设施,以尽可能地为各人群提供体育锻炼和健身所需要的便利的环境,同时也能够促使更多的社会阶层都能够更好地接触到体育健身活动,从而促使大众体育能够在更为广阔的人口范围之中进行推广。

(二)进一步增加对经济发展相对落后的地区的体育投入

在经济发展方面,我国经济表现出了较大的地域性差异,城乡之间、东西部地区之间存在较大的经济差距,这就使得我国大众体育的发展呈现出了不平衡情况,造成在一些经济发展比较落后的地方,面临着大众体育发展的资金来源、投入经费不足、短缺的情况。

我国应根据上述问题采用具体的有针对性的措施,对我国西部地区和广大农村地区等经济比较落后的地区投入大量的技术、资金支持。各级政府还要对经济加强调控和管理，制定出一些合理、科学的公共体育设施管理政策，加大对公共体育设施建设或改造等方面的投入，并给予那些对全民健身活动给予重视的单位一定的物质奖励和财政支持，以有效地避免由于经济发展的限制而对本地区大众体育发展造成影响的情况出现。需要注意的是，对于那些不给予全民健身活动一定支持的单位，还要给予相应的惩处，如征收一定的健康基金等，这样既能够提高各个单位重视全民健身活动的程度，同时还能够起到资金融通的作用。

（三）建立健全全民健身的地方性法规

《全民健身计划纲要》虽已颁布实施，但对于其执行情况来说，只有很少的地方能够进行严格实施，大多数地方并没有根据相关规章制度严格执行全民健身的相关工作安排和细则，同时由于缺乏完善的体育市场管理机制，造成了很难将《全民健身计划纲要》的细节落实到实处。在此背景下，各级政府要根据本地区具体实际，来制定出一套有针对性的执行度高的规章制度，并将大众体育纳入到法制轨道之中，以更好地做到有章可循、有法可依，以最终实现全民健身活动日常化和制度化的目的。

第二章 大众体育的构成要素分析

大众体育参与者、大众体育组织、大众体育设施、大众体育活动以及大众体育方法是大众体育的五个基本要素，其中前四个要素是相对稳定的基础要素，也就是开展大众体育活动必须具备的要素。大众体育方法要素是最为活跃的核心要素，其能够体现出大众体育整体水平。对大众体育各要素的关系进行明确以及准确运用是开展大众体育工作的基本条件。本章主要就大众体育的这五项构成要素进行详细阐释与分析。

第一节 大众体育参与者

大众体育的参与者主要包括三种类型的参与主体，第一种是参加大众体育活动的主体，第二种是指导人们参与大众体育活动的主体，第三种是对大众体育进行管理的主体。下面对这三种类型的参与主体进行详细分析。

一、大众体育的参加者

（一）大众体育参加者的分类

参与大众体育活动的人有很多，按照不同的标准，可以将其划分为不同的类型，具体见表 2-1。

表 2-1 大众体育参加者的分类

分类依据	类型	说明
性别	男性参加者	男性喜欢参加具有竞争性、新奇性、冒险性、激烈性等特征的体育运动
	女性参加者	女性喜欢参加具有美感、柔缓、安全等特征的体育运动

续表

分类依据	类型	说明
健康状况	正常人参加者	可参加绝大多数项目
	亚健康参加者	需抓紧时机,适当运动
	病患参加者	适合参加医疗体育活动
	残障人参加者	适合参加功能恢复类运动和休闲娱乐类运动
年龄	婴幼儿参加者	采用亲子体育方法
	儿童少年参加者	多参加体育教学活动、课余体育活动、校外青少年体育俱乐部活动
	青年人参加者	喜欢参加自然体育、时尚体育和极限体育类活动
	中年人参加者	针对其生活特征向其提供相应的体育服务,从而吸引这一人群参加体育活动
	老年人参加者	以参与社区体育活动为主
喜好程度	体育爱好参加者	参加大众体育活动的积极性很高
	非体育爱好参加者	可能对体育运动充满恐惧,也可能是讨厌体育运动

(二)大众体育参加者参与大众体育的影响因素

1.宏观社会环境因素

大众体育是一种普遍性的社会活动,其发展的基本理念是以人为本,基本目标是使人们日益增长的身体和精神发展需要得到满足,发展的宗旨是促进国民体质与健康水平的提高,从而促进人们生活质量的提高和实现人的全面发展。扩大大众体育参与是促进我国每个居民体质与健康水平提高的最直接和最基本的途径。从这个方面来看,我国群众性体育健身活动开展的广度和深度,大众参与社会体育的数量和质量就直接反映了我国大众体育的发展水平。当前,我国大众体育发展中出现的最为明显的问题就是人民大众不断增长的体育需求与落后、短缺的大众体育资源形成了一对尖锐的矛盾。本质上来说,这一矛盾也是我国人民不断增长的物质文化需要和落后的社会生产之间的矛盾。正因为大众对体质健康的需要在不断增长,大众体育发展的环境条件才能得到改善,而大众体育发展环境的完善又有利于使人们的体质与健康需求得到满足,对人民大众新的体育需求产生刺激与引导的作用。

在社会的不断发展中,人们对体质健康的需求也不断增加,而且这是没有止境的。所以大众体育必须要能够满足人们对体质健康不断增长的需求,其只有在需求与满足需求之间的平衡关系中才能得以发展。下面主要从宏观角度出发对大众参与社会体育的主要影响因素进行分析。

(1)政策因素

体育是社会文化的一个重要组成部分,其并非孤立存在于社会上的,而是与一定政治因素密切相关。所以,通过研究与分析社会行为,能够对社会的动向及其政治背景有直观的把握。作为体育社交的主角,大众体育群众基础广泛,具有巨大的社会影响力和突出的灵活性,因此作为外交手段是十分适合的。体育领导权由谁掌握,主要由政治制度所决定。统治阶级通过国家政权对法律、政策、法令等进行制定与颁发,以此来对体育的宗旨、方针、政策等进行规定与明确,这些法律政策颁发后,主要由体育机构执行,执行过程中主要采取强制性的手段,而体育领导权主要由任命机构的领导人掌握。生产资料、体育支配权都是由统治阶级占有的,所以国家的法律、命令能够对大众体育的参与造成一定的影响。

(2)经济因素

体育的发展必须与经济发展保持协调一致。体育运动的发展规模和速度、体育事业内部的结构和比例从根本上是由社会的物质生产水平决定的。而大众体育的发展规模和发展程度主要受经济因素的直接制约。随着社会的进步和物质生活水平的不断提高,人们的基本生活需求得到了很大程度的满足,因此对知识、娱乐、健康和文明又有了新的需求,在这一背景下,健身活动逐渐成为人民大众的新的生活方式,花钱买健康的观念逐步深入人心。

在21世纪,社会化大生产的发展越来越广,越来越深,因此人们获得的物质财富和精神财富也越来越多,人民的生活质量因生活方式的转变而有了明显的提高,恩格尔系数(反映人们生活质量)在持续下降,社会各界对大众体育发展的支持力度在不断加强。但不可否认的是,我国各地区之间的经济发展不平衡,存在着明显的贫富差距。而经济又是影响大众体育发展的关键因素,所以不同地区大众体育的发展规模、水平也存在着显著的差异。大众体育的发展在很大程度上是受经济因素主导的,因为大众体育的发展离不开经费、场地设施以及体育消费等基本条件,而这些必须由经济因素提供。

（3）文化因素

世界上的体育强国一般都很重视体育教育,而且普遍都是从娃娃抓起的,人们在很小的时候就接受不同形式的体育文化熏陶了。体育教育是推动全民健身活动广泛开展,促进全民健身意识不断提高的重要途径。启迪智慧、陶冶情操、促进人格的健全、培养爱国主义情感、提高团队意识等都是体育教育功能的体现。打造体育文化强国是打造体育强国的核心,要想实现体育强国的理想,就必须利用现代化传播手段体育文化,提高人民大众参与社会体育的积极性。

（4）信息因素

在信息化时代,人们总是沉迷于网络,长期沉迷于此必然会引发一系列的生理与心理问题,有关人员将这一系列的问题称为网络综合征,也就是网络疾病的意思。人们长时间上网,对网络的兴趣与热情持续增加,最后难以控制自己,欲罢不能,大脑中总是浮现出网络上的情景,久而久之,人们对现实生活就不关注也不关心了,需要付出体力的体育运动更是遭到了人们的无视,这就直接影响了大众体育的参与度了。

2.个体微观因素

（1）价值观及态度

长期科学参与大众体育活动的人往往树立了合理正确的体育价值观,而且其体育态度一般都是稳定的。良好的体育态度会激励一个人去积极表现出个人体育行为,鼓励人们在参与体育活动的过程中勇于克服困难,坚持不懈。而错误消极的体育态度则会严重影响人们积极参与体育活动。影响一个人体育观念和态度的主要因素有地域、经历、年龄、职业等。

（2）经济收入

闲暇时间增多,收入提高是当前我国大众体育参与人群不断扩大的主要原因。通过调查了解到,我国大众体育消费群体中,30—45岁年龄群体的人最多,这一群体有充沛的精力和活跃的思想,经济基础稳定,体育消费能力也比较高,所以成为体育消费群体中的主力军;体育消费群体中,年龄在19—29岁之间的也比较多,这部分群体的收入不及前一个群体,但他们乐于参加体育健身俱乐部活动,所以在未来几年,他们将会是体育俱乐部的主要消费群体;相对来说,体育消费群体中,年龄在46—60岁之间中老年人就比较少了,这部分群体中,人与人的文化水平、价值观、消费观等都有明显的不同,因此参加免费体育健身项目的比较多;年龄不足18岁的体育消费群体也比较少,这个群体以学生为主,他们参加体育健身俱乐部活动的资金主要来源于家庭,家庭经济条件会影响他们的体育消费行为。目前来看,短期培训班是其参与体育健身俱乐部活动的主要形式。

综上可知,不同年龄段参与大众体育健身活动的情况有明显的差异,这主要是由不同群体的经济条件决定的。

(3)生活方式

大众体育的发展还会明显受到人们行为习惯的影响。拥有良好行为习惯的人一般都会自觉参与体育运动,以此来促进自身健康水平的提高,而那些没有形成健康行为习惯的人一般不会主动参加体育运动,这样其健康水平也就会降低。一般来说,学校教育阶段是人们体育习惯形成的主要阶段,然而,现阶段我国体育教育和终身体育并没有很好地衔接起来,离开学校后就不再继续参加体育活动的人很多,这就对体育活动的参与度造成了严重的影响。

人们参与体育活动,接受体育文化熏陶需要具备的一个最基本的前提条件是余暇时间。体育文化的产生与发展就是在人类的余暇时间中实现的。随着社会的不断进步,人民大众的余暇时间在不断增加,但能够将这部分时间充分利用起来的人却很少,浪费时间的大有人在。闲暇时间的浪费对我国社会发育的开展造成了严重的影响。相对来说,我国居民的余暇时间还是比较偏短的,造成这一现象的根本原因是我国生产力水平较低。受生产力水平低下的影响,我国人民长时间忙于繁重的体力劳动,将时间用于生产。此外,还有一大批人将时间主要用于学习和家务劳动,因此"消除疲劳"是我国居民在闲暇时间参与活动的主要目的。我国参与大众体育活动的群体主要有三种类型,即"消除疲劳型""体质投资型"及"消遣娱乐型",目前来看,前一种更为普遍,后两种相对较少。所以,我们很有必要对人们进行积极的引导,使其能够在余暇时间积极参与体育活动。

随着社会的发展与人类文明的不断进步,人们的生活节奏在日趋加快。生活节奏加快有利于生命效率的提高,有利于社会成员之间协调配合能力的不断提高,因而也有利于社会物质财富和精神财富的不断增加。但生活节奏的加快不仅会产生以上积极影响,还会给人们带来一定的弊端,如人们体力不支,身心憔悴,引发一系列健康问题等,健康问题会给人们的生产与生活带来严重的影响。因此人们必须在顺应新生活节奏的过程中有意识地调整自己,提高自己的身体素质与心理能力以及适应能力,而参加体育运动和娱乐活动是适合大多数群体的调整措施。

(4)职业与受教育程度

①职业。

通过调查发现,参与大众体育活动的群体中,职业比例存在着很大的差异,占比例最多的是企事业管理人员和科教文人员;其次是普通员工;最后是学生。从这一比例来看,虽然大众体育已经在不同职业群体中都有了很好的开展,但是受职业特点的影响,不同职业的参与人群在数量上有很大的差异。

②受教育程度。

从学历方面来看,大众体育消费群体主要以高学历为主,大学本科或本科以上的消费群体最多,其次是专科学历的群体,最后是高中及以下学历的群体。这一现象表明,高学历者思想较为开放,知识面广,对新鲜事物能很快接受,而且受工作和学习压力的影响,其对体育健身有很强烈的要求,所以更容易成为大众体育参与者。

二、大众体育的指导者

(一)大众体育指导员的分类

社会体育指导员的概念在我国《体育法》中有明确的规定,这说明国家认可社会体育指导员的资格。大众体育指导员可以分为两大类,即职业型和志愿型,这两类大众体育指导员又可以细分为不同的类型,具体见表2-2。

表2-2 大众体育指导员的分类

两类大众体育指导员	分类依据	具体类型
职业型大众体育指导员	按等级划分为	初级职业型大众体育指导员
		中级职业型大众体育指导员
		高级职业型大众体育指导员
		大众体育指导师
	按职业功能划分为	体育咨询
		技术指导员
		健身指导员
		组织管理员
		培训员
		科研人员

两类大众体育指导员	分类依据	具体类型
志愿型大众体育指导员	按等级划分为	国家级志愿型大众体育指导员
		一级志愿型大众体育指导员
		二级志愿型大众体育指导员
		三级志愿型大众体育指导员

(二)我国大众体育指导员的发展情况

1. 大众体育指导员的发展现状

(1)大众体育指导员数量较少

大众体育工作的开展离不开大众体育指导员的参与,这是非常重要的主力军。在我国全民健身活动的开展中,体育指导员是不可或缺的关键因素。当前,各级各类的大众体育指导员在我国已有 50 万左右,虽然较之前有了一定的增加,但与总人口的比例还是很悬殊。《全民健身计划纲要》对21世纪我国城市和农村大众体育指导员的配备提出了明确的要求,但目前这一数量离要求还有很大的差距,而且随着全国体育人口的不断增加,现有的体育指导员难以满足人们的需求。

目前,我国大众体育指导员中以体育爱好者居多,他们因为对体育感兴趣,所以就主动对体育健身指导知识进行学习,但因为缺乏系统的培训,所以专业理论知识基础较为薄弱。一些社会体育指导员虽然经过了系统的培训与考核,而且得到了认证,但因为没有与社区主动联系,所以难以在社区体育中心发挥自己的作用与价值。

(2)年龄结构较大,文化层次较低

通过对我国社会体育指导员队伍进行抽样调研后了解到,社会体育指导员平均年龄较大,而且受教育程度较低,大专以上学历的社会体育指导员在整个队伍中只占到少数,大部分是高中和初中文化程度,甚至有些社会体育指导员是初中以下文化程度。而且接受调查的社会体育指导员中,大部分都没有参加过业务进修,参加过进修的那部分指导员也只是参加过一两次。此外,通过进一步的调查发现,这些社会体育指导员中,通过互联网了解体育信息、学习体育专业知识的并不多,因此他们掌握的知识很陈旧,长期没有更新,在社会体育指导过程中难以发挥出真正的用途。

(3)培养方式单一

当前,我国社会体育指导员的培养方式单一,具体表现在以下三个方面。

首先,我国在对社会体育指导员进行培训的过程中,采用的教材都是同一套,而且教材中专业理论知识占很大一部分,对专业技术方面的培训没有给予充分重视,因此培训的效果往往不理想,社会体育指导员的专业技术水平没有得到有效提高。

其次,社会体育指导员的等级差别不明显。有些社会体育指导员虽然是同一级别的,但由于每个人的业务水平有高有低,所以指导能力也是有差异的。我们很难从综合的角度来评价不同等级大众体育指导员的实践水平。

最后,社会体育指导员的类型单一。目前,我国社会体育指导员整体水平有限,分类指导社区内不同人群的体育活动是有难度的,所以应对全面型的社会体育指导员进行培养,以使其能够指导各个项目的社会体育参与者。

(4)指导率低,效果不明显

现阶段,我国社会体育指导员的指导率并不高,而且也没有取得很明显的指导效果,导致这种现象出现的一个主要原因是我国社会指导员队伍中,有一部分指导员是领导干部,而且他们的等级还比较高。领导干部日常工作繁忙,所以对基层居民的体育运动进行指导的时间和精力有限,他们大都只参与管理服务方面的一些工作,这就导致人民大众在参与社会体育活动的过程中得不到有效的指导,因而运动水平和身体健康水平也得不到相应的提升。人们参加体育活动,大都是自娱自乐的形式,类似于学生的课外体育活动。

2.推动我国大众体育指导员发展的对策

(1)深化改革

要想壮大我国社会体育指导员队伍,就需要对体育管理体制进行深入的改革,以使其能够与社会主义市场经济的发展需求保持一致。在改革过程中,应加强全民健身组织创新,在此基础上对相关制度、机制创新、技术等进行全方位的创新,并推动政府宏观管理职能的充分发挥,各有关部门积极配合,鼓励社会各界参与其中,同时要发挥市场的调节作用,以此来促进全民健身工作新格局的形成,促进全民健身良性运行机制的创建。只有如此,社会体育管理体制和运行机制的改革才能取得良好的成效,社会体育指导员队伍才能得到一定程度的壮大。

(2)加强领导

各级政府要全面指导全民健身工作的开展,全民健身领导机构要将自身的作用充分发挥出来,对组织责任制要严格落实,要在全民健身方面加大资金投入力度,在国民经济和社会发展的总体规划中纳入有关体育基本建设的规划。此外,必须明确有关职能部门的职责,同时这些部门要加强协调与合作,共同实施"人人运动"计划,只有思想和领导同时到位,才能壮大社会体育指导员队伍。

(3)制定相关政策

有关部门要对相关支撑性政策进行制定,这样才能使大众体育指导员的发展得到法律上的保障。此外,政府还要对一定的鼓励政策进行制定,以此推动大众体育的发展,如制定机关企事业单位内部体育设施向社会开放的政策,制定相关的税收减免政策等。

(4)充分发挥政府的职能

国家体育总局和各级地方政府体育主管部门必须明确自己的职责,充分发挥自身的职能与作用,对大众体育指导员管理政策法规进行制定,对社会体育指导员培训课程和考试标准进行明确的规定,严格对社会体育指导员培训机构进行资格认定,加强对社会体育指导员的资格审核,积极推荐优秀的社会体育指导员。

(5)依法加强管理

从行政上推动社会体育指导员的发展,必须要加强管理,依法行政,对政府部门和社会团体的职责要进一步明确,要把相关保障工作做好,对《中华人民共和国体育法》严格加以贯彻与实行,并加强监督和检查力度,对科学合理的内外监督机制进行制定,加强监督与管理,这样全民健身的法制化进程才能进一步加快,我国法治水平才能有效提高,关键是这样才能长期有效地管理社会体育指导员队伍,促进这支队伍的发展与壮大。

(6)加强管理部门具体培训方法

我国在对国家级和一级社会体育指导员进行培训的过程中,采取的培训方式以集中培训为主,即各地体育院校对培训班进行举办(受国家体育总局和各地体委委托)来培养社会体育指导员。二级和三级社会体育指导员大都是通过自学与参加统一考试来获取资格认证的。不同级别的社会体育指导员参加培训的学时是不同的,国家级社会体育指导员一般是80学时,一级社会体育指导员一般是60学时。标准来说,45分钟为1学时。

(7)进行积极广泛的宣传

新闻媒体要充分发挥自身在宣传方面的特点与优势,要对各项公益宣传活动进行开展,借助宣传活动来普及知识,展开专题讨论,对全民健身计划进行广泛而深入的宣传,使广大人民群众的科学健身意识都能得到提高,对全民健身的良好氛围进行营造,同时,也可以对群众体育运动专业网络进行建立,在该网络体系中向社会大众提供咨询服务,促进大众健身意识的提高。

三、大众体育的管理者

(一)大众体育管理者的分类

大众体育管理人员主要有行政管理人员、事业工作人员及商业服务人员三种类型,概念解析如下。

1.大众体育行政管理人员

在各级政府部门从事与社会体育有关的管理工作人员就是社会体育行政管理人员。

2.大众体育事业工作人员

在各级社会体育管理中心从事与社会体育有关的工作人员就是社会体育事业工作人员。

3.大众体育商业服务人员

在各种商业体育机构从事社会体育管理和服务的工作人员就是社会体育商业服务人员。

(二)大众体育管理者的职责

不同类型管理员的工作职责不同,具体见表2-3。

表2-3　大众体育管理人员的工作职责

类型	工作职责
大众体育行政管理人员	对体育政策法规、发展规划等进行制定 对大众体育机构、企业、组织的活动依法进行管理 对体育宣传教育活动和科研活动进行开展等
大众体育事业工作人员	对大众体育事业发展计划和策略进行制定 对各类社会组织活动予以支持和援助 对体育科普活动和体育骨干培训活动进行开展等

续表

类型	工作职责
大众体育商业服务人员	运动设施服务 健身咨询和处方服务 健身指导服务 体育俱乐部服务等

第二节 大众体育组织与设施

一、大众体育组织

（一）大众体育组织的分类

依据大众体育组织的组织化程度来看,可以将其分为两种类型,即大众体育正式组织与大众体育非正式组织,这两大类又可细分为不同的组织类型,具体见表2-4。

表 2-4 大众体育组织的分类

两大类大众体育组织	具体类型
大众体育正式组织	体育社团组织
	体育行政组织
	体育事业组织
大众体育非正式组织	自治型大众体育组织（社会自治型、社区自治型）
	中介型大众体育组织

（二）大众体育组织的发展

之所以成立大众体育组织,主要是为了使人民群众参加体育锻炼的需求得到满足,为了进一步满足群众的体育需求,我国在发展体育事业的过程中,必须将推动大众体育组织发展的工作重点抓起来。下面就大众体育组织的发展路径进行分析。

1.促进大众体育组织自身能力的提高与功能的完善

大众体育组织机构的发展与组织中的工作人员有直接的关系,工作人员专业基础水平高,职业道德素质良好,则必然会促进大众体育组织的顺利发展,反之就会阻碍与制约大众体育组织的发展。所以,在社会体育公共服务体系的构建中,需将培训社会组织工作人员的工作重视起来,通过培训来促进工作人员知识的丰富,技术的改善。在经过一定时间的培训后,可采取相应的考核方法来验证工作人员的资质,对考核不过关的人可以进一步对其进行培训,也可以将其淘汰,避免其在组织机构中滥竽充数,这样才能够提高大众体育组织专业队伍的整体素养。

大众体育组织自身也应提高觉悟,严格管理内部各项工作,全面监督与审查财务等方面的工作。此外,在政府提供相关资金后,大众体育组织应合理分配,以大众需求为依据来对体育服务器械进行购置,在充分利用体育资源的基础上来开展经营活动,在发展中对服务的范围不断拓展。政府投入的资金毕竟有限,大众体育组织应通过一些有效的途径来筹集资金,从而使组织的发展和各项活动的开展获得良好的资金保障。

2.由政府提供良好的体育公共环境

(1)政府不断强化自身的服务观念

政府工作人员要开展有关大众体育组织管理与调控的工作,首先要转变态度,强化服务理念,对公共事业中大众体育组织所承担的角色进行明确,这样才能更积极有效地开展管理工作。政府应该科学规划大众体育组织的发展,但也应明确自身与组织之间的界限,在此基础上加强协调与合作,通过投入资金、制定目标方针等途径来对大众体育组织场地建设工作的开展予以扶持。

(2)制定法律法规

大众体育组织开展的一切工作都是为人民服务的,所以政府需为大众体育组织的运行营造良好的政策环境,对相关制度进行制定与完善,确保大众体育组织在开展工作的过程中,能够有法可依,能够得到法律的保障与维护。总的来说,大众体育组织要想取得长久的发展,就必须加强法律法规的建设与管理。

(3)大力支持大众体育组织的发展

政府对大众体育组织的发展是支持的,并通过投入资金、制定法律等方法来表明自己的支持态度。同时,大众体育组织要想获得政府的鼓励,得到认可,就必须对自身提出一定的标准与要求,只有达到一定的标准,真正为人民服务,并采取有效的途径来促进自身服务水平的提高,使更多人的体育需求得到满足,才能得到政府的支持和大众的信任。政府一旦认可大众体育组织,知道其是为人民服务的,就会进一步加大扶持力度,如为其配备先进的体育设备资源,为其创造更广阔的发展空间等。

大众体育组织的发展离不开政府为其营造良好的体育公共环境,只有在这个基础上,组织的服务质量才能得到有效提高,组织的价值才能得到更好的发挥。

3.对社会体育组织监督与评估体系进行构建

(1)社会体育组织监督体系构建

要想推动大众体育组织的发展,就必须加强对有关组织机构的监督与管理,而开展监管工作的前提是收集与分析该组织的有关数据,在这一基础上进行监督与管理才能达到一定的效果。在监督与管理的过程中,要将大众体育组织开展的各项相关工作都作为监督的对象,重点是监督大众体育组织的任务执行情况和对相关政策的贯彻情况,此外,大众体育组织执行任务的结果和质量也是监督与管理的重点内容。

(2)社会体育组织评估体系构建

一般来说,评估委员会主要负责大众体育组织评估的相关工作,在评估过程中采取动态的评估模式,重点评估大众体育组织的合同执行情况。

对大众体育组织进行评估一般分以下三个阶段进行。

①前期评估。

在大众体育组织执行合同之前,评估委员会先进行预先评估,这一评估阶段的主要目的是对合同执行前期存在的问题进行分析,然后及时开展预防与控制工作,以使误差发生的可能性能够降低。

②过程评估。

过程评估指的是在大众体育组织为大众提供体育服务的过程中对其进行评估,这一阶段的评估是系统的,也是很详细的,小到每个细微之处都要进行分析与评估,以便能够知道在合同执行过程中有什么问题,并采取有效的措施处理与解决问题,从而促进大众体育组织服务水平的不断提高。

③结果评估。

在合同执行结束后,对大众体育组织的服务结果和质量进行分析与评估,总结成功经验,吸取不好的教训,以便更好地开展下一阶段的工作。

需要注意的是,评估委员会在不同阶段开展评估工作的过程中,还应从法律法规方面着手开展监管工作,对"规划—执行—评估—反馈"的有效机制进行构建,这样才能进一步提高大众体育组织的服务水平和质量。

二、大众体育设施

（一）大众体育设施的分类

大众体育设施具有三种类型,即公共体育设施、单位体育设施和商业体育设施,不同类型的大众体育设施又具有不同的分类方法,具体见表2-5。

表 2-5 大众体育设施的分类

三类大众体育设施		具体类型
公共体育设施	按运动项目设置分类	综合性体育设施
		单项体育设施
	按设施规模分类	大规模体育设施
		中小规模体育设施
	按服务范围分类	市级体育设施
		区县级体育设施
		社区级体育设施
单位体育设施		企事业单位体育设施
		学校体育设施
商业体育设施		大众体育设施
		社区体育会所

（二）大众体育设施的建设

1.我国大众体育设施建设现状

（1）发展速度较快,但远不及发达国家

当前,我国人均占有体育场馆面积与新中国成立初期相比有了很大程度的增长,但与一些体育强国（如美国等）人均占有体育场馆面积相比,差距还很大。现阶段,我国各地的室内健身房在不断增加,但平均来看,人均占有面积很小,与日本相比而言,差距十分明显。我国大众体育指导中心成立于 1994 年,《全民健身计划纲要》颁布于 1995 年,此后,大众体育运动在全国范围内得到了广泛的倡导与宣传。在政府的鼓励下,各地不断建设全民健身设施,大量的设施出现在了居民住宅区、公园等场所。有了健身设施后,各地举办了各种大众性的体育活动,极大地推动了大众体育事业的发展。然而,我国大众参与的体育健身活动大都是室外的,而且设施水平整体较低。虽然经营性的室内大众体育设施在我国也有很多,但其收费较高,对普通居民而言是难以承受的,所以影响了大众的参与积极性。

(2)场馆功能单一,使用率较低

我国对大中型公共体育场馆进行修建,大都是为了满足体育比赛的要求,因此在场馆设计与建造的过程中,主要考虑的是比赛的需要,因此建造出来的体育场馆虽然有很大的规模和很高的标准,但功能却比较单一,而且一般都是有偿对外开放的,这就造成了场馆使用率不高的问题。

(3)缺乏维修与改造资金

我国在公共体育场馆经营管理中主要实行的是承包经营责任制,这一制度在很大程度上促进了我国大众体育设施的发展,但该制度也存在很明显的问题,如短期场馆经营行为造成了场馆损耗、损坏等问题的出现,这就需要花费一定的资金来对场馆设备进行维修。一般我国是由政府财政拨款来维修公共体育场馆和相关设备的,而且这也是世界许多国家在公共体育场馆管理中采用的一种普遍性方法。不同国家在这方面支出的费用是不同的,但总的来看,我国用于维修公共体育场馆设施的费用较为缺乏,比例不及法国、德国等国家,而且用于这方面的资金比例还有减少的趋势。资金的缺乏导致公共体育场馆难以得到及时的维修,破损的体育场馆难以满足人们的需求,因此发展也就受到了限制。

(4)缺乏经营管理人才

当前,我国在公共体育场馆建设与管理方面面临的一个重要问题就是缺乏经营管理人才。一直以来,我国公共体育场馆经营管理人才都是来源于体育系统内部,而且体育系统内部人员流动是分配人才的主要方法,这样就导致人员结构失衡的问题出现了。目前来看,体委干部、退役运动员以及专业技术维护人员等是我国公共体育场馆中工作人员的主要来源。据走访调查了解到,有些场馆的工作人员文化程度很低,这部分人大都做一些简单的工作,而且存在人员过剩的问题,而真正具有丰富管理经验和高水平专业技术的工作者却很少。所以说,普通人员严重超编、经营管理人才缺乏对我国公共体育场馆经营管理水平和服务水平的提高造成了严重的制约。

(5)经济效益和社会效益之间矛盾突出

当前,我国生产力发展水平还比较低,人民大众的体育消费意识总体较弱,只有少部分人愿意花钱到体育场馆参加健身和娱乐活动。我国体育产业的发展尚且处于初始阶段,社会大众对体育健身娱乐的需求还比较低,不够普遍,所以能够取得良好社会效益的经营服务项目(群体活动等)在我国一般都是亏本的,这些项目的经济效益明显不如社会效益。而能够获得良好经济效益的主要是宾馆和招待所,这也是场馆获取收益的主要途径。有些场馆对外出租房屋,营业者租用体育场馆的房屋来开店,这样一来,体育场馆就有利可图了,但其可向社会开放的空间就相对缩小了,这对公共体育场馆的公益性和社会效益造成了严重的影响,可见经济效益和社会效益矛盾突出是现阶段制约我国公共体育场馆经营与发展的主要因素。

2.推动我国大众体育设施建设的对策

(1)充分利用现有体育场馆

通过调查了解到,我国体育场馆中,有40%多全部开放,20%多是部分开放,没有向社会大众开放的占到30%多。可见,现有体育场馆资源并没有得到全面且充分的利用。如果建设新设施会花费大量的资金,而如果将现有的体育场馆充分利用起来就会节省新建场馆的资金。在计划经济时期,我国各大城市普遍建设了大型竞技体育场馆,在设计和修建这些场馆时,大部分地区只考虑到了满足竞技体育的需求,而没有考虑到要开展全民健身活动,因此没有注意从场馆的配套功能着手来建设,这也是这些体育场馆在今天向社会大众开放时遇到各种困难的主要原因,总之这些体育场馆的使用率是很低的。

我国各种类型的体育场馆中,有很大一部分是分布在学校的,学校对外开放体育场馆能够推动我国大众体育的发展。不管是什么类型的学校,普遍都有一定数量的体育设施,但通过调查了解到,学校体育场馆的对外开放率很低,即使是以盈利为目的,也很少对外开放。学校之所以不愿意将本校的体育场馆对外开放,主要是担心场馆被损坏,损坏后很难解决维修资金的来源问题。此外,担心校园环境和学生教育受到影响、教育部门观念落后等也是学校不愿意对外开放体育场馆的主要原因。

事实上,学校需转变对体育设施的管理态度,尝试以经营的模式去管理,通过有效合理的管理方法来使学校体育设施走向市场,这样可以获得一定的经济收益,如果场馆设施发生破损问题,可用经营收益来维修,富余的收益还可以用来开展其他教学方面的工作。其实,如果学校可以进行规范化的管理,精心安排对外使用时间,制定使用条例,一般是不会影响学生教育的。

目前,我国学校体育设施中以篮球场、田径场、小足球场居多,这些设施占地面积较小,投资也不是很多,虽然可以使现阶段的教学需求得到满足,但从长远的角度而言,学校还需要对更多的设施进行添置与修建,这样才能保障体育教学的顺利开展,也才能更好地向社会提供服务。

(2)充分利用已有建筑

现阶段,我国各大城市都在经历因为市中心土地价值提升、城区污染治理或工业发展导致用地的功能性衰退,原地的工厂、仓库等需要迁出,土地功能有待转换的过程①。在这一过程中,拥有高大空间的厂房、仓库能够使大众体育活动需求得到满足。在这一背景下,规划部门可加强规划,对体育设施进行合理配置,政府可加大投资力度,兴建大众体育设施,这样既有利于实现城市更新,又可以使大众体育设施的投资减少,可谓一举两得。在国外已经有很多这样的例子了,而且事实证明这确实是可行性和经济性措施,有关部门需将这方面的工作重视起来。

(3)有效利用公园设施

当前,我国一些体育健身俱乐部在建设过程中对公园设施进行了充分的利用,其中最为典型的就是广州的健力宝健身乐苑。该体育健身俱乐部有7家连锁分苑,而且都位于公园中,只是在广州的不同地区罢了。在建设俱乐部时,他们将公园中闲置的空地充分利用起来,在此基础上对临时建筑进行修建,建筑比较简单,而且采用的材料都是比较经济的,装修也没有丝毫的浪费,这样比购买土地、建筑建造更加经济与实惠,当然,俱乐部并非搞廉价工程,他们在建设设备和聘请教练中花费了大量的资金。目前,这一连锁俱乐部在广州具有很大的影响力,而且经济收益和社会收益都很好。

将公园中的空地利用起来修建体育场所,不但能够节省资金,还可以更好地为人民服务。因为一所城市中,公园的分布是比较均匀且合理的,而且靠近居民,环境优美,对人民大众的吸引力较大,将健身活动场所建在此地,更有利于吸引大众参与健身活动。

(4)体育产业与房地产业加强合作

对已有的空地或建筑进行充分利用有利于投资成本的降低,除此之外,要想减少投资,还可以对新的筹资方式进行挖掘与采用。这是建设大众体育设施的普遍性措施,因此要加强对筹资途径的拓展。一些房地产开发商在新建楼盘时,往往与体育文化挂钩,在建成之后,将体育作为楼盘的卖点之一,这就体现了体育与房地产的融合。我国有些体育会所是由房地产公司投资修建的,但最后是由体育产业公司经营的,房地产业和体育产业相互协作,构建了和谐的经济关系,并实现了双赢的目标。房地产公司在修建楼房时会融入一些体育元素,在售房时往往会打出"运动就在家门口"的招牌,

---

① 高国生,宋证远.对我国大众体育设施建设的现状和对策的研究[J].江苏工业学院学报(社会科学版),2006(04).

以此来吸引消费者;体育产业如果依靠自身的力量修建体育会所,会面临资金困难的问题,而如果由房地产公司投资修建,其压力就会减轻。在体育会所的经营过程中,我国居民的体育意识和消费意识逐步提高,运动习惯慢慢养成,这样就会有更多的顾客参加体育活动,因而体育会所也将会获得更多的经济利益,有了一定的资金后,即使不依靠房地产公司补贴,体育活动也能够顺利办下去,久而久之,即使脱离小区,体育会所依靠自身的力量也能够获得良好的经营效益,这时就完全有能力成为独立的体育产业了。

一般来说,房地产公司和体育产业相互协作是有条件的,即房地产公司有雄厚的资金实力,体育产业发展前景好,总之,二者的联姻能够为大众体育设施的建设提供重要的资金保障。

(5)加强公共体育场馆的经营管理

①对公共体育场馆管理体制进行改革。

我国不同的公共体育场馆具有不同的特点,而且各地对公共体育场馆的经营与管理水平也有很大的差异,对此,我们应大力改革场馆管理体制,采取多种管理模式来进行管理,一般分如下几种情况。

首先,如果是对小型公共体育场馆进行经营与管理,可将此重任委托给社区,这样能够为居民参加群体活动提供方便,能够使广大人民群众的健身、娱乐需求得到满足,可以使体育事业的健康持续发展得到充分的保障。

其次,如果是对大中型公共体育场馆进行经营与管理,需尽可能将其推向市场,充分发挥市场运行机制的作用与价值,如果条件允许,可以将公司制运用于部分场馆中,按照现代企业的模式来开展经营管理工作。

最后,如果体育场馆带有训练基地性质,可委托给运动队、体育协会进行经营与管理。

②多渠道筹资。

在大众体育设施的建设与管理中,只有着手投资改造,实行开放经营,才能与市场的需求保持一致,才能对大众的体育消费进行积极的引导,也才能使场馆的可持续性发展成为可能,而这关键是要加大资金投入力度。当前,我国用于公共体育场馆维修与改造上的资金比较缺乏,这就严重影响了公共体育场馆的运作,为解决这一问题,需从多渠道筹集资金,集资、合资或引进外资等都是非常有效的资金筹集渠道,综合运用这些方式可获得良好的效果。

③加强资产管理。

首先,大力监督与管理公共体育场馆的国有资产,分析其保值、增值情况,以《国有资产评估管理办法》中的有关规定为依据科学评估场馆所属资产。

其次,如果社会公共体育场馆经营者是自办经营实体类型的,就要做好产权登记工作,经营者可对固定资产折旧基金和维修基金进行提取,但必须严格按照规定提取。

最后,国有资产的保值增值内容必须要写进公共体育场馆的承包合同与租赁合同中。

④加强人员培训,引进高素质人才。

当前,在我国大众体育设施的建设中,缺乏一支专业的人才队伍,而公共体育场馆要想在激烈的市场竞争中稳固生存和快速发展,就必须拥有一支高素质的专业队伍,因此,当前最为关键的是要引进体育复合型人才,并对其进行培养。这里所指的复合型人才既要对体育运动发展规律有全面的掌握,又有对市场运作机制有一定程度的熟悉。

长期以来,我国公共体育场馆中的工作人员都是体育系统的内部人员,非体育系统的人员进入场馆工作的情况很少,这就严重制约了公共体育场馆的进一步发展。在体育场馆的经营与管理中,只有引进非体育系统的经营管理人才,才能对场馆人员结构进行改善,才能从人力上保障场馆服务水平的提高。对现有的工作人员,应该鼓励其参加相关培训,促进其专业素质的不断提高和知识面的拓展,使其能够真正胜任自己的工作。当前来看,我国很多体育场馆中的基层人员都是超编的,对这部分人员,应该实行转岗制、下岗制,使其在其他岗位上发挥自己的作用,实现自己的价值,这样体育场馆的整体运营效益才能得到提高。

此外,为调动体育场馆内所有员工的工作积极性,需加大内部管理力度,对劳动合同制和激励机制进行完善,使每个员工都能明确自己的职责、权利,都得获得相应的利益。

第三节　大众体育活动与方法

一、大众体育活动

为了便于理解和把握大众体育活动,下面主要对大众体育活动的内容与特点等方面进行分析。

(一)大众体育活动的内容

大众体育活动主要可以分为健身体育活动、健美体育活动和娱乐体育活动三种类型。其中,第一种是促进人们体质水平提高的主要途径;第二种是促进人全面发展和塑形美体的基本途径;第三种是促进人身心愉悦、生活方式改善和生活质量提高的重要措施。下面对这三种大众体育活动进行分析。

1.健身体育活动

(1)分类

健身体育也就是我们平时所说的体育锻炼,其拥有悠久的发展历史。具体来说,运用各种方法,结合自然力和卫生因素来促进身体健康、增强体质、丰富生活的身体活动就是所谓的健身体育活动。体育锻炼可以有效提高人们的身心素质和社会适应能力。随着社会的不断进步和生活节奏的日趋加快,体育锻炼成为每个人的基本需求。随着体育锻炼内容的不断丰富,人们不断增长的体育锻炼需求得到了一定程度的满足。

健身体育内容丰富,按照不同的标准,可以将其划分为各种不同的类型,具体见表 2-6。

表 2-6　健身体育的分类

划分依据	类型
项目渊源	国内传统体育
	国外流行体育
目的	体育锻炼
	防卫体育
	康复体育
季节	夏季体育活动
	冬季体育活动

下面主要对以健身目的为依据划分的三类健身体育活动进行分析。

①体育锻炼。

体育锻炼的项目很多,骑自行车、跑步、瑜伽、太极拳、健身秧歌、球类、游泳等都是常见的体育锻炼项目,参加这些项目有利于促进身体各器官、系统的功能的增强,有利于身体健康水平的提高,也有利于人体体育活动能力的增强。此外,长期参与体育锻炼的人对环境的适应能力更强,能够快速适应快节奏的生活,而且可以总是呈现出饱满的精神状态。

②康复体育。

康复体育和医疗体育是一个概念,人们参与这类体育运动主要是为了治疗伤病,恢复机体器官的功能。实践证明,人们参与医疗体育活动,不但能够对伤病进行治疗,还能够预防疾病的发生。随着医学的进步和体育的不断发展,医疗体育的价值和作用越来越受到了人们的重视,通过医疗体育防治疾病的人也越来越多了,可见在人类的日常生活中,医疗体育发挥着非常重要的作用。

传统养生导引术、医疗性运动是医疗体育的两大内容,后者又包括矫治体育、医疗体操等内容(表 2-7)。

表 2-7　医疗性运动的内容

医疗性运动的内容	说明
自然力锻炼	利用自然因素(空气、日光、水等)进行锻炼,目的是促进机体调节机能和抵抗力的提高与改善。常见的自然力锻炼项目有温泉浴、日光浴等
减肥运动	通过有氧锻炼的方式对体重进行控制的运动,目的是减轻体重。运动者的肥胖程度对运动效果有直接的影响
医疗体操	专门为了防治疾病而编排的体操,常见运动形式有主动运动、被动运动、助力运动等
矫治体育	身体存在缺陷,需要矫正的人经常参与的一类体育运动,目的是弥补身体缺陷,克服功能障碍 在运动过程中,需要贯彻的基本原则就是有机结合局部矫正和整体康健。参与该类型的体育活动需有专人指导

③防卫体育。

防卫体育也是健身体育的主要内容之一,人们参与这类体育活动,主要是为了增强体质,提高防卫能力。这类体育活动的专门性和训练性特征很突出,因为参与者往往需要对具有实用性的技术进行掌握。防卫体育的运动负荷较大,这就对参与者的身体素质提出了较高的要求。在参与过程中,最好有专业教练指导,否则很容易因为各方面的原因而出现意外情况。

(2)特点

第一,健身、康复是健身体育的主要目的。现阶段,人们可以通过各种形式,采用各种方法参与体育锻炼,只要方法恰当,安排合理,且长期坚持,往往都能够取得良好的锻炼效果。

第二,不同人群参与体育锻炼活动会表现出不同的特点,这是由不同人群的不同身体条件决定的。不管是什么年龄阶段的人参加体育锻炼活动,都应该从自身的实际情况出发,这样才能取得预期的锻炼效果。

2.健美体育活动

健美体育活动是促进体质增强、塑形美体的有效锻炼方法,这一运动形式以身体练习为基本手段,能够使人体日臻完美。健美体育充分结合了健身和健心,不仅能够促进人们身体素质的提高,还可以起到明显的健心作用,实现人的全面发展,使人的生活更美好,生活质量提高到一个新的水平。

(1)分类

健美体育活动具有综合性特征,其中的身体练习形式和运动项目也是丰富多样的,在具体选择运用哪种形式来锻炼,参与哪个健美项目时,需从自身条件出发。健美体育活动的分类见表2-8。

表 2-8　健美体育活动的分类

分类依据	类型	说明
人体结构和相应肌群	头颈练习、上肢练习、腹背练习、下肢练习、全身练习以及小肌肉群的练习等	在健美舞蹈与健美体操中常采用这种分类方法
性别	男子健美、女子健美	一般男子健美的节奏快,女子节奏慢,男子动作幅度大,女子动作幅度柔缓
动作技术结构	徒手操、轻器械操等	依自身条件而选择适合自己的锻炼形式
运动负荷	极限强度练习、极限下强度练习、大强度练习、中等强度练习、小强度练习	合理安排练习负荷,循序渐进增加负荷
体育项目	举重、体操、武术、健美操等	人们可以选用各个体育项目来参加健美运动

(2)特点

第一,健美体育活动有机融合了体育与美育,不但能够使参与者的身体得到锻炼,还能够对其身心进行美化。健美体育活动对"健"与"美"都提出了较高的要求。健身是健美的基础,只有先健身,才能健美,才能实现身心共同发展的整体效应。在参与健美体育活动的过程中,运动者除了要追求肌肉的健美外,还应追求仪表美,同时要陶冶自己的情操,实现外在美和内在美的统一。

第二,对于其他竞技项目而言,健美体育属于辅助性训练活动。不管参与哪项竞技体育项目,都需要具备一定的肌肉力量,这是基本支撑条件,通过健美活动可以使某些特定的肌肉力量得到增强,可以为参与其他竞技项目提供条件。

第三,促进身体肌肉的发达是健美训练的主要目的,人们往往也是以此方式来锻炼肌肉的。我国举办的健美赛中,在评分阶段主要是看选手的全身肌肉发达程度。在健美训练中,人们会进行负重练习,而且练习形式多样,并多次重复,这样才能强烈地刺激肌肉,也才能使全身肌肉得到增强。

第四,参加健美体育活动时,可采用的方式比较多,而且比较灵活,不管是哪个年龄阶段的人,都有适合其参与的健美项目。

第五,健美活动只需简单的设备就能够开展了,其能够使不同人群的需要得到满足,因此具有广泛的群众性。

3.娱乐体育活动

在大众体育中,娱乐体育是非常重要的一大内容,而且其已经成为现代人生活中的一个重要组成部分了。娱乐消遣、愉悦身心是娱乐体育的根本目的,为了达到这一目的,人们参与不同类型的娱乐体育活动。娱乐体育有利于促进人们文化生活的丰富,有利于对人的精神状态进行调节,人们在休闲时间参加娱乐体育活动,心理能够得到一定的放松。

(1)分类

娱乐体育的分类见表 2-9。

表 2-9 娱乐体育的分类

划分标准	类型
参加人数	个人娱乐体育活动
	双人娱乐体育活动
	集体娱乐体育活动
活动性质	休闲性体育活动
	娱乐性体育活动
	探险性体育活动
	冒险性体育活动

续表

划分标准	类型
活动环境	室内娱乐体育活动（壁球、台球、保龄球等康乐类活动项目）
	户外娱乐体育活动（登山、野外探险、漂流等项目）
活动的特征	节奏类娱乐体育活动
	攀爬类娱乐体育活动
	滑行类娱乐体育活动
	格斗类娱乐体育活动
	眩晕类娱乐体育活动
	命中类娱乐体育活动
对抗程度	直接对抗娱乐体育活动（篮球、足球、排球等）
	非直接对抗娱乐体育活动（漂流、攀岩、蹦极、潜水等）
活动者在活动时的身体状态	观赏性娱乐体育活动（观看体育竞赛）
	相对安静的娱乐体育活动（棋牌、垂钓等项目）
	运动性娱乐体育活动（舞蹈、旅行、体育游戏等）

（2）特点

①内容丰富多彩。

娱乐体育项目繁多，内容丰富，不同年龄、爱好和不同生活水平的人都可以找到适合自己的娱乐体育项目。娱乐体育内容丰富这个特征从其分类中就可以体现出来，分类标准不同，划分的类型也就不同，各种类型的娱乐体育活动项目构成了其丰富的内容。

②时尚流行。

娱乐体育活动紧跟社会潮流，与时尚接轨，充满生活情趣，对时尚有一定追求的人可以通过参加一些娱乐体育项目来满足自身的身心需求。具有时尚性和从众性的娱乐体育活动对年轻人的吸引力很大，所以年轻人成为娱乐体育活动的主要参与群体之一。

③注重人文关怀。

娱乐体育活动的社会功能比较突出，它能够使人的生理需求、精神需求都得到不同程度的满足。人生的意义、目的和价值一直都是娱乐体育的关注点，正因为如此，人们在参与娱乐体育活动的过程中，好像自己处在一个安宁的精神家园，具有很强的归属感，这也是娱乐体育能够得到广泛的社会认同的主要原因之一。

娱乐体育强调的是过程,而非竞技结果,即使一些娱乐体育活动属于竞技体育项目,其功利性、政治性色彩也不是很明显。人们在参与娱乐体育活动的过程中,完全可以根据自己的兴趣、爱好等来选择采取何种活动方式,表现出非常突出的主体性和自主性,这也是娱乐体育具有丰富人文特质的主要反映。

④创新性。

娱乐体育活动具有明显的创新性,这主要体现在活动内容、活动方法、活动过程以及活动效果等方面。人们在参与娱乐体育活动的过程中,逐渐与环境相融合,而且与同伴的交往也很密切,这就营造了一种极具凝聚力和认同感的活动氛围,具有延续性和创新性的活动就是在这样的环境中产生的,这些活动能够使参与者体验到美,可以使参与者的情感发生一些变化,从而实现活动主体的自身超越。与此同时,人们在参加娱乐体育活动的过程中,需将大量的智力、情感等因素注入其中,这对人的创造性具有很好的激发作用。

⑤回归自然。

娱乐体育活动中有很多活动项目都是在大自然环境中开展的。随着我国社会的进步与经济的发展,工业化和城市化发展进程在不断加快,这样人们与自然之间的距离就越来越远了。而娱乐体育中的一些项目是在大自然中开展的,如草原、森林、溪流、泉水等,人们参与这些活动可以与大自然亲密接触,可以全身心地回归自然,因而可以获得身体与心理上的满足。

(二)大众体育活动的特点

随着社会的不断发展,大众体育活动的内容也变得越来越丰富了,在大力发展全民健身的背景下,我国各民族传统的锻炼形式得到了广泛的宣传与发扬,同时我国还引入了一些外来新兴体育锻炼项目,这些项目也逐渐成为大众体育的主要内容,逐渐完善的大众体育受到了越来越多人的认可,也吸引了越来越多的人参与。下面主要就大众体育活动的特点进行分析。

1.注重"以人为本"

促进人民大众身体素质的增强,促进其意识的提高是大众体育活动开展的主要目的,可见,大众体育活动的开展是针对人民大众的,是为了服务于大众,促进大众进一步发展与完善而开展的。大众体育在推动社会个体全面发展的基础上,能够在很大程度上促进我国物质文明建设和精神文明建设水平的提高。

2.内容丰富多彩,形式灵活多样

大众体育活动的内容主要包括三类,即体育锻炼活动、健美体育活动和娱乐体育活动,不管是哪类活动,其都包含非常丰富的内容。人们可以以自身的身体条件、兴趣、爱好为依据来对大众体育活动项目进行适当的选择,并科学参与其中。不管是哪个年龄阶段的人,也不管是处于哪一生活阶层的人,只要爱好体育,都可以找到自己感兴趣的体育活动项目。

大众体育活动除内容丰富外,其活动形式也是很灵活的,人们一般可以通过教学、训练、比赛、表演、探险、旅游等多种形式来参与娱乐体育活动。

3.科学性

随着科技的进步和人民生活水平的不断提高,人们对大众体育活动有了越来越多元的需求,人们在对大众体育活动项目进行选择时,并非随意、盲目地选择,而是在对不同项目的科学性进行分析之后才选择并参与的。强身健体、健美、娱乐休闲等是人们参与大众体育活动的主要动机,而只有科学参与活动,才能实现这些目标。

4.创新性和继承性

大众体育活动发展至今,之所以具有丰富的内容和多样的形式,主要是因为其具有继承性,并在继承的过程中进行了一定的创新。大众体育活动自古就有,如以医疗为目的的"消肿舞"(阴康氏发明)最早出现在原始社会的尧舜时期,导引术流行于奴隶社会时期,"太极拳""八段锦""五禽戏"等传统体育项目产生于封建社会,竞技体育在清代就开始传入我国,并受到了广泛的欢迎。而在西方,古希腊人很早就在锻炼中融合了健身与健美。到近代,人们日常锻炼中所参与的活动项目越来越多,如各种户外运动就是广受欢迎的选择对象。在现代,随着历史的不断进步,我国大众体育活动的内容不仅继承了古代与近代的内容,同时在此基础上不断创新与拓展,创造了许多新的活动项目,因而使得大众体育活动内容越来越丰富。

二、大众体育方法

大众体育这项社会活动具有突出的公益性特征,提高人民健康水平和生活质量,促进社会进步和发展是这类活动的主要目的。在对大众体育活动进行组织与开展时,需以大众体育目标为依据来对合适的方法进行选用,这样才能更好地实现大众体育的目标。下面对大众体育方法的阐述主要从大众体育服务与大众体育科学技术两方面进行。

（一）大众体育服务

1.大众体育服务的类型

大众体育服务主要包括体育组织服务、体育设施服务、体育指导服务、体育信息服务四种类型，不同类型又有不同的分类方法，具体见表2-10。

表 2-10　大众体育服务的类型

大众体育服务的类型	具体形式
体育设施服务	体育设施硬件服务（基本运动设施、附属设施，以及相关设施）
	体育设施软件服务（设施经营体制、设施经营策略等）
体育组织服务	体育组织中介服务
	体育组织照顾服务
	体育组织管理服务
体育指导服务	体育教学服务
	运动处方服务
	运动技术服务
	体育咨询服务
体育信息服务	体育宣传服务
	体育情报服务
	体育广告服务

2.大众体育多元化服务体系的构建

（1）大众体育多元化服务体系的基本内涵

在大众体育和体育社区服务发展到一定阶段后，需对大众体育多元化服务体系进行构建。大众体育多元化服务体系包含两方面的内容，第一是建立大众体育服务体系，第二是实现大众体育服务的多元化发展。之所以构建这一体现，主要是为了将大众体育服务提供给人民群众，而且这一服务是非营利性、公益性的。在提供服务的过程中，需对一些大众体育组织机构进行建立，这样才有可靠的平台来提供服务，才能使不同年龄阶段、身体状况等人群的需求得到满足。商业性体育组织无法向人民大众提供的体育服务,大众体育组织可以提供,这就可以弥补商业体育服务的不足。可见,大众体育多元化服务体系具有突出的福利性与公益性特征。此外,构建大众体育多元化服务体系还有利于扩大体育人口,丰富体育文化。

(2)构建大众体育多元化服务体系

在对大众体育多元化服务体系进行构建时,需严格贯彻"三个关键"和"四项重点"的方针(表2-11)。

表2-11 大众体育多元化服务体系的构建方针

构建方针	说明
三个关键	1.多元化的体育运动场地 2.多元化的体育运动形式 3.较为健全的大众体育活动组织
四项重点	1.鼓励家庭体育活动的开展,鼓励中老年人群参与大众体育活动 2.建设以大众体育指导员和体育积极分子为主的体育服务队伍 3.促进体育活动形式的不断丰富,使大众对不同类型体育活动的需求得到充分的满足 4.对适应生态环境、契合区域文化特色、满足不同人群的需求的大众体育设施进行建设

具体来说,大众体育多元化服务体系的构建应重点从以下几个方面展开。

①构建涵盖范围广泛的大众体育组织保障体系。

对大众体育组织服务组织保障体系进行构建时,应注意要不断促进其保障范围的扩大,要能够全面促进大众体育活动的健康发展,要为大众参与体育活动提供全面的保障。在具体的构建过程中需从以下两方面着手。

第一,对多元化城市社会体育组织服务体系进行构建,以使大众体育活动的顺利进行能够得到保障。这一体系的构建应重点发挥政府和社会有关部门的作用,构建过程中的主要导向是政府、街道,中心是大众体育组织协会,基础是各类体育组织体系,主体是大城市社区居民,主要载体是社区中各种类型的体育设施,骨干是大众体育指导人员和志愿者。只有将这些基本要素协调好,才能充分发挥服务体系的作用。

第二,全面管理各类体育社团组织。在大众体育的组织和管理中,体育协会发挥着非常重要的作用,对各类体育社团组织进行培育与管理有利于全民健身活动的全面开展,有利于向全社会广泛传播大众体育文化。

②构建能够满足不同人群需求的体育设施网络系统。

大众体育活动的发展离不开设施齐全、管理完善的大众体育场所,这是非常重要的物质基础与前提。为了全面开展全民健身活动,需以现有的体育设施为依据来对相应的配套服务进行合理的安排。随着人们生活条件的改善及体育意识的增强,人们对体育休闲的需求越来越多,这就要求必须加强对大众体育场馆设施的建设,并构建相应的服务体系,这也有利于全民健身计划的顺利实施。

在构建体育设施网络系统的过程中,要注意考虑不同群体的体育需求,尽可能使不同群体的需求都能够得到满足,这样体育场所设施才能得到充分的利用,才能避免这些资源的闲置和浪费。只有具备了实用且完善的设施条件,才能推动大众体育事业的不断发展。

③构建与地域文化特色相符的大众体育活动服务体系。

我国有广袤的疆土,不同地区呈现出的地域特征、风土人情等各有不同,再加上现阶段我国人民大众倡导价值扩张和追求自由,因此需要大众体育服务组织以不同地区的特点为依据来对体育运动方式进行设定,设计出的体育方式必须与不同地区的风俗习惯相符,且可以吸引居民参与。在设计过程中,需适当融入自然元素,对生态旅游活动进行开展,以为居民提供亲近大自然的机会。生态旅游类体育活动项目可以使人们缓解压力、回归自然的需求得到满足,可以促进参与者社交能力的提高和人与人关系的密切,也可以对参与者热爱大自然的品质进行培养,同时有利于向参与者宣传和谐发展理念和可持续发展观。此外,大众体育服务组织还应该针对老年人、残障人等特殊人群开设一些适合这些人参与的体育活动,从而使不同人群的体育需求都能够得到满足。

④构建多元的大众体育指导服务体系。

不同的人参与大众体育健身活动会取得不同的效果,为了促进人民参与大众健身活动的效果的提高,需构建大众体育指导服务体系。只有向群众提供有效的健身服务,提供科学的指导,才能使群众参与大众体育活动的积极性不断提高。加强大众体育服务与指导需要对大众体育指导员队伍进行建设,这支队伍中的服务人员必须具备一定的体育知识和技能。

在大众体育指导服务团队中,主要力量是社区体育指导员,在群众中对大众体育文化进行普及、组织和指导群众参与体育活动等是社区体育指导员的主要职责。当前,我国十分缺乏体育服务人才,面对这一问题,我们应对多元化的体育指导服务体系进行构建,将体育教师、体育积极分子、体育指导员等相关体育工作人员纳入到这一体系中,并对其进行定期的培训与考核评价,以提高这些工作人员的专业素养与业务能力,使其在组织与指导群众体育健身活动的过程中充分发挥自身的作用与价值,提高大众体育健身的效果。

(二)大众体育科学技术

大众体育的发展离不开科学技术的支撑,科技因素在体育领域的运用为大众体育的发展注入了新的血液与活动,有效促进了大众体育发展水平的提高。大众体育科学技术主要有三种类型,第一种是运动科学技术;第二种是信息科学技术;第三种是经营科学技术。

1.运动科学技术

(1)随着运动医学、运动生物学和运动心理研究水平的不断提高,人们对人体运动的认识越来越全面,也越来越深入了,人们对体育的认知已经达到了一个较高的水平。

(2)当前,人们在对体育设备进行设计时,采用了大量的高科技材料,这就使得大众体育活动的安全性有了更可靠的保障。

(3)运动科学技术在运动项目开发、运动设备改良等方面得到了充分的运用,这对激发人的运动潜力,增强人的运动技能,提高大众的运动效果具有非常重要的作用。

2.信息科学技术

当前,人们的日常生活与高科技密切相关,高科技在社会中的各个领域都是随处可见的,这主要得益于信息革命的开展。高科技运用于体育领域在近些年也是非常普遍的一种现象,不管是在竞技体育领域,还是在健身体育领域,高科技都得到了不同程度的运用,如移动通讯技术、互联网技术、多媒体技术等。

在大众体育领域中,高科技的运用十分广泛,如大众健身者运用互联网技术对体育健身的相关资料进行查阅;社会体育指导员通过多媒体手段对大众健身活动进行指导;社会体育管理者运用计算机对运动数据进行处理;社会体育组织运用移动通讯技术对野外体育健身运动进行组织等。这些尖端信息技术在大众体育中的应用直接促进了大众体育科学性的提高,也为大众参与健身活动提供了极大的方便,而且活动效果也得到了显著的提升。

3.经营技巧

现阶段,大众体育活动中对经营技巧的运用非常明显,这主要得益于大众体育市场化和社会化程度的提高。不管是进行市场调查,还是对大众体育需求进行分析,都离不开经营技巧的运用。此外,对大规模的大众体育活动进行开展,对大众体育进行管理等都需要运用市场营销策略和企业文化模式等经营类的技巧。

在大众体育活动中合理运用经营技巧有利于更加合理地促进体育资源的优化配置,有利于活动成本的节约,同时还能提高体育活动的组织效率。

第三章　大众体育与现代社会的发展分析

　　大众体育作为现代体育的一种重要形式,有着非常丰富的内容、多样化的形式以及广泛的群众基础。因此,其与现代社会的发展有着非常密切的联系。本章主要从大众体育与生产方式、生活方式、大众健康以及社会文化的关系入手,来对大众体育与现代社会发展进行细致地分析和阐述,使人们对大众体育有更加深入的了解和认识,以期为更好地参与到大众体育中奠定基础。

第一节　大众体育与生产方式

一、生产方式的概念与内涵分析

　　生产方式主要包括生产力和生产关系,生产方式的概念和内涵就可以从这两个方面入手来加以分析。

(一)生产方式的概念

　　生产力和生产关系的形成与人们为满足自身需要在从事的劳动有着非常密切的关系。

　　可以说,生产力和生产关系不仅是劳动的产物,同时也是需要的产物。由此就能够得出:生产方式就是人们需要的满足方式。马克思说:"生产方式即保证自己生活的方式。"从某种意义上来说,保证自己生活的方式,其实也就是满足自身生活需要的方式。

　　另外,还可以从这一角度来理解生产方式,即人们获得他们所必需的生活资料的方式。不管是什么样的生产方式,都必须按需来加以生产。

　　由此可以看出,人们满足自身生活需要的一定社会活动形式,是生产方式的实质所在。

(二)生产方式的内涵分析

　　通过对生产方式的概念的界定,要对其进行更加深入地了解和认识,需要从以下两个方面入手。

1. 生产力是人们满足自身需要的能力

生产力与人的需要有着密不可分的联系,究其原因,主要是由于人的需要、其与自然的矛盾以及劳动创造实践,是生产力产生的重要动力因素,否则,生产力就无从谈起了,更谈不上生产力的发展了。由此可以看出,生产力作为一种力,一种属于人的力,说到底是满足人的需要的能力。

另外,为了更好地满足自身需要,使自己的生活能力得到有效的改善,就会通过各种方式和途径来发展生产力。生产力的水平,是人们控制自然为自身需要服务的程度的重要标志,同时,也是人们从自然界中获得满足需要的对象。

从上述内容中可以得出这样一种结论,即作为一种力,生产力必然有主体(施力体),并且将其作为主要依据,实际上就是人的需要。可以说,生产力的形式和发展所产生的作用都是通过人的需要来得到体现的。

2. 生产关系是人们满足自身需要的能力结构

为了更好地理解生产力和生产关系,通常会将两者比作内容与形式,也会将其比作能力与结构。不管是什么样的力,都是在一定的结构之中的,并且都会具有施力体、受力体和传递媒介等内容和因素。任何力都是一个物质运动的过程,这个过程主要从它的结构的作用方面得到体现。关于生产力,其是一种社会现象,具体来说,可以从两个方面得到体现:一方面,生产力不仅是人与自然的关系,同时还是处在一定的社会结构中的人与自然的关系;另一方面,生产力是人与自然的过程的同时,也是以人的运动为唯一内容的人与自然的过程。鉴于此,人与人之间的社会运动,就是生产力的重要表现形式。因此,生产力的结构性往往可以在认为生产力是人们满足自身需要的能力时发现,换言之,就是生产力满足的实现总是需要一定的前提条件的,具体为一定的社会结构,也就是所谓的生产关系。对于此,可以从两个方面入手来加以理解:首先,人群、家庭、作坊、工厂等往往是在一定的社会组织中向自然获取资料、创造需要对象(生产)的;其次,社会结构会对他们的组织方式产生一定的影响和制约作用。由此可以看出,生产关系同样是人们满足自身需要的社会方式。关于生产力与生产关系两者之间的定位,如果将生产力定位为一个整体的概念,那么,生产关系的定位则是需要满足自己的需要的满足方式的具体化。

总的来说,生产力与生产关系两者是有机的统一。由此可以得出所谓的生产方式,人们需要的满足方式也就得到完整的诠释。

二、人类生产方式的发展与演变

人类的生产方式,主要从社会经济形态上得到体现。具体来说,人类生产方式的发展和演变主要经历了三种社会经济形态,具体如下。

(一)农业经济

从相关的研究中发现,公元前 8000 年至公元 1750 年,农业是最大的经济形态,并且起着非常重要的决定性作用,因此它被称为农业经济形态,经济活动的特征主要表现在地域上。随着农业经济生产力的不断发展,它经历了三种社会发展形态,即原始公社制、奴隶制和封建制。当时,知识的积累和传播还非常落后,生产实践和少数哲人对自然的观察是最主要的两种形式,而科学技术也还处于刚刚萌芽的状态。另外,由于当时在交通方面的制约作用,古代的科学技术发展呈现出多点开花的状态,古埃及、古巴比伦、古印度和古中国是最主要的几个科学技术发源地。

(二)工业经济

工业经济形态持续的时间较短,但是,却发展迅速,具体可以将其大致分为两个时代,一个是钢铁、化工和电气化的时代,一个是信息时代,具体如下。

1. 钢铁、化工和电气化的时代

受文艺复兴运动的影响,人们的思想得到了解放,科学技术开始进一步发展。由于丝绸之路的开通,使得中国的四大发明等也相继从阿拉伯地区传入到欧洲。严格意义上来讲,工业时代的到来主要以蒸汽机和自动纺织机的发明为标志。除此之外,还有很多发现和发明,比如,道尔顿的原子论、麦克斯韦尔的电磁场理论的发现,为基本化学工业和电机的发明奠定了科学基础;19 世纪,电炉炼钢、电机、电灯、电话、电板、内燃机汽车、飞机相继被发明出来,这也标志着钢铁、化工和电气化的时代的正式到来。

2. 信息时代

量子理论和相对论在 20 世纪初被创立,这在一定程度上为原子能技术、合成化工技术和半导体技术的发展奠定了良好的基础。20 世纪下半叶,电子技术,半导体和集成电路技术、计算机、个人电脑和全球化通信及多媒体网络都得到了较好的发展,这也促使人类社会开始进入到信息时代。

由此可以看出，尽管工业区经济时代所持续的时间较短，但是，在创造的结果方面却非常理想，物质文明就是其中最为重要的一个方面。工业经济是由资本、自然资源、机器与掌握工业生产知识或技能的工程师、经营经理和产业工人等生产要素构成的；将社会化工业大生产作为主要的生产方式；纺织、钢铁、机电汽车、化工、建筑物质生产工业是几个主要的支柱产业；交通、能源、通信则是主要的基础设施。

（三）知识经济

20世纪90年代以后，生产方式由工业经济形态逐渐向知识经济转变。具体来说，这一新的社会经济形态与之前有着很大的差别，主要可以从以下几个方面得到体现。

第一，知识经济具有全球化发展特征，这一特征在知识传播和应用，知识化产品的合作生产、竞争和行销，人才的流动与竞争，知识产权保护公约和法规，宽带数字多媒体网络，科技与文化交流与合作等方面得到体现。

第二，知识经济得以发展的主要手段是知识创新、知识创造性应用和知识广泛传播发展。

第三，信息、新材料、生物技术、新能源、航空航天、环保、文化产业和科技信息服务业是知识经济时代的支柱产业。

第四，知识经济时代，国家和地区经济和社会发展将国家和地区的创新体（包括知识创新、知识传播、技术创新和各式应用体系）作为重要基础设施和竞争力的基础。

第五，知识经济时代的社会劳动结构将会从根本上发生改变，体力劳动和脑力劳动都会被不同程度地替代。

第六，知识经济时代的总体特征为机械化、大型化、高速化和自动化，而在消费方面的特征则主要表现为多样化、个性化、艺术化。

第七，在知识经济时代，人们有着多种多样的追求，具体来说，不仅在生产方式、分配方式、生活方式和发展模式的可持续性上有所体现，而且还在人与自然的协调，自觉地控制自身的生育和消费，保护地球的生态和环境等方面也有充分的体现。

第八，知识经济时代对知识的重视程度越来越高，因此，这也就使得终身教育、终身学习将成为时代潮流，科技和文化产业将成为社会最宏大的产业。

第九，知识经济时代的发展走向应为知识化、市场化、全球化、理性化可持续发展、民主、法治、公正、公平、科学、文明。

由此可以看出，知识经济以人的全面发展、协调发展、和谐发展作为前提，对人的整体要求都有着更高的要求。从另一个层次上来说，在知识经济时代人们对体育有着更加强烈的需求,自觉性也越来越高,因此,体育成为人们生活的重要内容和主要需要已经是重要趋势。

三、大众体育与现代生产方式

(一)生产方式和劳动结构会因生产力变革而发生变化

生产工具往往能够反映出生产力水平的高低,因此,劳动力人口的多少会随着生产力水平的高低而发生一定的变化。比如,生产力和生产工具越发达,脑力劳动者在劳动力人口构成中的比例就会越大。随着现代化的建设和生产力水平的提高,会有越来越多的人参与到第三产业中,同时,脑力劳动者的数量也一定会有大幅度的增加。

人们固有的运动技能已经随着脑力劳动的增加呈现出越来越弱的趋势,由此可以得知生产方式的巨大变化会在一定程度上影响到人们的身心健康。随着社会生产力的发展,人类的劳动形式和结构也发生了一定的变化,安静的伏案状态的脑力劳动者逐渐替代了运动状态的体力劳动者,正是因为这一转变,才发生了"肌肉饥饿""运动不足"等脑力劳动者常出现的问题,这也使得人类正常的生物适应能力发生了改变,进而导致一系列"文明病"出现,尤以心血管、脑血管疾病为最多。

生产力的变化,对体育运动的社会价值也产生了较大的影响。这种价值主要在两个方面得到体现:一个是对人类病理学机制的突变的适应;一个是对社会健康危机的适应。

(二)现代生产方式的变化对劳动者健康的影响

随着经济水平的不断发展,生产方式也发生了一定的变化,不同的生产方式的变化对劳动者的健康会产生不同的影响,具体如下。

1.劳动方式的变化对劳动者健康的影响

劳动方式的变化对劳动者健康的影响如图 3-1 所示。

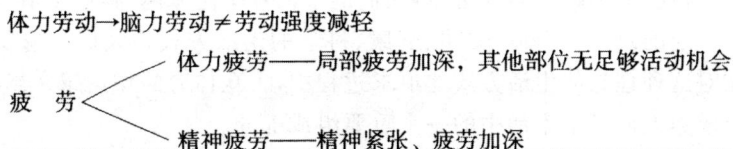

体力劳动→脑力劳动≠劳动强度减轻

疲　劳   ┌── 体力疲劳──局部疲劳加深,其他部位无足够活动机会

    └── 精神疲劳──精神紧张、疲劳加深

图 3-1

2.作业形式的变化对劳动者健康的影响

作业形式的变化为：

独立(全过程)操作→程序(流程)操作＝紧张、单调、自我丧失。

如果是较快的程序操作节奏,往往就会导致精神紧张和局部疲劳的产生。

如果采用的是固定、单调的操作方法,则往往就会导致抑制和精神疲劳及一部分身体活动受到压抑。

随着社会分工的细化程度越来越高,程序操作把劳动者当成机器的一部分,较为细致地限制了其行为规范,这样往往就会引起个人主观能动性的丧失,并且在被动(被控制)状态下,逐步丧失自我。

3.产业结构的变化对劳动者健康的影响

产业结构的具体变化为：

第二产业为主→第三产业为主＝社会服务业的兴盛。

社会服务往往是以社会需求为依据来确定和进行适当调增的,可以说,人们的健康需求(疲劳的解除、休息、保持、增进健康)和精神解放的需求(娱乐、社交、自我实现等),为社会服务创造了有利的条件,而体育服务则是社会服务的一个重要组成部分。

(三)大众体育对现代生产方式的影响

"高效率"是现代生产方式的一个重要追求。要达到这一目的,首先就要保证员工们高涨的工作热情和充沛的工作精力。而要保持和促进高涨的工作热情和充沛的工作精力,最积极有效的方式便是体育运动。

第二节　大众体育与生活方式

随着社会的不断发展和进步,人们的生活水平越来越高,而生活方式也发生了一定的改变。当前,文明、健康、科学的生活方式是人们普遍所追求的。在对这种理想的生活方式的追求过程中,大众体育的作用越来越显著,其已经成为人们日常生活中的一个重要组成部分。

一、生活方式的基本理论

(一)生活方式的概念

作为社会科学研究的重要内容,生活方式能够较好地反映出社会整体结构及其运行状况,这对于人们更好地了解社会运行的规律有所帮助。自人类产生,生活方式就一直存在着,其不仅有着丰富的内容、复杂的层次、多样的形式,还有较为密切的内在联系。

通常,关于生活方式的概念,有广义和狭义之分。从广义上来说,所谓的生活方式,是指关于社会活动中,包括物质生活、社会生活、政治生活和精神生活的形式和特征在内的人们的全部活动的总和。而从狭义上来说,所谓的生活方式是指人们消费的生活水平和结构。

从另一角度来说,可以将生活方式理解为不同阶层人群在其生活圈、文化圈内所表现出的行为方式。

(二)生活方式的特征

当前,生活方式的特征主要表现为物质条件好、余暇多(图 3-2)。

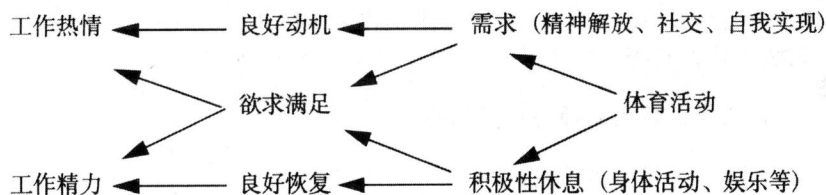

图 3-2

(三)生活方式的分类

只有对生活方式的种类有所了解,才能够从中选择最佳的生活方式。生活方式是人类活动的重要形式,它与人类社会的各层面有着千丝万缕的联系,因此,这也就导致生活方式的分类也是多方位的。下面就介绍几种较为常见的生活方式的分类方法。

1.以经济状况为依据划分

按照这一分类依据,可以将生活方式分为富有阶层、中产阶层、贫困阶层的生活方式。

2.以国家为依据划分

按照这一分类标准,可以将生活方式分为经济发达国家的、发展中国家的生活方式等不同类型。

3.以地区为依据划分

按照这一分类标准,以我国为例,可以将生活方式分为东部沿海经济发达地区、中西部经济欠发达地区的生活方式。

4.以气候环境为依据划分

按照这一分类标准,可以将生活方式分为寒带人的、热带人的、地中海人的、西藏高原人的生活方式等几种类型。

5.以生活社区为依据划分

按照这一分类标准,可以将生活方式分为农村生活、城市生活、游牧生活、渔船生活、林区生活、学区生活、商业区生活方式等。

6.以生活方式的不同领域为依据划分

按照这一分类标准,可以将生活方式划分为多种类型,较为常见的有:政治生活方式、劳动生活方式、交往生活方式、余暇生活方式、消费生活方式、宗教生活方式等。

7.以生活主体的层面为依据划分

按照这一分类标准,可以将生活方式分为三种类型。
(1)社会的生活方式
不同社会制度的生活方式也会有所不同,其中,较为常见的有资本主义生活方式、社会主义生活方式这几种具体的形式。
(2)群体的生活方式
这种类型的生活方式,比较常见的具体形式有民族生活方式、某一阶级、阶层的生活方式等。
(3)个人的生活方式
这种类型的生活方式,较为常见的有:内向型与外向型、奋发型与颓废型、自立型与依附型、进步的与守旧的。

(四)生活方式的构成要素

生活方式并不是一个简单的事物,其是由多重因素构成的。最主要的有行为习惯、生活时间、生活空间、生活节奏以及生活消费等几个方面,具体如下。

1.行为习惯

作为生活方式的重要组成部分,行为习惯也是生活方式的外部体现。行为习惯的好坏会对人们的身体健康产生直接的影响。通常,早睡早起、饭前洗手、午睡、少食咸食甜食等良好的生活习惯对于身心健康是较为有利的;而酗酒、吸烟、熬夜、吸毒,生活无规律、长时间上网、打麻将、缺乏体育运动等不良的行为习惯对于健康则是百害而无一利的。

某些由行为习惯而形成的民俗对居民的健康和体质状况有着非常深刻的影响。比如,较为具有代表性的有回族居民的饮食禁忌、卫生习惯、节日民俗、穆斯林宗教仪式动作等;还有一些习俗会对健康产生较为显著的害处,中国古代妇女的缠足就是最为典型的一个例子。

生活方式是由多重因素构成的,其中,人们的体育兴趣爱好、体育习惯和体育行为也是其重要方面。通常,在校学习阶段是形成体育习惯的最佳时期,但是,由于当前我国体育教育和终身体育衔接的合理性较为欠缺,因此,随着学习的结束,体育活动也就随之也结束了。

2.生活时间

人的一生往往只有数十年,而时间则是没有尽头的,人们的活动都是在时间中进行的。通常,可以将生活时间分为两个方面,一个是包括生产劳动时间和家务劳动时间在内的必要支出的劳动时间;一个是在一昼夜的全部时间中剥出一切必要支出的劳动时间,可以由个人自由支配的闲暇时间。需要强调的是,这种时间不能直接被生产劳动所吸收,而是用于娱乐和休息的,然而这部分时间在人类创造精神文明方面起着重要的作用。余暇时间是人们直接参加体育活动和接受体育文化的前提条件。闲暇时间的长短和分配状况会对人的生活方式和生活质量产生直接的影响。

目前在人们生活时间上,必要支出的劳动时间在不断减少,自由支配的闲暇时间在不断增加。

3.生活空间

现实生活中,每个人、每个家庭都有一个属于自己的生活空间。在生活方式中,生活空间是不可忽视的一个重要因素,也是生活质量提高的重要前提。人们的工作和生活的社会环境和自然环境,就是所谓的生活空间。社会安全稳定、良好的人际关系、优美的工作环境、和谐的家庭氛围、空气清新、阳光充足等优良的生活空间对于人的身心健康是有利的；而恐怖、人际关系紧张、家庭矛盾、噪音、水污染、空气污染、交通拥挤、住房紧张等不良的生活空间对于身心健康是有危害的。比如，空间狭小，往往就会导致人们产生封闭感、惩罚感。但是需要强调的是，也不是生活空间越大越好，这样会使人感到空旷、孤独、失去自由。因此，这就要求保持适度的生活空间，这很重要。

4. 生活节奏

随着人类社会的不断进步和发展，社会运动时间节奏越来越快。从某种意义上来说，生活节奏加快是由于我国所获得的余暇时间越来越多而导致的后果之一。可以说，生活节奏加快能够使生命的效率得以提高，使尽可能多的社会成员经过高速的协调配合，为社会创造出的物质财富和精神财富也越来越多。对于生活在快节奏环境里的人来说，他们往往会表现出精神振奋、生活充实、朝气蓬勃的积极状态，因此，人们对于快节奏的生活还是比较喜欢的。

但是，生活节奏的加快并非只有益处，其也会产生一些不利的影响。比如，会给不适者带来许多健康方面的麻烦，快节奏生活与人们的生理习惯是相悖的，但人们也必须与之顺应，社会约定俗成的生活节奏是不可能被扭转的。而且人类不同于动物，他们在生物节律方面具有一定的自主性和可塑性，对于大多数人来说，如果能够适应一段时间，是能够接受加快的生活节奏的。

5. 生活消费

生活消费，指使用物质资料以满足人们的物质生活和文化生活需要。消费是人生存的需要，是社会再生产的重要环节，是组成生活方式的重要因素之一，而消费水平和消费结构也是衡量生活质量的重要标志，而这也是社会学较为关心的重要方面。

家庭占有社会产品和劳务的多少，就是所谓的消费水平，它与家庭收入、物价水平有关。消费水平与人们对体育的投入有着直接的关系，因此，对国家、地区和家庭体育的规模和程度起到重要的决定性作用；同时，消费水平还对人的生活方式和生活质量产生间接的影响。从某种程度上来说，国家或城市的经济实力决定着生活消费水平的高低。

人们生活消费物质资料和精神资料的比例关系，就是所谓的消费结构。消费结构与很多方面的因素都有密切的联系，比如人的价值观、受教育程度、收入水平、社会环境等。人的消费不仅包括对物的消费，还包括教育消费、文化消费等精神消费。需要强调的是，人的消费中心应该是人，而不应是物，因为只有这样才能使人的自由全面发展得以顺利实现。可以预测，未来社会的消费，应该是人的消费过程与人的自由全面发展过程的统一。

目前我国消费情况是物质消费水平不断提高、精神产品需求越来越高，人们追求健康、文明、科学的生活方式，体育娱乐和健康消费已日益成为消费时尚和新一轮经济增长点。

体育在消费结构中的地位受到很多方面因素的影响和制约，其中，起到决定性作用的是消费水平，而其余人们的体育价值观念和体育态度也有着一定的关联性。体育用品消费与人们的收入水平、文化程度、对体育运动的认识程度以及积极参加体育活动等许多因素有着密切的关系。不同收入水平、不同文化程度的家庭体育用品消费比例也会存在着一定的差异性。具体来说，主要表现为：收入水平越高的家庭，体育用品消费所占的比重越大；文化程度越高的家庭，体育用品消费支出越高。

（五）生活方式的影响因素

生活方式是客观存在的，并且具有多种多样的类型，人们都具有一定的生活方式。但不管是什么类型的生活方式，其都在一定程度上受到不同因素的影响，具体来说，主要有以下几个方面。

1.生产方式

生产方式与生活方式有着密切的关系，具体来说，生活方式是在生产方式的前提下形成的。

生产活动是人类最基本的活动方式，生产活动水平的高低、内容差异、结构差异都会对个人的生理心理需要、群体的行为和社会活动产生直接的影响。生产活动的不同造成了生活方式之间的差异性。如原始社会刀耕火种，过着凿井而饮，耕田而食的生活。社会结构简单，一个群体、一个部落，完全是血缘关系长期封闭在同一地域。而到了现代社会，高效率的生产活动创造了丰富的物质产品，生理需要得到了充分的满足，于是人们的精神需要有了更高的要求，生活方式与原始社会生活方式有非常大的差别，变得丰富多彩、五花八门。比如脑力劳动者与体力劳动者之间的区别是非常大的，同样是体力劳动者，从事农业劳动、工业劳动与服务行业劳动的人在生活方式上也会存在着不同程度的差别。

2.社会制度

社会制度是影响生活方式的一个重要因素，可以说，不同的社会制度所形成的生活方式也是有所差别的。

不同性质的社会,形成的人际关系也会有所不同。原始社会是一种较为平等的关系;奴隶社会是奴役与被奴役的关系;封建社会是服从与依附压迫关系;资本主义社会人与人之间是一种较为平等、民主的雇佣关系,社会价值观以金钱至上为准,讲究个人的自由与个性,生活方式以享乐主义和个人自由主义为价值观指导;社会主义社会以实现共产主义为宗旨,个人利益服从集体利益,讲究无私奉献精神,鼓励见义勇为行为,生活中讲究节俭、反对浪费。

3.自然地理环境

人们的生活方式在一定程度上取决于自然地理环境。因此,自然地理环境也是生活方式的重要影响因素。自然条件(即地理环境)是人类社会发展的前提性因素,地理位置、气候、土壤等地理条件不仅会对民族特性与社会性质产生一定的影响,同时,还对民族的心理、习惯和思想,以及特定生活方式产生重要的决定性作用。比如,草原游牧生活离不开牲畜,食物结构是牛羊肉。而海边渔民的饮食则以鱼虾海味为家常便饭,爱斯基摩人以狗拉雪橇为交通工具,中国江南水乡则利用船只代步。另外,不同气候条件下的人们在衣、食、住、行上也都会有所差别。比如北欧多雪的国家房屋大多是尖顶的,从而使积雪压垮房屋的情况得到避免,而久旱少雨的沙漠地区用"干打垒"筑平顶屋就足矣。

4.经济发展水平

经济发展水平对人们的生活水平产生重要的决定性作用。在某一社会生产发展阶段中,居民用以满足物质、精神生活需要的社会产品和劳务的消费程度,就是所谓的生活水平,其是生活方式的一个重要的评价指标。不同经济状况的国家,其消费水平也存在着一定的差异性。

5.文化传统对生活方式产生着久远的影响

文化传统使世界各国各民族的生活方式五彩缤纷,使生活方式的个性更加突出,因而出现不同的生活风格。不同文化背景的人,其情趣、爱好、嗜好、价值取向也不同,因而其生活习惯、风度、气质也会有所差异。比如,生活中法国人具有浪漫的标签、英国人具有深沉的标签、瑞士人具有精细的标签、巴西人具有豪放的标签、德国人具有坚忍不拔的标签、美国人具有自信的标签、中国人具有传统的标签等。

总的来说,不同的自然环境和历史文化传统,都会对生活方式产生不同的影响,从而使个性发生一定的改变,因此,长期共同在一个特定环境中生活的人群便形成了各自的生活方式。

二、现代生活方式对大众体育的影响

现代生活方式对大众体育的影响,主要从两个方面得到体现,一个是体育生活化,一个是不良的生活方式对大众体育的影响,具体如下。

(一)体育生活化

人、社会、自然界都不是一成不变的,它们都会发生一定的变化,因此,人类社会的格局也会有所转变。受此影响,当人对自然界的物化能力的提高,引起人们对生命价值新的认识时,当人们对生命价值的新认识引起人们对社会生活方式新的思考时,就可能去寻觅,创造一种新的、更为合理的生活方式,从而使人们更高层次的生活需要得到较好的满足。受我国改革开放和社会主义市场经济的影响,人们的生活质量不断提高,在这样的背景下,传统的社会模式被冲破,人们的生活观念取向也发生了深层次的变化,对体育内涵的新界定也产生了。体育本来就是从生活中产生的,随着我国社会正从"物化阶段"向"精神享受"阶段迈进,它终于重新在社会文化中找到了定位点,并且作为一种特殊的活动来使人们的生活质量得到进一步的提升,日益增长的享受和发展得到较好的满足。

所谓体育生活化是一种隶属于现代生活方式系统,但是有相对独立性,在社会经济和文化等诸多方面变化发展影响下,有变革传统生活方式的推动作用。[①] 体育生活化有着非常丰富的内容、形式和功能,这些能够在人们的社会生活中得到充分的展现,其实现的形式主要有两种:一种是大众的直接参与,一种是大众的间接参与,但不管是哪种形式,都能够使大众生活享受、发展的需要得到较好的满足,对大众身心健康和人格形式的全部活动行为特征过程起到积极的促进作用。

由此可以得知,只有将体育与广大群众生活紧密结合起来,将体育融入广大人民生活之中,才能使大众体育在群众中奠定稳固的基础,并且能够持续、稳定地发展下去。

(二)不良的生活方式对大众体育的影响

不良的生活方式对大众体育的影响主要从以下两个方面得到体现。

---

① 郭亚飞,刘炜.社会体育学[M].北京:北京师范大学出版社,2012.

1.“现代文明病”产生

现代社会经济发展迅速,科学技术的发展水平也越来越高,其对生产方式也产生了一定的影响,劳动生产率有所提高。尽管如此也不能忽视,科学技术带给人们好的影响的同时,也必然给人们留下一些伤痕,这些伤痕主要在人的生理和心理两个方面得到体现,并且会表现出各种不同的症状,简言之,就是所谓的“现代文明病”。除此之外,现代社会的多样化发展丰富了人们的选择,而这也会使人感到紧张与生活疲劳,速率变化过快往往就会让人产生焦虑不安的感觉,工作、生活节奏过紧则会让人无暇顾及身体锻炼,运动不足,饮食结构不合理,造成肥胖和营养不良,使人身体和心理产生病变。鉴于这些负面影响,人们开始对自己的行为加以反思,并且从实践中总结出了“现代文明病”的医治途径——体育。

人的身心受到压力的影响,会表现出不同的症状。比如,压力对人的生理方面的影响主要为肾损坏、头晕目眩、心律紊乱、中风等;而对人的心理方面的影响则主要为专心和注意力范围缩小、记忆力衰退、悲观失望、自我评价能力下降。据不完全统计,现代城市人口中,发病率最高的是心血管疾病,导致这一疾病发生的原因主要有紧张、焦虑、运动不足、肥胖等。另外,当前“过劳死”的发病可能性越来越高,这与现代社会的工作压力过大、工作持续时间过长、生活节奏太紧、娱乐休闲、身体锻炼太少等都有着密切的关系。还有,各类精神、心理障碍患者的人数也越来越多,其中,工作、学习压力过大、长年超负荷工作的年轻人是最主要的发病人群。

面对上述“文明病”,医学方面所能做出的贡献非常微薄,这就要求人们对社会进行重新审视,并且确定下来能够改善和医治“文明病”的方式和方法。体育,这种既能强身,又能满足人们之间的情感交流等多种社会功能的运动,再加上观念的转变使体育作为一种现代的生活进入人们的日常生活之中,在新的时期,引起了人们高度重视,因此可以说,我国大众体育的地位的重新确定已经成为一种必然。

2.对大众体育的形成与发展产生抑制作用

不良的生活方式对我国大众体育的形成会产生一定的抑制作用。我国有着几千年的发展历史,而传统生活方式也一直持续着,其中一些不良的、有害的生活方式在人们的日常生活中已根深蒂固,其对现代人科学、文明的生活方式的形成产生非常显著的束缚作用。

从相关的调查统计中可以看出,在社会发展的同时,人们空闲时间增多的条件下,很多人的生活方式并没有发生太大的改变。因此可以说,体育生活方式在我国的普遍形成还须待以时日。

体育的发展离不开充足的余暇时间,可以说,余暇时间增多能够为大众体育的发展提供有力的客观条件,但是实际情况是,我国居民余暇时间相对较短,人们从事体育锻炼的积极性也不是很高。随着社会的不断发展,人们的物质财富越来越多,这样,人们得到的余暇时间就会有所增多。余暇时间为广大群众参加大众体育运动提供了有利的客观条件。但是需要强调的是,尽管余暇时间越来越多,但是,人们在余暇时间选择从事体育活动的愿望并不强烈,也是我国部分地区大众体育还未发展起来的一个重要原因。

三、大众体育对生活方式的意义

大众体育生活方式是否被采纳,与很多方面的因素有关,比如,其与人的生命质量有着密切的关系,同时,也与现代人生理、心理、社会健康密切相关。因此可以说,科学、健康、文明的生活方式的形成,与大众体育有着一定的关联。

具体来说,关于大众体育对生活方式的影响和意义,可以从以下几个方面得到体现。

(一)科学合理的体育消费能够使生活品味有所提升

1.体育消费的概念

人们用于体育的个人支出,就是所谓的体育消费。关于体育消费,有广义和狭义之分。从狭义上来说,体育消费就是所谓得到直接的体育消费,具体来说,主要是指在参与体育活动与观赏运动竞赛表演过程中,对体育服务产品及与体育活动直接有关的体育实物消费品、精神产品等体育消费资料的消费。而从广义上来说,体育消费不仅包括狭义上的体育消费所包含的内容,还包括各种间接的体育消费,也就是参加体育活动或观赏运动竞赛而支付的交通费、住宿费、餐饮费等。

2.体育消费的类型

以体育消费者通过支付货币而获得的不同功能的体育消费资料为主要依据,可以将体育消费分为观赏型、参与型和实物型这三种类型。

从表面看,体育消费是一种非刚性消费。大众体育活动对人们参加与否、消费与否以及消费的数量都没有明确的规定和要求。但随着社会的发展,对体育的需求会越来越高,因此,具有越来越大的刚性成分。

3.体育消费的特点和功能

体育消费具有综合性和多层次性的显著特点。

(1)体育消费的综合性

具体来说,体育消费的综合性特点主要表现在体育消费与旅游(体育旅游)、娱乐(舞蹈)、营养保健(营养保健品)、教育(武馆、足球学校)、医疗(康复)等消费没有明确界限。体育消费内部的用品、空间设施、服务、观赏等所形成的组合也是多种多样的。

(2)体育消费的多层次性

首先,体育消费的多层次性,主要表现在其档次方面。体育消费的多种档次,能够使不同经济水平人群的需要都得到较好的满足。比如,贵族化的高档消遣娱乐能够满足高收入人群的需要;体力投资与体育娱乐能够满足中等收入人群的需要;体育健身消费和购买必需的体育用品则能够使低收入人群的需要得到较好的满足。

其次,体育消费的多层次性还表现在不同年龄、性别的各种需要方面。近年来,老年人的健康消费中体育消费有不断增长的趋势,就业年龄人群的消费也有所增长,而这主要是为了适应劳动力市场的日益激烈的竞争要求和缓解由于生活节奏的加快而造成的心理压力。对于青少年来说,他们对体育消费热情更高,究其原因,主要是由于体育消费可以成为他们的一种成瘾性消费、炫耀性消费、从众性消费。

除此之外,体育消费不仅是一种节假日消费,可以成为城乡居民周末、长假期的主要消费形式,而且其还是一种社交性消费,越来越受到商家、公关活动的重视。

(二)大众体育能够使生活时间更加充实

大众体育能够使人们的生活时间得到进一步的充实,不再仅限于传统意义上的看电视、打扑克等活动了。具体来说,生活时间方面的改变主要表现在以下几个方面。

1.余暇时间发生一定的改变

余暇时间的改变,主要有以下几种情况。

(1)余暇时间逐渐延长

导致人们的余暇时间逐渐延长的原因有很多,其中,最主要的有以下几个方面。

第一,由于科学技术的不断发展,生产劳动的自动化和效率化程度越来越高,这就导致生产劳动时间逐渐缩短,余暇时间便逐渐得到延长。

第二,现代化家用电器的使用,成品、半成品食物的普及,使得家务劳动时间大大减少。

第三,工作制的改进,使得与工作有关联的时间缩短。

(2)余暇时间与工作时间有着越来越清晰的分割

在农业劳动时代,劳动时间与余暇时间是很难划分的。他们日出而作,日落而息。农忙的时候有十几小时的持续工作时间,农闲的季节可以整天休息。到了工业时代,劳动者的余暇时间开始从工作时间中剥离出来,但是,常常还有相含的部分。而到了第三产业时代,人们的工作时间与余暇时间被切割得十分清楚了。

2.支配余暇时间方式的变化

支配余暇时间方式的变化主要表现为:消除疲劳型逐渐转变为体力投资、消遣娱乐;接受型逐渐转变为创造型;内敛式、封闭式逐渐转变为散发式、开放式;从个体型逐渐转变为群体型社会化;人从室内逐渐走向户外。

3.中国城乡居民的余暇方式

我国居民的余暇时间正在逐渐增加,但在余暇时间的使用上,存在着较大的浪费。据调查得知,我国的城乡居民支配余暇时间的能力是相对较差的。如果教育不能教会孩子支配余暇时间,那么就可以说,这是一个不完整的教育。同样,如果不能对人们善度余暇的社会起到积极的引导作用,这就算不上是一个完善的社会。因此,积极引导人们用科学、文明、健康的方式度过余暇时间是一项重要的社会任务。把余暇时间用于体育运动和娱乐活动,是一项重要的任务。

(三)大众体育能够有效调节生活节奏

通常,人们会借助于体育运动和娱乐活动来对新的生活节奏进行适当的调整,以达到逐渐适应的目的。从相关的调查研究中发现,运动员和经常从事体育活动的人对生活节奏的改变的适应性要更强一些。究其原因,主要是由于在体育活动中,人们所掌握的多种活动技能和快速活动方式,这对于人们准确、协调、敏捷地完成各种生产、生活动作是较为有利的,不仅能够使多余动作有所避免,而且还不会力不胜任。

积极参与到大众体育中,能够有效锻炼人体的神经系统、心血管系统,使人体对快速节奏生活的应变能力和耐受能力得到有效的提升。此外,大众体育中的活动和一些娱乐消遣,也能够使人们对快节奏生活的抵触、恐惧、烦躁和焦虑等心理障碍得到有效的克服,从而使人们的心理情绪稳定,身心紧张的现象得到有效避免,同时,也能够有效控制侵犯他人的"A"型反应,从而使人们在快节奏生活中的自信心有所增加。

当前社会中,生活和工作节奏都非常快,这不仅会对人们的生理健康产生一定的影响,同时,也会对人们的心理状态产生影响,会使人变得很浮躁,感情变得很冷漠。将高科技运用于现代生产方式中,往往会使人们情感的平衡得到忽视,单调的工业生产也常使人情绪不佳,感到寂寞、无聊,而现代生活方式使家庭逐渐缩小,亲属间情感疏远,给社会带来许多情感问题。

作为一种极富感情色彩的高尚活动,大众体育不仅是人们高级情感的产物,同时也是人类高级情感的发生器。其能够使人类的情感宝库得到进一步的充实和丰富。在大众体育中,追求积极向上的荣誉感和人们之间相互交往的亲和感,人们用"费厄泼赖"精神保持自己的伦理感。由此可以得出,大众体育具有重要的充实现代人高级情愫的功能。

(四)大众体育能够使人们的生活空间有所扩大

大众体育能够使生活空间扩展,生活内容充实,同时,还能够使人们宏观的运动区域进一步加大,到户外去,回到大自然的怀抱中去,与绿草、森林、山麓、雪原、河川、海洋以及鸟兽结为朋友。人们可以登山、攀岩、探险、横渡、漂流……在人类现实生活中,大众体育给人的活动空间是最大的。只有在大众体育中,人们才能将自己的本原最大限度地激发出来。

第三节 大众体育与大众健康

一、健康的基本理论

健康,一直是人们所追求的目标。人们只有保证身心的健康,才能够为做好其他事情奠定好基础,否则一切都是空谈。

(一)健康的定义

关于健康的概念,以往人们对健康的理解为"健康就是没有病",而现代健康的标准已经不仅仅是指四肢健全,没有疾病或身体虚弱,更是指人体各器官系统发育良好,功能正常,体质健壮,精力充沛,有良好的劳动能力,有健全的心理、精神状态和良好的社会适应能力。

在 20 世纪 30 年代以前,人们对健康的理解还仅限于"躯体无疾病、无伤残"。一直到 1948 年世界卫生组织(WHO)成立,在其章程中才将健康的定义明确提了出来:"健康不仅是指没有疾病或衰弱,而是指生理、心理和社会适应性等各方面均处于完好的状态。"1990 年世界卫生组织对此进行了重新修改,同时,还将健康的定义公布下来:"健康不仅仅是躯体没有疾病,而且还要具备心理健康、社会适应良好和道德健康,只有具备了上述四个方面的良好状态,才是一个健康的人。"这是一个完整而又科学的健康概念,因为它不仅对人类的健康状态做出准确的判断,而且对人类健康的内涵的理解更加深刻。

由此可以得知,现代健康主要包括生理健康、心理健康、社会适应良好、道德健康和生殖健康。

(二)健康的要素

健康是由多个方面的要素构成的,具体来说,有五个方面,即生理健康、心理健康、道德健康、社会适应能力良好以及生殖健康。

1. 生理健康

人体的结构完整和生理功能正常,就是所谓的生理健康。以结构为基础,以维持人体生命活动为目的,协调一致、复杂而高级的运动形式,就是所谓的人体的生理功能。生理健康是其他方面健康的基础。

2. 心理健康

一般的,符合以下条件才能算得上是心理健康:第一,要有良好的自我控制和调节能力;第二,对于外界的刺激有良好的应激能力;第三,心理经常处于平衡和满足状态。

良好的心理状态应具备以下 10 条标准。

第一,有充分的安全感。

第二,有自知之明。

第三,善于平衡人际关系。

第四,正视现实。

第五,热爱生活,乐于工作。

第六,能保持人格的完整与和谐。

第七,善于学习,努力进取。

第八,适应一定环境条件并发挥个性。

第九,能适度地宣泄情绪和控制情绪。

第十,在现实社会条件下,适当地满足个人的基本要求。

3.道德健康

所谓的道德,简言之,就是做人的道德和应有的品德。道德健康以生理健康、心理健康为基础并高于生理健康和心理健康,是生理健康和心理健康的发展。道德健康,具体来说,就是指能够按照社会道德行为规范准则约束自己,并支配自己的思想和行为,有辨别真与伪、善与恶、美与丑、荣与辱的观念和能力。

4.生殖健康

世界卫生组织对生殖健康下的定义是:人类在整个生命过程中,与生殖有关的一切活动,应在生理、心理和社会适应诸方面处于良好的健康状态。由此可以看出,要想保证生殖健康,需要做到两个方面的要求:一方面,要建立正确的性观念和婚前性行为,避免未婚先孕、人工流产,做好性病与艾滋病的防治工作;另一方面,还要掌握避孕节育、妇产科疾患、不孕不育、男性科疾患、夫妻性生活指导等性保健知识。

5.社会适应能力良好

人在社会中的角色适应,就是所谓的社会适应,职业角色、家庭角色及在工作、家庭、学习、娱乐、社交中的角色转换与人际关系等方面都属于社会适应的范畴。社会适应能力良好,不仅要具有一定的坚实基础,包括生理健康、心理健康、道德健康和生殖健康,而且要具有较强的社会交往能力、工作能力和广博的文化科学知识;能够在能胜任个人在社会生活中的各种角色的同时,也能创造性地取得成就贡献于社会,从而取得一定的成就。可以说,社会适应健康是健康的最高境界。而社会适应能力不良,往往主要表现为缺乏角色意识、发生角色错位等。

(三)健康的标准

1.健康的基本标准

WHO曾提出过健康的基本标准有以下十个方面。

第一,要有充沛的精力,并且能够从容不迫地应付日常生活和工作,且不会感到有精神压力和过分紧张等不良反应。

第二,能够处事乐观,态度积极,乐于承担责任。

第三,事无大小,要一视同仁,不挑剔。

第四,要具有较强的应变能力,对外界各种变化有较强的适应能力,同时,还要具有抵抗一般疾病和传染病的能力。

第五,眼睛明亮,反应敏锐。

第六,头发有光泽而少有头屑或无头屑。

第七,牙齿清洁,无龋齿、无牙痛,齿龈正常无出血。

第八,皮肤有光泽、有弹性,肌肉丰满,走路感觉轻松。

第九,善于休息,有良好的睡眠。

第十,体重适当,体态均匀,身体各部位比例协调。

2.“五快”与“三良好”

最近,世界卫生组织又提出了人体健康的新标准——“五快”与“三良好”。

(1)“五快”

“五快”主要涉及吃、便、睡、说、走五个方面。

①吃得快。

具体来说,吃得快是指有良好的食欲,吃得香甜,吃得平衡,吃得适量。不挑食,不厌食,不偏食。说明牙齿和消化系统功能好。

②便得快。

便得快,具体来说,就是指大小便通畅,胃肠消化功能好。良好的排便习惯是定时、定量,最好每天一次,最多两次。说明排泄系统功能正常。

③睡得快。

睡得快,顾名思义,就是上床后很快熟睡,并睡得深,不容易被惊醒,又能按时清醒,不靠闹钟或呼叫,醒来后头脑清楚、精神饱满、精力充沛、没有疲劳感。睡得快的关键是提高睡眠质量,而不是延长睡眠时间。说明神经精神功能正常。

④说得快。

所谓说得快,简言之,就是思维能力好。其具体的标准为:语言表达准确、清晰、流畅;对别人讲的话能很快领会、理解。说明神经系统及言语、思维正常。

⑤走得快。

走得快,主要是指走路时脚步自如,活动敏捷,这能够将心脏功能的好坏反映出来。说明运动系统正常。

(2)“三良好”

“三良好”主要涉及性格、处事能力、人际关系三个方面。

①良好的个人性格。

良好的个人性格标准为：性格温和，意志坚强，感情丰富，胸怀坦荡，豁达乐观。

②良好的处世能力。

良好的处世能力标准：观察问题客观实在，具有较好的自控能力，能适应复杂的社会环境。

③良好的人际关系。

良好的人际关系标准为：人际交往和待人接物，能助人为乐，与人为善，对人际交往充满热情。

二、大众体育对大众健康的影响

（一）大众体育活动本身就是一种健康的生活方式

当前，人们生活水平越来越高，闲暇时间越来越多，人们对健康的需求越来越显著，再加上大众体育的社会化、生活化，利用余暇时间进行形式多样的体育锻炼已成为一种非常时尚的生活方式。

现如今，人们的健康意识越来越强，人们认识到参与到大众体育运动中是保持健康生活方式的重要途径。大众体育已成为一种生活方式，成为人们生活的重要组成部分，有着不可替代的重要作用。在进行大众体育锻炼时，要注意以个人的情况为依据来有针对性和目的性地进行，提倡多做有氧运动和伸展运动，从而使过多的无氧运动得到有效避免。通过有氧运动，能够有效刺激心（循环系统）、肺（呼吸系统），使心肺功能得到有效提高，从而让全身各组织器官得到良好的氧气和营养供应，维持最佳的功能状况，消耗脂肪对于体重的保持也是有所助益的。而通过无氧运动，能够使肌肉得到有效的调节，消耗糖和蛋白质。伸展运动则能够使身体的柔韧度和灵活度有所增加，比较常见的运动项目有体操、健美操等。除此之外，大众体育锻炼对人的身心健康也具有积极的促进作用。

21世纪，中国社会生活方式发生了一定的改变，其将原则和特征重新进行了审视，即原则为合理、自由和丰富，特征则主要为文明、健康、科学。社会赋予中国人以更多的时间资源和物质消费资源，人们可以自由地安排丰富多彩的生活。人们生活理性程度增加的一个突出表现，就是使大众体育与自己的生活质量、与自己生命价值的体现形式有着更加紧密的联系，体育将以其独特的功能全面介入生活领域，而真正成为一种不可或缺的生活方式。

（二）大众体育活动能够全面促进并提高健康水平

大众体育对大众健康的影响在生理健康、心理健康以及社会适应性这几个方面都有所体现，因此可以说，大众体育全面影响着大众健康。

1. 大众体育生理健康的影响

大众体育对生理健康的影响主要从以下三个方面得到体现。

（1）大众体育能够有效平衡身体机能系统

人体作为一个巨大的系统，是非常复杂的，具体来说，其是由大脑控制的多种生理功能，协调有序的有机的整体，机体各系统运转正常，人的身体就健康，任何一个环节不协调（机能状态失去平衡），人的身体健康就遭到破坏。人体最主要的系统有：脑和中枢神经系统、心血管系统、运动系统、内分泌系统、消化系统、呼吸系统、免疫系统、泌尿生殖系统等，包括各自分工不同的器官、组织。

（2）大众体育能够有效改善神经系统功能

大脑是神经系统的主要器官，大脑皮质是人类精神活动的主宰，人体各器官的生理、病理过程就取决于大脑的机能状态，如长期恶性刺激中枢神经系统，就会使兴奋、抑制之间的平衡丢失，诱发一系列诸如心脏病、高血压、癌症等的疾病。通过大众体育，能够使紧张消极情绪消除，紧张状态得到缓解，使人们紧张压迫的感觉消失，感到舒适、愉快。

（3）大众体育能够有效增强肌肉、骨骼系统功能

人体是由 600 多块随意肌组成的，总重量占体重的 40%，肌肉保持骨骼并支撑身体，配合运动。在生长发育期从事大众体育运动锻炼，首先，会使骨性结构发生显著变化，骨密质加厚，关节更坚固有力；其次，能够使胸廓的宽度和关节软骨的厚度都有所增加；再次，结缔组织、细胞间质营养性肥大，这就会使肌肉和韧带体积增大，从而进一步增强运动系统的抗压能力和牵张力量；最后，还能够使肌纤维增粗，肌肉块增大。

2. 大众体育能使人们的心理健康水平有所提升

生活态度积极、人际关系和谐、情绪愉快稳定、适应周围环境、有一定的自我调控能力，是心理健康的重要标准。大众体育运动的主要形式就是身体活动，而身体活动所产生的影响和作用，并不仅限于生理方面的，还涉及知识的信息、心理的活动、情感的体验等一系列因素。在大众体育运动过程中，可以以大众体育活动方式和锻炼手段的不同特点为主要依据，来有针对地选择安排艰苦活动方式和困难的环境，从而对自己吃苦耐劳、坚韧不拔的

意志品质进行积极有效的培养,另外,也可以通过营造紧张的气氛,来对自己沉着冷静、机智果断、结构健全的个性心理加以培养,亦可以创设轻松和谐的氛围,伴以优美动听的旋律,通过外形动作的展示来将内在的情感表达出来,从而达到发展个性,陶冶情操,培养良好的气质,提高审美意识,形成健康的心理品质的重要目的。

3.大众体育对于人际关系的改善和社会适应能力的提高都有所助益

通过大众体育活动,能够使人际交往技能得到有效提升,还能使大众体育活动中竞争与合作的关系得到较好的处理,进而与大众一起分担和处理体育活动中遇到的困难和问题。在大众体育活动中,人与人之间的隔离与孤独被打破,地位、贫富、职业、年龄已经不能成为人与人之间的障碍,人们一起相聚在运动场,进行平等、友好、和谐的练习和比赛。在大众体育活动中人们和睦相处、友爱互助,建立起平等、和谐的人际关系。

通过大众体育活动,还能够结识更多志趣相投的朋友,从而使人适应社会的能力越来越强。大众体育活动对于社会适应能力的发展也具有独特的作用,能够对关心他人、对社区和社会健康问题的责任感进行培养,使人际交往技能得到有效提升,合作与竞争的关系得到正确处理。

第四节 大众体育与社会文化

一、社会文化的基本理论

(一)社会文化的概念

文化有狭义与广义之分,从狭义上来说,所谓的文化主要指人类社会意识形态及与之相适应的制度和设施;而从广义上来说,所谓的文化就是指人类所创造的物质财富和精神财富的总和及其创造过程。

文化属于历史的范畴,每一社会都有和自己社会形态相适应的社会文化,并随着社会物质生产的发展变化而不断演变。作为观念形态的社会文化,如哲学、宗教、艺术、政治思想和法律思想、伦理道德等,都是一定社会经济和政治的反映,并又给社会的经济、政治等各方面以巨大的影响作用。在阶级社会里,观念形态的文化有着阶级性。随着民族的产生和发展,文化又具有民族性,形成传统的民族文化。作为人类特有的物质与意识活动,大众体育的形成和发展必然受到文化的影响与制约,究其原因,主要是由于文化从根本上对一个民族的生活方式、信仰、价值观、行为规范等产生重要的制约作用。人们对体育的需求,动机的形成,进而参与体育运动,每一个环节都与文化有着密不可分的联系。

由此可以得知,与基层广大群众生产和生活实际有着非常密切的联系,由基层群众创造,具有地域,民族或群体特征,并对社会群体施加广泛影响的各种文化现象和文化活动的总称,就是所谓的社会文化。

(二)社会文化的作用

社会文化具有较为显著的作用和功能,具体来说,主要表现在以下三个方面。

第一,社会文化能够使人民群众的生活质量得到有效提高,使广大人民群众的文化需求得到较好的满足。

第二,社会文化能够使基层群众的基本文化权益得到保障,对人的全面发展起到积极的促进作用。

第三,社会文化能够使文化大发展大繁荣的群众基础得到进一步的巩固,对政治、经济和文化的协调发展起到积极的促进作用。

二、大众体育与多元化的社会文化

(一)人们参与大众体育的思想文化志愿就是注重人文精神

中国文化有着自身的显著特征,其中,最为显著的当属非宗教性,这与西方国家传统文化有着一定的差别。在西方,宗教传统的势力一直都非常强大,并渗透到文化的各个领域,这就赋予了西方文化浓重的宗教色彩。中世纪,宗教主宰了西方人民的思想,禁锢人们去从事大众体育运动,但是,中国道教却将"尊人贵生"的主张明确提了出来,《太平经》有人乃"天地神明之统""生为第一"的宗教观念。中国人强调通过身体的运动来使人健康得到有效的促进的文化思想。"尊人贵生"的人文思想在我国人民心中具有深厚的文化底蕴,在历史任何时候,都对中华民族儿女参与体育运动起到积极的激励作用,因此可以说,这是我国人民参加大众体育的文化之源。

另外,西方大众体育所提倡的是竞技体育,对极限训练较为重视,旨在将人的潜力充分挖掘出来,把运动员作为机器,强调生物力学效果,从而使运动员个人身心健康得以忽视,训练中也缺少人文关怀,这些对于大众体育的发展都是非常不利的。而我国却恰好弥补了西方这些不足之处,中国体育内容和项目则以养身、健身为主,在运动训练过程中对人的关怀是受到重视的。正是在这种体育文化的影响下,我国体育文化才能发展至今。

(二)人们参与大众体育受到落后的体育意识观念的制约

对于西方国家来说,由于受到文艺复兴运动的影响,再加上"生命在于运动""用进废退原理"学说,这些都为大众体育的兴起奠定了良好的思想基础。而我国大众体育的产生则与民族文化有着非常密切的关系。具体来说,传统体育生活方式和心理积淀是从深厚的民族文化土壤里培育出来的,其对我国体育生活化的进程产生重要的制约作用。

人们的生活意识、观念和行为,在很大程度上受到中国文化价值体系中的"知足、安贫、不争、克己和万般皆下品,唯有读书高"等一系列固定的文化心理模式的影响甚至支配。有相当一部分人还存在着"劳动即体育"的文化思想,这是不对的。从一种价值体系过渡到另一种价值体系,是人们思想观念和行为方式的艰难转换过程。只有从更深层次来使人们的价值观发生改变,树立新的体育文化思想,培养一定文化素养的人,大众体育才会植根于人民群众之中。如果足够的文化底蕴、对时代规定性的深刻认识、对体育生活价值意义的充分了解都较为缺乏的话,那么大众体育只能是盲目发展,并且注定不会成功。

(三)大众体育借助民族文化与世界文化的融合得以发展

民族文化作为全国的特有文化,已经深入人心,当前,随着全球化趋势的不断加强,民族文化与世界文化逐渐走向融合,这已经成为一种必然。在现代体育方面,西方发达国家的健身思想、内容、方法远远超出我国,伴随世界化的进程,西方体育文化已经传入我国,并对我国人民生活的价值观和生活模式产生了重大的影响,因此,这就要求解决好一个重要的问题,就是如何正确引进国外大众体育,并且将其与我国实际情况有机结合起来,取其精华,弃其糟粕,逐步树立现代人新的体育生活方式。受改革开放和良好经济形式的影响,传统文化价值体系与西方文化相互接触撞击和交融,赋予体育生活化以新的价值取向。在这次文化对接中,只要合理把握好两种文化的特征,就能保证大众体育在我国得到蓬勃的发展。

民族传统文化思想中一些落后的观点对一部分人去从事大众体育运动产生了一定的束缚,这也在一定程度上反映出中国人和平、文弱的性格。另外,中国文化在人与人、国与国之间的关系上表现为雍容、和平、温良的品格,显然,这是不符合大众体育竞争性和激烈的对抗性的主张的,这种与大众体育相违背的文化思想对人们从事大众体育产生非常大的制约甚至阻碍作用。

第四章　大众体育组织管理理论与方法研究

大众体育是我国体育事业发展的重要组成部分,大众体育是社会发展的基本内容,它在增进人们健康、提高生活质量、提高人力资本、提高社会文明建设等方面均具有十分重要的地位与作用。当前,做好大众体育组织与管理工作是我国大众体育健康发展的一个重要突破口,本章主要针对这方面的内容进行详细分析与论述,以为我国大众体育活动的科学组织与顺利进行提供理论与实践指导。

第一节　大众体育相关的管理体制与法规制度

一、大众体育管理体制与法制的概念

(一)体制与大众体育管理体制

在关于"体制"的认识中,很多人会认为,体制是"体系与制度"的合称,而实际上这种认识是错误的。北京大学教授谢庆奎指出:体制"是体系与机制的总和"。[①] 明确了体制的具体内容构成。

大众体育管理体制是国家管辖大众体育事务的机构设置、组织结构、权限划分、运行机制等方面的总和。[②] 在我国大众体育管理体制中,各部分内容在体制中的地位不同。

管理核心——责权划分和职能配置,前者决定后者。

表现形式——组织结构,是大众体育管理体制责权与职能的组织载体。包括组织本身及其之间的关系。

管理灵魂——运行机制,具体体现在大众体育管理的相关决策、制度及其实施、反馈、调整等方面,是一种大众体育各项事务得以正常运行、自行维

---

① 谢庆奎.中国政府体制分析[M].北京:中国广播电视出版社,1995.
② 巴玉峰.我国大众体育管理体制的现状及对策研究[J].体育世界,2010(5).

护的基础制度保障。

目前,我国大众体育管理体制从结构层次来看,包括政府组织与社会组织两大层面。具体的组织结构由体育行政部门、群众组织、体育社会团体、基层体育组织等构成。

(二)法制与大众体育法制建设

法制"既包括法律和制度,又包括法的创制、实施、监督。"①是一系列有关于"法"的动态的活动过程,并非单纯指法规制度文件本身,是我国现代化和谐社会建设的重要指导方针。

当前,我国体育法制建设的主要任务是进行体育发展宣传,为我国体育事业的发展创造良好的法制环境和氛围,提高各行政管理部门、体育部门的法制意识,能在各项大众体育活动的开展过程中做到"依法行政""依法治体",同时,加强执法监督建设、培养专业体育法制人才。

我国系统化地实施体育法制建设始于 20 世纪 90 年代。1995—1999年,国务院和国家体育总局出台的各项与大众体育有关的法规、规章和法规性文件共计 21 项,相当于 1995 年前总和的 3.5 倍。其中,地方法规、规章的出台的数量也达到了 1995 年前的近 5 倍。

进入 21 世纪,我国体育行政部门的立法程度大增,各级社会体育立法层次普遍提高,立法范围也逐渐扩大,体育法制宣传经常不断。

目前,我国的大众体育各项事业的发展已经步入法制化轨道,并形成了相对完善的体育法制环境。

二、大众体育管理体制组织构成

(一)体育行政部门

体育行政部门是专门从事体育实务的行政管理部门,我国大众体育管理体制的相关体育行政部门主要有以下几个。

1.国务院体育行政部门

我国国务院体育行政部门,具体是指国家体育总局(General Administration of Sport),成立于 1998 年 3 月,是国务院负责全国体育工作的直属机构,具有以下职责。

---

① 卢云.法学基础理论[M].北京:中国政法大学出版社,1994.

(1)研究、出台我国体育相关政策、法规、规划等。

(2)监督各项体育相关政策、法规、规划的实施。

(3)进行体育体制改革、对我国各项体育事业的发展做出具体的发展规划并监督落实。

(4)协调地方性体育政策、法规、规划的制定与区域体育发展。

(5)推行全民健身计划,指导群众性体育活动的开展。

(6)制定和实施国家体育锻炼标准,组织国民体质监测。

当前,我国国家体育总局设 9 个职能司(厅),其中,负责大众体育事务的职能部门为群众体育司。

群众体育司在国家体育总局的指导下,开展我国大众体育活动,并促进大众体育与学校体育、竞技体育的协同发展。

2.国务院其他有关部门

隶属于国务院的其他有关部门也负责职权范围内的大众体育管理工作,其参与大众体育的管理工作主要包括两种情况,一种是直接进行职责范围内的大众体育活动管理;另一种是从事职责范围内与大众体育相关的工作(表 4-1)。

表 4-1 国务院相关部门对大众体育的管理方式(部分)

直接管理		间接管理	
部门	体育内容	部门	体育内容
教育部	学校体育	民政部	全国性体育社会团体
国家民族事务委员会	少数民族体育	国家工商行政管理局	体育经营问题
农业部	农民体育	国家税务总局	体育活动税收问题
铁道部	职工体育	公安部	群众性体育活动治安问题

3.县级以上地方人民政府体育行政部门或本级人民政府授权的机构

县级以上地方人民政府体育行政部门负责职责范围内的各项体育管理工作,包括对辖属区域内的各项大众体育活动的管理。一般来说,此类体育行政部门设有群众体育处(或科),或设置专人依法负责本行政区域内大众体育的相关工作。

本级人民政府授权的机构是指我国某些县级政府机构改革后,取消体育行政部门,原有的体育工作转由事业单位或体育社会团体负责,这些体育管理部门的各项体育工作受政府监督和指导。这是我国在近期的行政体制改革中的一种新的行政管理形式。

4.县级以上地方各级人民政府的其他有关部门

与国务院的行政管理部门负责大众体育工作基本类似,县级以上地方政府的相关部门进行部门内的与体育相关的各项工作的管理。此类部门主要有教育部门、民族部门以及农业、工商、税务、公安等部门。

5.乡、民族乡、镇政府的其他有关部门

乡、民族乡、镇人民政府是我国最基层的人民政府,负责本行政区域内的各项体育工作管理。

(二)与体育有关的群众组织

1.与体育有关的社会团体

主要是指为专门的社会群体所服务的社会团体。如工会、妇联、残联、共青团等。这些社会团体,从中央到地方具有完善的组织系统,为全国范围内特定群体相关活动的开展提供组织保障。

社会团体负责专门性社会群体的相关活动,为保障这些特定的群体的合法权益和利益而开展各项工作,包括体育活动的组织与开展。

2.居民委员会和村民委员会

居民委员会和村民委员会属于我国基层群众性居民自治组织,对社区(农村)体育活动的科学开展与实施具有重要作用。

通常来说,居民委员会和村民委员会有"自我管理、自我教育、自我服务"三种职能,会不定期或定期对本社区(村)适合大众参与的体育活动进行举办,使得有着相同兴趣、爱好和体育特长的社区(村)居民集合在一起,共同参与到体育活动中来。这能够使社区(村)居民科学、合理、高效地参与体育锻炼,也有利于社区(村)居民在活动参与过程中相互沟通与交流,创造良好的体育锻炼氛围,有利于和谐的体育环境的构建,有利于居民生活方式的改善和生活品质的提高。

我国《中华人民共和国体育法》明确规定:"城市应当发挥居民委员会等社区基层组织的作用,组织居民开展体育活动。"因此,可以说,居民委员会和村民委员组织开展社区相关体育活动,不仅是一项重要的职责,也体现出法律给予每一个公民的体育活动的基本权利。

针对我国农村体育活动开展不十分规范的现状,我国鼓励农民积极参与各种形式的活动,并要求村民委员会为村民的体育活动的开展提供管理、教育、服务等支持。对此,我国《中华人民共和国体育法》也明确规定:"农村应当发挥村民委员会、基层文化体育组织的作用,开展特色体育活动。"我国是农业大国,鼓励农民参与体育,有助于良好农村体育健身氛围的营造,促进农村社区居民文化生活水平的提高,使农民能够有抵制不良生活习俗,改善生活方式与生活质量的提高,对我国大众体育事业的发展、国民整体体质的提高、体育强国战略的实施、社会主义新农村的建设等意义重大。

(三)体育社会团体

社会团体,又称社会群体,是人类社会赖以运行的基本结构要素,广义上的社会群体,泛指一切通过持续的社会互动或社会关系结合起来有着共同利益的人类集合体;狭义上的社会群体,指由持续的直接的交往联系起来的具有共同利益的人群[①]。体育社会社团,即专门从事体育活动的社会社团,具有民间性、公益性和互益性。

我国大众体育管理体制的体育社会团体主要由以下几部分构成。

1.各级体育总会

各级体育总会,包括中华全国体育总会(All-China Sports Federation,缩写 ACSF,与国家体育总局是一个机构、两个牌子)和县级以上地方体育总会两大体系。

中华全国体育总会,简称全国体总,成立于 1949 年,是我国全国群众性体育组织,负责全国范围内的各项群众体育活动,拥有众多会员,已经形成包括中央、省、地、县体育总会的组织结构,为我国大众体育事业的发展起到了重要的推动作用。

表 4-2　中华全国体育总会会员列表(部分)

奥运项目		非奥运项目	
中国足球协会 (CFA)		中国武术协会 (CWA)	

---

① 郑航生.社会学概论新修[M].北京:中国人民大学出版社,1997.

奥运项目		非奥运项目	
中国篮球协会 （CBA）		中国围棋协会 （CWA）	
中国排球协会 （CVA）		中国轮滑协会 （CRSA）	
中国网球协会 （CTA）		中国毽球协会 （CSA）	
中国羽毛球协会 （CBA）		中国拔河协会 （CTWA）	
中国乒乓球协会 （CTTA）		中国风筝协会 （CKA）	
中国田径协会 （CAA）		中国龙狮运动协会 （CDLDA）	
中国游泳协会 （CSA）		中国软式网球协会 （CSTA）	

续表

奥运项目		非奥运项目	
中国滑冰协会 （CKA）		中国台球协会 （CBSA）	
中国滑雪协会 （CSA）			

当前,我国各级体育总会主要是指在我国民政部门登记的体育社会团体,其性质属于群众性体育组织,包括各单项体育协会,各省、自治区、直辖市体育总会,各行业系统体育协会,中国人民解放军的群众性体育组织等。

我国各级体育总会的基本职责与任务主要包括以下内容。

(1)发展体育事业,普及群众体育运动,提高国民素质。

(2)宣传与推广大众体育。

(3)联系、团结体育工作者,推动体育改革。

(4)通过体育活动的开展,展开广大人民群众教育,尤其是青少年体育教育。

(5)促进社会主义物质文明和精神文明建设。

(6)培养体育人才。

2.各级行业系统体育协会

行业系统体育协会,同样在民政部门登记、备案,是主管各行业内部的体育活动的社会团体。

目前,我国的行业体育协会涉及社会生产的各个方面,如火车头、航空、航天、金融、石油、地质、邮电、机械、林业、化工、电子等。覆盖了各行各业的从业人员,体育活动面非常广。

3.各级运动项目协会

运动项目协会,又称单项体育协会,是根据运动项目组成的群众性体育组织,在民政部门登记。

各级运动项目协会对某一项体育运动项目的普及、推广具有重要的推动作用,也是组织和开展各种与本体育运动项目相关的体育文化活动的重要社会团体,包括奥运项目、大型竞赛活动的非奥运项目(表4-2)。

4.传统体育项目协会

传统体育项目协会,主要负责我国传统体育项目在大众体育中的选材与普及,是群众性的业余体育组织。

当前,我国已经成立的全国性传统体育项目协会的体育运动项目主要有毽球、舞龙舞狮、龙舟、风筝、钓鱼、太极拳等,我国民族传统体育是我国和世界人民的宝贵财富,传统体育项目协会新时期在我国民族传统体育活动的开展方面发挥了重要作用。

(四)基层体育组织

我国基层体育组织在我国体育行政部门总的体育发展政策、制度和纲领的指导下开展群众性体育活动,具有经常性、自发性、公益性等特点,各基层体育组织的体育活动由各类体协承担,由各类体协统一管理,主要在街道社区、锻炼点、辅导站等基层体育组织开展(图4-1)。[①]

具体来说,我国复杂大众体育活动组织的基层体育组织主要有以下几类。

1.街道社区体育组织

街道办事处隶属于基础政府部门,是城市管理的基础层次,它不设立体育行政部门,多以街道办事处为依托的社区体育协会(或称街道体育协会等)组织开展各项群众性体育活动。

街道办事处是具有行政性的体育组织,与居委会有着一定的区别与联系(表4-3)。街道办事处是当前我国最普遍的基层体育组织,目前,我国大多数街道都成立了社区体育协会,依托住宅区管理机构的居民小区开展丰富多彩的群众性体育活动。

---

① 樊炳有.社区体育论[M].北京:北京体育大学出版社,2003.

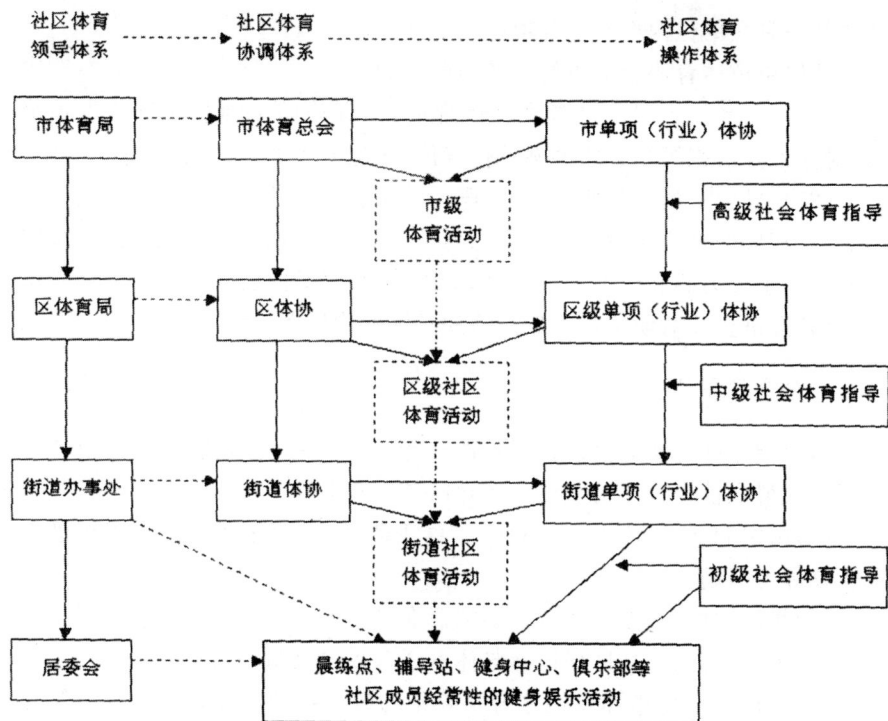

社区体育　　　　社区体育　　　　　　　　　　　　社区体育
领导体系　----▸　协调体系　------------------------▸　操作体系

```
┌────────┐       ┌────────┐        ┌──────────────────┐
│ 市体育局 │ ----▸│ 市体育总会 │──────▸│ 市单项（行业）体协 │
└────────┘       └────────┘        └──────────────────┘
    │                 │  ┌─────────┐           │
    │                 └─▸│  市级     │           ▼
    │                    │ 体育活动  │   ┌──────────────────┐
    │                    └─────────┘   │ 高级社会体育指导 │
    ▼                 ┌────────┐        └──────────────────┘
┌────────┐       ┌────────┐        ┌──────────────────┐
│ 区体育局 │ ----▸│  区体协   │──────▸│ 区级单项（行业）体协 │
└────────┘       └────────┘        └──────────────────┘
    │                 │  ┌─────────┐           │
    │                 └─▸│ 区级社区  │           ▼
    │                    │ 体育活动  │   ┌──────────────────┐
    │                    └─────────┘   │ 中级社会体育指导 │
    ▼                                  └──────────────────┘
┌──────────┐     ┌────────┐        ┌──────────────────┐
│ 街道办事处 │----▸│  街道体协 │──────▸│ 街道单项（行业）体协 │
└──────────┘     └────────┘        └──────────────────┘
    │                 │  ┌─────────┐           │
    │                 └─▸│ 街道社区  │           ▼
    │                    │ 体育活动  │   ┌──────────────────┐
    │                    └─────────┘   │ 初级社会体育指导 │
    ▼                                  └──────────────────┘
┌────────┐       ┌────────────────────────────────────────┐
│ 居委会  │------▸│ 晨练点、辅导站、健身中心、俱乐部等          │
└────────┘       │ 社区成员经常性的健身娱乐活动               │
                 └────────────────────────────────────────┘
```

图 4-1

表 4-3　街道与居委会体育功能与任务

层次	信息宣传	管理制度	活动
街道	以单位（街道辖区内企事业、居委会）为宣传重点	社区体育点的维护	街道运动会，经验交流
居委会	以家庭为宣传重点，采用相应的宣传手段	协助晨晚练点等日常健身活动组织	居民小区运动会、家庭运动会等

　　2.乡镇体育组织

　　乡、民族乡、镇政府是我国农村基层政府。乡镇体育组织在乡镇政府的领导下，组织协调当地体育工作，开展群众性体育活动，是当前我国农村体育的重要组织力量。

　　3.基层单位体育协会

　　基层单位体育协会，属于群众性业余体育组织，受单位工会组织领导。

主要任务是在单位内部开展各项体育活动。

基层单位体育协会的主要任务与职责如下。

(1)吸引和组织职工经常参加体育锻炼,宣传职工参与体育的重要价值,对体育健身积极分子的事迹进行宣传,强化职工的体育意识。

(2)指导职工的健身活动,提高职工健康和运动技术水平。

(3)积极促进企业领导体育观念与意识的提高,使其充分认识到职工体育活动对生产力的高效促进,支持职工体育活动的开展。

(4)促进企业对职工体育健身活动开展的物质条件的改善。

4.体育指导站

体育指导站是群众性体育活动的体育组织,在地方政府部门的指导下开展基层群众性体育活动。体育指导站具体职能如下。

(1)组织职能:组织丰富多彩的体育活动,吸引社区居民关注和积极参与大众体育活动。

(2)指导职能:对参与体育活动的群众进行科学体育指导。

(3)阵地职能:为社区居民参与体育活动提供健身场所、器材、设备。

据调查,全国城市和乡镇体育指导站的数量持续增加,其中,县级体育指导站占有较大比例。基层体育指导站的增多,为我国建立健全大众体育组织网络奠定了良好的基础。

5.青少年体育俱乐部

和国外体育发达国家相比,我国青少年体育俱乐部出现的时间较晚,大约是在20世纪末才开始有青少年体育俱乐部的出现,当时青少年体育俱乐部的数量少、人员少、职能也不健全。

当前,我国非常重视青少年体育的发展,针对青少年体育活动组织与管理的社会化、公益性的青少年体育俱乐部数量逐渐增多,在呼吁广大青少年积极参与体育活动和组织青少年科学参与体育活动方面发挥了重要作用。

三、大众体育相关法规制度

近年来,我国非常重视体育运动和体育事业的发展,为了推动包括大众体育在内的体育事业的发展,我国先后制定和出台了一系列相关政策、法律、法规、制度,表现出我国领导人和政府对发展体育事业的重要决心。尤其是进入21世纪以来,我国提出体育强国战略,相关体育法规制度的出台更是为新时期我国体育事业的发展提供了制度方面的保障（表 4-4）。

表 4-4　21 世纪以来我国体育相关法规制度

年份	政策与制度颁布
2000 年	《2000—2010 年体育改革与发展纲要》
2006 年	《体育事业"十一五"规划》
2008 年	《中国体育彩票全民健身工程管理暂行规定》
2009 年	《全民健身条例》
2011 年	《体育事业："十二五"规划》
	《全民健身计划（2011—2015 年）》
2012 年	《体育事业"十二五"规划》
2014 年	《关于加快发展体育产业促进体育消费的若干意见》
2015 年	修正《中华人民共和国体育法》
2016 年	《体育发展"十三五"规划》
	《全民健身计划（2016—2020 年）》
	《青少年体育"十三五"规划》
	《关于加快发展健身休闲产业的指导意见》
	《"健康中国 2030"规划纲要》

这里针对与我国大众体育发展密切相关的几项法规制度具体分析如下。

（一）《中华人民共和国体育法》

我国大众体育已经被纳入依法行政的轨道。《中华人民共和国体育法》（以下简称《体育法》）的颁布实施标志着我国体育工作进入了"依法行政""以法治体"的新发展阶段。

《体育法》的颁布和实施充分肯定了大众体育在我国体育事业中的根本性和基础性地位。具体表现如下。

（1）表明了国家对大众体育的重视和支持。

（2）明确了国家、社会、各级政府及其有关部门组织的大众体育工作职责，规定了各社会团体承担的体育工作职责。

（3）指出大众体育中执行大众体育指导员等级制度。

（4）提出大众体育工作中的重点人群。

（5）提出大众体育活动应坚持的原则。

（6）强调保证体育资金和公共场地设施的规划、建设、使用和保护以及大众体育人才的培养。

（二）《全民健身计划》

《全民健身计划》提出切实加强大众体育，坚持健康第一指导思想，把增强国民体质作为我国体育事业发展的基本目标和重要评价内容。

1995 年，我国颁布《全民健身计划纲要》，首次对全民健身活动的开展做出具体的指示，提出到 20 世纪末"建立社会化、科学化、产业化和法制化的全民健身体系框架"的目标。《全民健身计划纲要》是适用于我国大众体育管理的法规性文件。

2011 年，我国颁布和实施《全民健身计划（2011—2015 年）》，提出到2015 年全面健身发展的具体目标：进一步增加体育人口；进一步提高居民体质；进一步完善体育健身设施（人均体育场地面积超过 1.5 平方米）；健全全民健身网络；发展全民健身指导和志愿服务队伍；壮大全民健身服务业等，这些目标在 2015 年已经实现。

2016 年 6 月，国务院印发《全民健身计划（2016—2020 年）》（以下简称《计划》），为未来一段时期内我国大众体育的发展、倡导全民参与群众性体育活动、形成新时期的全民健身新时尚、建设健康中国等一系列大众体育活动内容进行具体的部署。

（三）《社会体育指导员职业资格证书制度》

《社会体育指导员职业资格证书制度》（以下简称《制度》）将当前我国的大众体育指导员分为 4 个级别，即初级、中级、高级和指导师级。《制度》规定，大众体育指导员必须经过培训，并经考核合格后报经相关部门审批才能授予证书，才能从事大众体育的指导性工作，这为现阶段规范我国大众体育市场起到了重要的作用。

（四）《国家学生体质健康标准》

《国家学生体质健康标准》是由新中国成立初期的《准备劳动与保卫祖国体育制度》、"文化大革命"后期的《国家体育锻炼标准》以及 21 世纪初期的颁布实施《学生体质健康标准》演变而来。[①]

《国家学生体质健康标准》所选用的各项指标与身体健康状况关系密

---

① 党权.我国青少年体质健康促进政策历史变迁研究[D].南京师范大学，2014.

切，能够真实反映学生的体质健康状况，适用于全日制普通小学、初中、普通高中、中等职业学校、普通高等在校生。

2002年，我国开始在全国范围内试行《学生体质健康标准》，其后对其进行了多次修订和完善，最终，《学生体质健康标准》也正式更名为《国家学生体质健康标准》，2014年，根据我国学生体质的实际情况，国家对这一标准进行了修订。

《国家学生体质健康标准》对我国学生的体质健康方面提出了基本的要求，要求在校学生的身体素质应达到《国家学生体质健康标准》中的具体规定，其中达到优秀标准的人数比例超过20％，耐力、力量、速度等体能素质明显提高。贯彻执行《国家学生体质健康标准》能够促进学生体质健康的发展，是通过学校体育开展扩大我国体育人口、吸引更多的人关注体育，进而实现全民参与体育的重要战略部署内容。

（五）《国民体质监测工作规定》

我国不仅重视青少年体质健康发展，也重视全民体质的监测和健康发展。和国外相比，我国体质测量工作开展得比较晚，但是在党和政府的重视和支持下，我国国民监测工作开展顺利，并获得了显著的成效。

我国最早的一次全国性的国民体质监测工作始于1979年，此后，我国先后开展了若干次针对不同人群的大规模体质调查。

2000年，我国正式开展国民体质监测，监测的对象为3—69岁中国公民，每次监测约50万人，每5年为一个监测周期。

2001年，国家体育总局会同其他10个部委，联合颁布了《国民体质监测工作规定》。该法规适用对象为3—69周岁的中国公民。根据国家颁布的监测指标，以抽样调查的方式，每5年在全国范围内统一进行一次对监测对象的体质测试，以系统掌握我国大众体质状况。

如今，我国已经进行了4次国民体质监测，第2次、第3次和第4次国民体质监测分别在2005年、2010年和2015年相继完成。

（六）《"健康中国2030"规划纲要》

2016年10月，中共中央、国务院印发《"健康中国2030"规划纲要》，对建设健康中国提出了发展目标和指导意见，要求把人民健康融入政府的各项政策之中，加强健康人力资源建设、建设健康信息化服务体系，并要求各地基层政府贯彻落实各项群众性体育工作，促进健康中国的发展。

第二节　大众体育组织的内容与原则

一、大众体育的组织内容

（一）城市社区体育的组织

城市社区居民是城市社区体育活动的主要参与者，针对不同的城市社区居民的性别、年龄、身体素质、职业、兴趣爱好等，要做好城市社区体育的组织工作并不容易，其广泛的差异性，需要大众体育工作者充分考虑社区城区人口各个方面的差异，做到全面性和针对性。

当前，城市社区体育活动的顺利组织和实施，应该充分满足不同人群的体育参与需要，具体应做好以下工作。

1. 做好宣传教育与健身指导工作

就我国当前城市社区体育活动开展现状来说，其主要的体育群体为老年人，青少年和中年人占城市群众体育人口的比例很少，其中，中年人最少。

分析来看，在城市社区体育活动中，不同群体参与人口比例存在较大差异的原因具体如下。

我国老年人退休后闲暇时间充足，身体机能在不断衰退，心理也经常会感到孤独与落寞，因此会更加重视自身的身心健康发展，参与体育活动的积极性与主动性较高。

青少年是社会未来的建设者和接班人，客观来讲，当前学校也十分重视校园体育活动的开展和校园体育文化建设，但是，整体来看，青少年学生参与体育活动的人数和时间并不多，受传统教育思想和教学模式影响，我国青少年当前面临的学习负担比较重，课外作业较多，对于高校学生来说，还会面临工作与创业的问题，因此，没有多余的时间和精力参加体育运动。主观来讲，青少年群体充满活力、精力旺盛，往往会忽略健身活动的参与。

中年人作为整个社会的中流砥柱，其参与体育的人口比例在所有人群中是最少的。客观来说，中年人是家里的主要经济支撑，工作与家庭压力比较大，因此，参加体育健身锻炼的时间与精力也是有限的。主观方面来说，中年人自身参加体育锻炼的观念与意识较弱，缺乏健康观念与健身思想，总觉得自己年轻，身体好，应该将时间和精力主要放在努力学习，努力工作上，等条件允许后再进行自我发展性的体育健身活动。

针对青少年和中年人参与城市体育活动的积极性和主动性不高的情况，应将加强体育健身宣传放在城市社区体育组织的首要地位，同时，重视社区居民体育锻炼的科学引导。

首先，城市社区体育组织与管理部门、人员应针对城市社区体育群体加强体育知识的普及与宣传，通过报道、培训、宣传等多种形式强调长期坚持参加体育锻炼的重要性，促进城市社区体育健身的舆论导向的形成，促进城市社区居民体育意识的提高，激发群众体育参与热情。

其次，城市社区体育组织与管理部门、人员应科学指导城市社区居民的体育锻炼活动。帮助体育运动者准确掌握重要的健身技能与方法、掌握体育健身常识与基本技能与方法，提高健身效果、预防和减少体育损伤，增强群众参与体育健身的信心。

2.构建与完善城市体育社团

现代社会，生活节奏快，竞争与压力与日俱增，加上人民生产方式（多脑力活动）和生活方式（快餐文化）的巨大改变，各种现代"文明病"（如肥胖、高血压、神经衰弱等）严重影响了人们生活质量的提高。从体育需求的角度来讲，城市人民的体育锻炼愿望是比较强烈的，他们希望通过参加体育锻炼来使自己的生活方式得到改善。

针对城市社区人口的体育健身需求，应构建与完善城市体育社团，有针对性地开展各项体育活动，定期或不定期地举办适合大众参与的体育活动，组织有着相同兴趣、爱好和体育特长的社区居民共同参与，创造良好的体育锻炼氛围，改善城市居民生活方式、提高城市居民生活品质。

3.丰富城市社区各项体育资源

任何体育活动的开展都需要体育资源（人力、物力、财力）的支持，城市社区体育活动组织也不例外。

现阶段，我国城市社区体育发展有着广阔的发展空间和发展需求，但是，由于我国经济发展水平所限和政府对于城市社区体育的投资关注不够，当前，城市社区体育建设与体育资源之间供求矛盾严重。

从体育物质资源角度分析，以北京为例，北京是首都城市，各种类型和规模的体育场馆非常多，但是，多数体育场馆服务于竞技比赛，用于群众性体育健身活动组织与开展的体育场馆非常少；此外，有些体育场馆建在学校或者厂矿附近，但规模比较小，距离城区有一定的距离，有些场馆的体育设施因年久失修，可利用率低；而对于城市社区居民来讲，到体育场馆进行健身的习惯也没有养成,绝大多数居民将体育健身活动场所选在广场与空地(76%)或者是公园(22%),选择在正规体育场所从事体育活动的城市社区居民仅占城市社区总居民人口的2%。作为我国政治文化中心的北京尚且如此,其他地方的体育物质设施资源供给情况则更加不容乐观。

在我国,城市化进程不断加快,不断扩大建筑与绿化面积也对社区居民体育物质资源的占有和利用产生了重要的影响,具体来说,城市平面发展空间有效,这就使本来就短缺的体育活动空间与场地更加减少,社区资源短缺与居民体育健身需要之间的矛盾更加突出。

针对我国当前体育资源短缺问题,在组织与开展城市社区体育活动时,要根据城市社区体育运动项目以及参加人数科学规划体育发展,适度增加资金投入,确定体育运动的活动场地,配备相关的设备和场地,保证体育人口的体育活动场地比例,并配置充足的管理和工作人员。

4.加强城市社区体育服务体系建设

加强城市社区体育服务体系建设,保证城市社区体育健身活动的顺利组织与开展,具体应做好以下工作。

首先,落实城市社区体育工作计划,并认真贯彻实施。保证城市社区体育建设工作的科学组织与实施,在城市社区居民体育活动组织中,确保各项体育资源的合理使用与优化配置,在体育工作落实过程中,难免会遇到相应的社会阻力,这时应合理利用和实施各项工作计划,坚持落实各项体育活动。

其次,高效利用城市社区体育人力资源。当前,我国城市社区体育人力资源比较有限,在这种情况下,要保证各项城市社区体育活动的顺利组织与开展,就要提高体育人力资源的利用效率。如充分调动和发挥各方面的人力资源的作用,注重人格魅力的感召;通过人际互动产生的非正式组织结构来发挥人际网络的功能;充分利用激励机制,调动相关人员的工作积极性。

再次,重视城市社区体育骨干队伍建设。为城市社区体育组织配备相应的社区体育指导员,并加强相关的体育指导培训,提升指导员队伍的素质,使其积极有效地指导城市社区居民的健身实践。

最后,发掘城市社区体育组织协同资源。城市社区体育群众体育需求多元,不同体育指导站点和场馆的体育指导和服务不同,但是,这并不意味着这些人力和物力资源不能实现共享。这些组织之间应该加强交流和沟通,形成协同互补,在各部分资源得到充分利用的基础上,形成一个开放的系统,实现资源的优化整合,支持社区体育活动的顺利组织与发展。

(二)农村社区体育的组织

农村社区体育的开展在我国体育事业的发展进程中具有重要的地位与作用,我国民族体质的健康状况直接受到农村社区体育发展的影响。农民体育科学组织是当前建设中国特色的小康社会的重要基础,在小康社会的建设过程中,农民的身心健康是基本与前提。

针对我国农村社区体育活动组织中存在的问题,当前,科学组织与开展农村各项社区体育活动,应重点做好以下工作。

1.重视农村体育宣传

不可否认,我国全民文化素质和之前相比有了很大的提高,但是,和城市居民相比,农民受教育程度低,自身体育健身意识或者体育科学参与的意识比较缺乏,不能充分利用自己的闲暇时间,不良休闲习惯在农村发生较频繁。

针对农村体育活动的组织与开展,尤其要重视体育选材,具体来说,可以通过多种宣传形式的利用,增加宣传力度,针对农村社区中的不同人群开展不同层次与形式的宣传活动,将体育健身的基础知识与手段传授给农民,使农民树立起体育健身的意识,转变农民休闲观念。

为配合体育选材,应重视农村板报、广播、咨询、辅导站等的充分利用,多元、高效的进行体育健身宣传。

2.重视农村体育设施完善

现阶段,我国农村的经济水平有了很大的提高,农业生产方式不断改进,农民收入持续增加、农民闲余时间不断增多。但整体来看,我国农村与城镇相比,经济发展落后,城乡发展差距不断加大。

在我国大部分农村地区,尽管和之前相比,生活水平有了较大提高,但这只是一种纵向的比较,与城镇横向比较来看,农村社区体育资源并不丰富,不能满足农民的体育健身需要。对此,应通过多元的途径来促进农村体育场地设施的建设与改善。

政府方面,应对农村体育设施的建设表示支持,并投资相应的资源,并将乡镇企业和社会各方的力量集中起来,有计划地促进农村体育场地设施建设规模的增加,使农民能享受到基本的体育服务,依此来促进农民体育健身活动参与的积极性的提高。

3.重视农村体育社团建设

农村社区体育社团是农村体育最基层的组织,这一社团直接组织广大农民的体育活动。

现阶段,我国农村社区体育社团建设比较落后,许多乡镇和农村都没有具体的体育社团组织机构,也没有专职或兼职的体育干部,这对我国农村体育活动的组织与开展有着严重的制约作用。

体育活动的开展,需要相应的组织机构和人员组织,如果没有组织机构和人员参与,则体育活动就无法开展,因此,可以说,重视农村体育社团建设是开展农村体育活动的重要基础和前提。

首先,在成立体育组织时,要对农村社区特点加以充分考虑,并要尽可能地使农民的体育健身需要得到满足。

其次,农村体育组织成立之后,要定期或者不定期地对农民体育健身活动进行举办,对农民的体育健身实践进行科学指导。

4.设计特色体育健身活动

特色化农村体育健身活动的设计有利于充分调动农民参与体育活动的积极性与主动性,具体可以从以下几方面入手。

首先,重视农村体育活动与生产劳动和文化活动的结合。组织农村社区体育活动,应重视突出体育健身活动的趣味性,要有良好的健身功能与娱乐功能,要有利于参与者之间的交流。选择的活动项目要有浓郁的地方特色,有突出的民间特色,调动农民的体育参与热情。

其次,倡导和推广与农村社区特点相符的体育活动。农民是一个比较特殊的群体,其体育活动参与时间主要集中在农闲时节,因此,要以农民的现实状况为依据来组织健身活动,农闲时可以开展持续性的体育健身活动;农忙时选择的健身项目要简单易行。

最后,组织农民喜闻乐见的丰富的体育竞赛。针对农民需求设计与组织相应的体育活动,凸显农村社区体育特色。各体育社团通过对传统节假日和农闲季节的充分利用对各种不同形式的体育健身活动进行开展,可以是表演性的活动,也可以是竞赛性的活动,通过体育表演与竞赛活动的举办,宣传与普及体育健身常识与方法,提高农民体育锻炼的积极性,营造良好的农村体育健身氛围,促进农村社区居民文化生活水平的提高。

(三)职工体育的组织

1.明确职工体育的意义

明确职工体育活动的意义,不仅能激发职工参与的积极性与主动性,也能实现企业领导对职工参与体育活动的支持。

具体来说，职工体育对于职工、企业的意义主要表现在以下几个方面。

首先，职工体育是企业文化的一部分，组织职工参与体育活动，能通过这种轻松、健康和有效的方式增加企业职工之间的交流，有助于团队建设，进而完善企业文化、增强企业凝聚力。

其次，职工体育活动的组织与开展有利于企业形象的树立。企业形象是企业文化建设的重要组成部分，而职工体育活动开展有助于促进企业文化建设，因此，企业形象与职工体育活动组织也具有一定的联系。例如，企业开展多种形式的职工体育，成立企业运动队参加竞赛，能扩大企业的关注度，提高企业的知名度与社会认知。

再次，职工体育的组织与开展能够改善企业公共关系。在体育活动中，运动者之间是平等的，各种角色的参与与平时的工作角色不同，领导之间、员工之间、领导与员工之间的关系更加民主、融洽，彼此更直接、密切地交往，可使企业内部的气氛更加和谐与友善。

再次，职工体育的组织与开展有利于提高职工的整体素质，有利于塑造与培养合格的职工，具体表现如下：改善和提高职工的中枢神经系统的工作能力，使职工的头脑清醒，思维敏捷；促进有机体的生长发育，改善机体功能和机能，提高承受能力和操作能力；提高职工的环境适应能力；调节职工心理，增强企业活力；防病治病，提高工作效率。

最后，职工体育组织有助于培养职工良好的意志品质和健全的人格，同时有助于完善企业价值观、精神。体育活动的参与，有助于培养运动者良好的心理素质和优良的品质，有利于培养运动者的竞争意识和独立意识，职工参与体育活动，可促进其在劳动生产中充分运用优秀品质，积极进取、团结拼搏、敢于突破和创新，从而提高企业生产力。此外，职工体育的有效开展有利于统一企业全体员工的思想与行动，有助于职工了解企业的生存与发展，有助于培育和巩固企业价值观、精神。

2.重视体育宣传

对于企业职工来说，工作是第一位的，很多职工并没有参与体育健身的意识与观念。而体育行为的形成离不开体育观念的指导，要开展职工体育，应重视体育宣传，包括对职工与对企业领导。

对于企业来说，提高经营管理效率，实现最大经济效益才是第一位的，因此，很多企业在改革中，过分关注经济效益，而不愿意花费过多的资金用于职工健身的企业文化建设方面，也不会准备企业体育设施建设的资金，甚至很多企业反对职工将时间浪费在体育上。这就有必要将职工体育活动开展的重要意义明确地传达给企业领导，使其转变观念，支持职工体育组织。

职工体育的组织与开展具有重要意义,但是许多职工与企业领导并没有意识到这一点,对此,要大力宣传体育健身的重要性。通过广播、电视、报纸、体育竞赛等方式宣传体育健身知识、常识、方法与途径,宣传职工体育开展的重要价值。

3.科学体育指导

企业体育组织应重视对职工体育参与的科学指导,具体来说,可以聘请社会体育指导员进行职工健身指导,提高职工健身效果。

4.改善体育设施

对于企业来说,开展职工体育,加强体育设施是十分必要的,但是会在很大程度上增加企业负担,对此,企业可以采取以下措施来缓解在体育设施改善方面的负担。

企业可与社区的有关单位组织保持密切的联系,使职工可以利用社区体育场地设施,就地就近进行健身。

政府、企业和相关部门应加强联系,依靠政府投资、社会集资合作建设体育设施,并开展有序经营管理。

二、大众体育的组织原则

(一)以人为本

在现代社会,社会日益进步,经济发展水平直线上升。伴随着物质财富的增长和经济的繁荣,精神却呈现出萎缩和疲软的趋势。人们物质享受与精神建设方面出现严重偏差,物质化成为现代人的一种极端表现,此外,社会、家庭成员之间关系淡漠,各种各样的社会心理问题层出不穷。

21世纪以来,"以人为本"已经成为全社会都在呼吁的一个健康发展理念,并已经开始在社会各个领域渗透。

对于个人而言,身体健康是人们生存、生活的重要基础,没有健康的身体做基础,何谈发展与幸福感。体育运动是保障生命健康的重要途径,大众体育活动的组织必须以服务大众为基础,倡导人文关怀,关注、尊重社会大众的个人身心健康发展。

大众体育健身活动的组织与开展,可以促进群众身心健康水平的有效提高,同时,还有利于社会大众的科学价值观与道德观的建设与发展,使社会大众的生活质量和思想境界不断提高。全心全意服务于人民是大众体育活动开展的目的,我国体育事业的发展应以大众体育为基石,大众体育活动的宗旨必须坚持"以人为本"和"为人民服务"。

(二)兴趣主导

大众体育活动的开展,兴趣主导是非常重要的,这是当前全面开展大众体育活动的一个重要切入点。只有充分调动起社会大众积极参与体育活动的兴趣,才能实现全民健身。

在大众体育活动组织过程中,政府部门和体育专项工作人员应重视对大众体育的宣传、教育、推广,吸引更多的人关注体育活动,在此基础上,在体育活动组织中,最大限度地发挥社会大众参与体育运动的积极性,使社会大众更自觉地、主动地进行体育锻炼。具体来说,应做好以下工作。

(1)政府部门和体育专项工作人员应广泛了解社会大众的体育兴趣,并在此基础上针对不同社会(群体)个体的不同体育运动兴趣来选择和安排不同的大众体育活动形式与内容。

(2)政府部门和体育专项工作人员应重视社会大众正确体育价值观的培养。通过各种大众媒体和进行体育运动参与的目的性教育,鼓励和帮助社会大众树立起自觉学习和参与体育运动的态度和动机。

(3)政府部门和体育专项工作人员应精心设计大众体育活动内容、形式与流程,激发社会大众的活动参与兴趣,并善于捕捉时机,因势利导,对社会大众兴趣进行积极强化,使兴趣转化为体育活动主动参与的动力。

(4)政府部门和体育专项工作人员应注意运用各种符合不同社会大众群体(个体)个性心理特征的手段,激发他们参加体育运动的兴趣。

(5)基层大众体育活动组织者与服务者,如社区指导员,应做好表率作用。善于说服教育,并以自己的知识、能力和表率作用,潜移默化地影响社区居民积极参与体育锻炼。

(三)区别对待

大众体育具有广泛的群众基础,在大众体育活动组织过程中,要使不同群体的社会大众都能得到良好的参与和锻炼,就必须充分考虑不同社会大众群体的特点,体育活动组织要有针对性,要区别对待。

大众体育广泛的体育人口中,不同的体育群体(个体)之间存在着许多差异,如性别、年龄、学历、身体素质、个性心理等,这些都会影响到群体(个体)参与大众体育的目的、过程和效果,因此,在大众体育活动组织过程中,要针对群体(个体)之间的差异,针对群体(个体)特点合理安排体育活动的各项内容、方法、负荷、时间等。

具体来说,在大众体育活动组织过程中,遵循区别对待原则应做好以下几个方面的内容。

首先,大众体育活动组织者应了解大众体育需求。大众体育活动组织者应对各群体(个体)开展认真观察和了解(如身体素质与个体差异),掌握不同群体(个体)的详细情况,兼顾不同层次群体(个体)的体育需求,使体育活动能满足群体(个体)的体育需求。

其次,大众体育活动组织者应区别安排运动负荷。体育运动实践表明,女子与男子对相同的锻炼计划具有相似趋向的反应,一般男性群体的体育锻炼方法同样适应于女子,但是男女在性别上的差异导致其生理和心理具有不同的特点,这就必须要区别对待,不能为了追求活动组织的简便而一概而论。

最后,针对同一个大众体育活动群体的体育活动组织,还应充分考虑群体内部各成员之间的个体差异。就体育参与经验和进度来说,训练的起始水平差别较大,人体的身体素质与器官系统的功能水平也不同,因此在体育活动实践中,就会出现有的人开始进展很快,但后来反而慢下来;有的人运动素质和活动效果则一直很好,这些细微差别要充分和考虑。要科学合理地制定不同阶段、不同时期的运动处方与体育锻炼计划,促进每一个大众体育参与者都能获得良好的体育运动效果。

(四)重视恢复

当前,大众体育活动存在这样一个误区,在政府大力推广和强调大众体育运动发展的重要性的背景下,一些地方政府大力开展大众体育活动,为了追求体育效果,不断刷新体育人数、体育时间、体育设施数量建设等方面的数据,一味地求突破。

就大众体育参与人口自身来说,追求体育锻炼效果不仅要坚持锻炼、持续增加负荷,也要重视合理休息与恢复,适时恢复原则的生理学依据是人体功能能力和能量储备的"超量恢复"机制。身体锻炼是一个渐进性的动态过程,需要经过长时间的工作、疲劳、恢复、超量恢复以及消退等循环往复,不可能一蹴而就和持续上升。

针对当前大众体育健身人群在重视刻苦锻炼方面所做的努力非常多,但是对体育运动恢复方面关注不够的问题,在大众体育活动的组织过程中,要引导社会大众重视运动休息和疲劳恢复。

具体来说,大众体育活动组织者在指导社会大众进行体育参与与体育锻炼的过程中,应该将负荷与恢复有机结合起来,注意适时跟进社会大众体育人口的体育锻炼进程和效果,当健身者产生疲劳,机体机能暂时下降时,应注意运动恢复的合理安排,例如,社会体育指导员可以安排"大强度素质训练与简单技术训练相交替"或"一种素质不同部位练习相交替"及"几种素质穿插进行"等方式使健身者进行"休息与恢复"。尤其是运动者经过大负荷运动锻炼之后,应建议运动者进行充分的休息。

(五)全面发展

大众体育活动组织的"全面发展"原则主要包括两个方面,一方面,是指个体的全面发展,人的机体具有完整与统一的性质,因此在健身过程中要注重机体的全面发展,使身体的各个器官、各个部位及各方面的素质都得到发展,进而促进身心的全面发展。另一方面,是指应将全体人民群众都纳入大众体育活动组织和服务范畴,促进全民健身的实现。

大众体育项目与内容丰富多样,不同的社会群体(个人)都能够找到适合自己的运动项目,不同层次的社会群体(个人)都能够从中满足自身的体育需求。尽管大众体育活动的参与者有不同的健身要求和目的,但几乎每个健身者都希望能够通过体育锻炼实现自我的全面发展。对此,大众体育活动组织者要重视多元体育活动内容、方法、手段的安排与选择,促进每一个体育参与者都能参与到丰富多彩的大众体育活动中来,并通过丰富多彩的体育活动实现体育健身的全面性。

此外,不同级别、层次的大众体育活动组织者要相互协调配合,争取使体育活动组织能囊括社会上的每一个群体、每一个人,使大众体育活动组织真正实现全民体育参与的广阔覆盖面。

(六)终身体育

终身体育是当前我国发展体育事业所提出的一个重要概念,也是大众体育活动组织和开展中应遵循的一个重要原则。这也是现阶段实现全面健身计划的基本要求。培养大众体育者的终身体育意识,帮助其养成终身体育的良好习惯是大众体育活动组织的重要工作要求与原则。

在大众体育活动组织中,落实终身体育,应做好以下两点。

首先,促进大众体育活动参与者终身体育思想的形成。在组织与开展体育健身活动的过程中,在大众体育活动组织过程中,要有意识地引导运动者对体育锻炼重要性的理解,要注意对运动者的体育爱好与技术特长加以留心观察,并积极引导帮助,而且要注重对运动者体育锻炼兴趣的激发,引导其形成终身体育思想,持久参与大众体育活动和体育锻炼。

其次,充分考虑在大众体育活动的组织的长期与短期效益,不仅要重视运动者某项运动技能的指导成果,还要考虑运动者体育锻炼的长期效益,使其能够切实通过参与体育受益,并形成终身参与的习惯。

第三节 大众体育管理的内容与方法

一、大众体育管理的内容

(一)大众体育人员管理

大众体育人员主要包括参与者、社会指导员、体育管理者。在大众体育管理中,管理者和被管理者是相对的,大众体育人员管理应将正确处理体育活动中不同个体之间的关系、调动所有参与者的积极性作为核心。具体分析如下。

1. 对大众体育参与者的管理

大众体育参与者彼此存在较大的群体和个体差异,如性别、年龄、职业等,因此,大众体育人口参加的体育活动项目内容、形式、方法、时间、强度等也千差万别,因此,针对多样化的体育健身人群和个体,体育管理者要充分了解他们的特点,在管理过程中做到有的放矢(表4-5)。

表4-5 大众体育参与者的类型及特点

大众体育参与者的类型	大众体育参与者的特点
俱乐部或体育社团会员	属于固定的体育人口 体育锻炼行为较稳定 能自觉地参加锻炼活动 会员之间,会员与俱乐部或社团联系密切
体育培训班学员	一些人在获得技能后会持续参与体育活动,另一些人则在达到体育需求和目的后就会放弃体育锻炼。体育参与存在一定的不确定性
自由体育健身者	形式松散,流动性大

针对大众体育活动参与者的管理,应坚持人本性与灵活性的原则。

首先,在大众体育活动参与者的管理过程中,要尊重体育活动参与者选择体育活动内容、方式等的权利,在此基础上,重视参与者科学参与体育活动的正确引导,如爱护体育设施和体育环境卫生。

其次,针对不同类型与特点的大众体育参与者,要根据其年龄、性别、文化程度、身体素质等多元化的特点与彼此之间的差异,分级分层次分群体进行管理,灵活转变管理方法。

2.对大众体育指导员的管理

大众体育指导员对于大众体育活动参与者来说,是服务者,并在一定程度上扮演着管理者的角色,但是对于政府行政部门和相关体育部门来说,大众体育指导员又是被管理者。

针对大众体育指导员的管理,重点集中在指导员培训和指导员审核认定两个方面。

(1)大众体育指导员的培训

大众体育指导员的培养目的主要是提高指导员专业素质,使其更好地服务于大众体育活动的组织与开展。

当前,我国大众体育指导员分为四个等级,一般来说,初级大众体育指导员、中级大众体育指导员、高级大众体育指导员、大众体育指导师参与培训的时间分别应不少于 150、120、90、60 个标准课时。[①] 对大众体育指导员的培训内容主要如表 4-6 所示。

表 4-6　大众体育指导员培训内容

体能	大众体育指导员的必备素质基础
技战术	技战术是实现和完成体育人力资源培育的重要内容,有利于体育人力资源水平的提高
价值观	提高体育人力资源的职业感、责任心
文化知识	提高体育人力资源的体育文化素养

(2)大众体育指导员的审核认定

现阶段,执行大众体育指导员职业技能鉴定工作主要有两个部门,即国家大众体育指导员职业技能鉴定指导中心、大众体育指导员职业技能鉴定所(站)。实行统一命题、定期鉴定制度。

3.对大众体育管理者的管理

大众体育管理者是指本身具有良好的管理素质,精通或掌握管理科学

---

① 　郭亚飞,刘炜.社会体育学[M].北京:北京师范大学出版社,2012.

和领导艺术,在体育管理活动中起组织、协调、决策作用的一部人,他们是重要的大众体育人力资源。

现阶段,对大众体育管理者的管理应遵循以下几项基本原则。

(1)系统原则:对大众体育人力资源的管理要从整体出发,统观全局,合理配置人力资源,鼓励人力资源的自由流动。

(2)目标原则:对大众体育人力资源的管理要明确管理目标,在重视体育管理人才自身发展的基础上,实现大众体育管理的整体优化。

(3)择优原则:对大众体育人力资源的管理应做到合理选拔、使用优秀人才;用人不疑、定期考核。

(4)能级原则:明确大众体育人力资源的责任,授予其职权,并对其责任履行与职权使用做到实时监督与及时反馈,人尽其能。

(5)人本原则:关心、尊重、爱护大众体育人力资源,关注其成长与发展,充分调动其工作的积极性与主动性。

(二)大众体育财务管理

大众体育财务管理主要是体育资金的管理,具体管理内容如下。

1.经费筹集

当前,我国大众体育经费的筹集(来源)具体如表 4-7 所示。

表 4-7　我国大众体育经费来源

国家财政	政府预算内的拨款 政府财政固定资产基建借款 国家利用财政信贷方式发放的周转资金 国家通过减税让利、涵养财源方式提供的让渡资金 中央向偏远山区提供的特殊体育经费补贴
社会赞助	有偿赞助:如提供资金支持的同时宣传企业 无偿赞助:不附加任何条件的资金支持
社会集资	发行彩票、招股、联营、引进民间资金或外资等方式吸纳社会闲散游资
群众体育产业开发	开发与体育相关的产业从事生产经营活动来赢利和获取收入

2.经费预算

(1)收入预算。大众体育部门通过各种途径、形式制定可能获得的各项资金来源的计划。

（2）支出预算。大众体育部门根据工作计划进行的指定体育经费花销。

3.经费分配

和竞技体育相比，当前，我国用于大众体育发展部分的经费是非常有限的，要合理、高效地管理和使用这部分有限的资金，必须遵循以下原则。

（1）资金分配有主有次，优先用于发展重点项目。

（2）资金分配应与大众体育结构相适应。

（3）资金分配要量力而行，留有余地。

4.经费使用

大众体育经费的合理使用必须做到科学规划、及时报上级审查、专款专用、客观与详细记录。

（三）大众体育物资管理

大众体育物资主要包括体育场地、器材、能源及与大众体育活动相关的自然资源等。对该部分内容的管理具体分析如下。

1.场馆建设管理

一般来说，大型体育场馆，例如奥林匹克中心、地方大型公共体育场馆建设等的投资由政府承担，政府的投资行为是一项责任和义务，是政府对纳税人生活权利的尊重和保护的表现。[①] 小型体育场馆可以由企业、个人投资建设，并行使具体的经营管理权。

不管是大型体育场馆还是小型体育场馆，场馆建设都应满足以下两个基本要求。首先，体育场馆的建设要与大众体育场所的数量整体需求情况相符，具体来说应与当地人口数量和体育人口数量相符。其次，体育场馆的类型配置应与当地群众的体育爱好、年龄、职业结构等相符。

2.内部管理

（1）使用管理。主要包括体育场馆及各项体育设施、设备，以及与体育活动相关的水、电域配套设施（排水系统、空调、电梯等）的管理。

（2）安全管理。主要包括治安、消防、生产、卫生管理等。

（3）物业管理。主要包括综合体育馆、体育场地及相应配套的商业网

---

① 闭健，柳伯力，胡艳，刘利.大型国有体育场馆经营管理体制性障碍研究[J].体育科学,2006(9).

点,如酒店、超市、餐饮等的管理。

3.对外经营管理

(1)场地租赁经营。包括租赁价格制定,租赁合同签订,体育赛事,文艺演出、会展的场地服务与保障。

(2)商业物业经营。包括业态分布规划、物业租金价格的制定、招商推广、租赁合同等。

(3)无形资产经营。包括场馆广告、场馆冠名权开发等。

(4)群众体育活动开展。包括项目设置,价格制定,会员招募、培训等。

(5)其他。如商店、餐饮、停车场租赁、体育项目投资、管理输出服务等。

体育物资的对外经营管理,应满足社会大众的体育参与需求、卫生需求、安全需求等。满足人们在体育锻炼方面的需求是当前体育场馆经营与管理的重要任务之一。体育场馆经营管理中对大众体育安全的保障应充分做好预防和及时处理两个方面的内容。

在体育场馆经营方面,服务于大众体育场馆的经营应坚持公益性与经营性相结合,充分满足广大群众进行体育锻炼或观赏体育比赛的需求,尽力为竞技运动和群众体育的发展服务。同时,能在市场化经济环境下做到自我经营管理的自给自足。在不同的阶段、季节、区域,要结合大众体育消费市场实施差异化经营与管理。

不同的体育场馆有不同的特点,针对或服务的社会群体不同,体育场馆应根据场馆自身的特点灵活经营。

4.维护管理

为了提高体育设施的使用寿命,提高为大众体育健身服务的质量,应坚持定期保养维修。具体应做好以下工作。

(1)合理分类,设置账卡,详细记载,做到数量和账物一致,质量、技术效用和机能标准不变。

(2)明确管理职责,时刻进行安全警示,出现问题,严肃处理。

(3)提高防范意识,以预防为主,定期检查、监督。

(4)及时修理、更换。

(四)大众体育信息管理

大众体育信息的科学管理有助于为大众体育的健康发展提供第一手的客观、准确的资料,有助于大众体育发展的科学决策,是现阶段我国大众体育管理的重要内容。

1.信息传播

大众体育信息的传播主要是通过大众媒体来实现的,包括报刊、广播、电视和互联网四种途径,这几种传播手段在我国当前的大众体育信息传播中同时发挥着重要作用。

2.信息存储

从本质来讲,信息存储,就是建立信息库。体育信息库的建立可以为体育实践活动提供活动依据。

信息库即通常所说的数据库,其主要有两种形式:人工信息库和机器信息库,后者的信息存储量更大,信息检索也更快捷。体育信息库的建立者必须有专业的知识、技术。

3.信息维护

维护信息的目的是保证信息的准确、及时。具体来说,大众体育相关信息的维护主要包括对体育信息库中数据的修改、增加、删除、存储等。在信息维护中应注意以下几点。

(1)复制信息,要做到备份信息与原有信息的一致性。

(2)注意信息的安全问题,防止丢失泄密。重要的数据库信息应加密、设置用户权限。

(3)定期对数据库的硬件和软件进行检查、更新、维护,确保信息系统的正常运行。

4.信息人才培养

就我国大众体育发展现状来看,我国大众体育人力资源稀少,专业的大众体育信息人才更是严重不足,广大大众体育组织与管理基层,几乎没有专门的大众体育信息管理人才,尤其缺乏能熟练操作数据库的编档和管理人才。

针对当前我国大众体育信息人才短缺的现状,应加强对这方面人才的培养,政府部门和体育相关部门应给予大力的政策、资金及物力支持。

二、大众体育管理的方法

(一)行政方法

大众体育管理的行政方法的行使部门主要是政府、体育行政部门。主要是采取命令、指示、规定等方法进行行政管理。

1.大众体育行政方法的管理作用与特征

行政管理方法一般是上级指示，下级执行，具有明晰的上下级管理关系，在执行过程中并不存在任何的需要商榷和考量的成分，执行过程中需要行政权力的绝对支持，执行效果一般比较显著。

和其他体育管理方法相比，行政方法具有强制性、权威性、稳定性、纵向性等特征，具体分析如下。

（1）强制性：强制性是行政方法的鲜明特性之一，上级的行政方针、政策、法规、制度等，下级必须认真贯彻执行（在思想一致的基础上可以对具体的执行办法进行灵活性的调整，但不能有质的改变）。并就执行的效果对上级负责、接受上级监督。

（2）权威性：就行政管理方法来说，其有效性主要取决于管理组织所采用方法的权威性。在大众体育管理中，不断地完善和健全体育的各级管理机构，强化职、资、权、利的有机统一，是提高管理权威性，保证大众体育相关行政方法有效实施的基础。

（3）稳定性：行政管理政策与制度的实施具有一定的时限性，不可能朝令夕改，因此，行政管理系统中，行政管理方法的使用对于外部因素的干扰具有较强的抵抗作用，稳定性较强。

（4）纵向性：前面已经提到，大众体育管理的行政方法由上级颁布实施、下级遵照执行，上下级关系明确，其强调纵向的自上而下，反对横向命令的传达，可以有效避免指挥乱象。

2.大众体育管理的行政要求

（1）集中领导，分级管理：具体来说，就是管理幅度与管理层次要适当，该管的事情要牢牢掌握决策权，专人专项负责；同时，要求下级做好分内之事，并对领导直接负责。

（2）权、责一致：结合管理目标赋予应有的权力，同时，管理者应树立责任意识和服务意识，避免以权谋私、玩忽职守。

（3）充分调动被管理者的积极性：突出目标导向，同时充分考虑被管理者利益的情况，调动被管理者的积极性和创造性。

（二）法律方法

1.大众体育法律方法的作用与特征

现阶段，提高大众体育管理功效，实现管理目标是大众体育管理的主要目的。通过法律调节,能促进人、财、物、信息等的合理流通;有效调节大众体育管理中各种利益关系,消除互不买账、互相推诿的责、权、利不清的不良现象,有助于建立起正常的大众体育管理秩序,使大众体育管理系统形成一个良性循环的运行机制。

大众体育管理的法律方法具有强制性、普遍性、规范性和稳定性等几大特征。具体如下。

(1)强制性:法律具有强制性,任何人在法律面前都是平等的,必须遵守且不可违抗,每个人都有参与体育的权利,受法律保护;在参与大众体育过程中,体育人口必须清楚哪些行为是可行的,哪些行为是被禁止的,如果违反必须承担相应的后果。

(2)规范性:法律的强制性决定了法律的规范性,要求法律法规的语言必须严禁、准确、具体;要求法律条文一旦颁布实施,必须严格执行。

(3)稳定性:法律法规一经颁布就不能随便更改,具有一定的稳定性。

2.大众体育管理的相关法律法规

当前,我国用于大众体育管理方面的相关法律法规、制度、文件标准等主要如表 4-8 所示。

表 4-8　我国大众体育管理方面的法律保障性文件

保障大众体育参与的法律法规	《中华人民共和国体育法》
	《全民健身计划纲要》
	《大众体育指导员技术等级制度》
国民体质测定相关制度	《中国成年人体质测定标准施行办法》
	《国民体质监测工作规定》
体育锻炼的相关标准	《国家体育锻炼标准》
	《社会大众体质健康标准(试行方案)》
	《普通人群体育锻炼标准》

一系列与大众体育工作开展相关的法律法规的颁布和实施,对当前我国进一步完善大众体育法规制度体系起到了重要的推动作用。

(三)经济方法

在大众体育管理中,经济方法是以客观经济规律的要求为主要依据实现管理目标的方法。包括宏观(价格、税收、信贷)和微观(工资、奖金、罚款、经济合同)两个方面。

1.大众体育经济管理方法的作用与特征

大众体育经济管理方法对于被管理者接受上级管理起到推动和强化作用,可以增加被管理者对管理指令和管理决策的接受率。同时,在市场经济条件下,经济方法还能实现对市场经营管理主体的灵活引导,充分调动下级训练部门和被管理者的积极性。

大众体育管理实践中,经济方法的应用主要具有有偿性、间接性、关联性等特点,具体分析如下。

(1)有偿性:在大众体育管理过程中,经济方法通常是通过经济政策诱导来实施的,大众体育活动者、大众体育产业主体在相关政策下"搭便车",投入一定的资源,并期待获得较大效益。

(2)间接性:和行政、法律方法相比,经济方法对大众体育各方面的引导和促进是间接性的,具体是通过经济方法作用于人,通过改变个人的价值取向和行为、激励个体的积极性来实现对整个大众体育系统的管理。

(3)关联性:在大众体育管理中,经济方法影响面宽、涉及因素多,同时会影响到体育系统内部多方面的连锁反应。

2.大众体育的经济管理方法

(1)行政拨款:更多的是针对基础体育设施建设的福利性拨款。

(2)税收:对大众体育市场主体实施税收优惠。

(3)价格:通过调整体育商品或服务价格来影响管理双方的经济利益和市场供求。

(4)奖金:大众体育管理组织机构内部,管理者给予一定的奖金来表达对被管理者行为的肯定和期望,调动被管理者的工作积极性。

(5)罚款:与奖金相对应,在大众体育管理组织机构内部,有效制止管理者不期望行为的发生。

(四)宣传教育方法

1.大众体育宣传教育方法的作用与特征

宣传教育法更注重对个人思想行为的引导,主要是由管理组织(者)采用宣传和教育等方式,激发大众体育工作者的工作热情,使大众体育工作者围绕着共同的目标积极采取行动;使社会大众认识到体育参与的重要性,关注并积极参与大众体育活动。

与其他管理方法相比较,宣传教育方法的特点具体表现如下。

(1)先行性:在管理决策实施之前,可事先预测到人们可能产生的各种反应,通过宣传和教育予以预防,强化管理决策的正面效应,抑制不良效应。

(2)疏导性:对大众体育发展中存在的各种问题,进行因势利导,"动之以情、晓之以理",启发被管理者的自觉性与协调配合,保证大众体育管理工作更加有序、顺利地开展。

2.大众体育宣传教育管理的媒体依托

大众体育管理中,宣传教育方法的实施主要是通过大众媒体来实现的,通过充分利用多种形式的大众媒体致力于大众体育的报道,宣传体育健身,介绍大众体育开展的意义与功能,通过健身类电视节目和体育活动转播激发社会大众的体育参与兴趣与热情。

第五章 社区体育相关理论与发展探讨

社区体育是大众体育的重要组成部分,深入剖析社区体育相关理论、推动社区体育发展进程,不仅能为我国社区体育的推广和发展注入强大生命力,同时对我国大众体育发展也有重要作用。本章以社区体育为研究对象,分别从社区体育基本理论、城市社区体育的组织与管理、小城镇社区体育的组织与管理、社区体育的未来发展探讨四大方面展开详细阐析。

第一节 社区体育基本理论

社区体育是中华儿女在长期体育实践中发展起来的新型体育形态之一。随着社区体育不断发展,当前我国社区体育建设的规模已经初步形成,同时对社会主义和谐社会的建设进程发挥着日益突出的积极影响。

一、社区体育的概念

社区体育从诞生开始,就有很多学者对其概念提出了不同的观点。从整体角度进行分析,社区体育的特征主要包括以下几点。

首先,社区体育有区域性特征,区域范围几乎涵盖了基层社区。

其次,社区体育服务对象是所有社区成员。

再次,社区体育物质条件是对应社区的自然环境以及体育设施。

最后,社区体育根本目的是使社区成员体育需求得到充分满足,对社区成员身心健康发挥积极影响,进一步发展与巩固社区感情。

由此,可将社区体育的概念归纳为:社区体育是指人们在共同生活的街道(乡镇)、居(村)委会等特定范围内,将区域内自然环境与体育设施当成物质依托,将全体社区成员当成体育活动主体,以此来满足社区成员的体育需求、促进社区成员身体健康和心理健康、巩固与发展社区感情而开展的区域性群众体育。

二、社区体育形成的社会背景

(一)城市竞技体育改革是社区体育兴起的内部动力

社会体育发展适应城市经济体制改革是我国社区体育兴起的重要因素。在以往的很长一段时间内,我国城市社会体育始终是单位、行业、系统来加以组织和开展,我国社区体育发展速度极为缓慢,原因在于我国城市在很长时间以来都存在严重的"单位社会化"现象。"单位社会化"现象导致单位演变成一个"大而全""小而全"的综合型社会单位,导致单位功能产生泛化问题,相关效益不断降低。另外,"单位社会化"现象从某种程度来说是对社区职责的剥夺,造成社区功能进一步萎缩,广大群众社区意识不断单薄,社区归属感不断减弱,由此以来更加依赖单位。自 1985 年开始以转变企业经营机制为核心的城市经济体制改革和 20 世纪 90 年代初期开始的市场经济体制改革,有效增强了企业经济功能以及事业单位的公共服务功能,对政府行政编制与微观管理功能做出了有效压缩。这一整套变化都对过去根基深厚的"单位体制"形成了巨大冲击,单位的很多非生产职能逐步被剥离到社会中,社区开始对其负责。单位无权同计划经济阶段一样总是占用工作时间来组织体育活动,一直以来以"条条管理""单位管理"为主要内容的社会体育受到多方面制约。然而,广大群众的体育需求依旧在持续增长,当单位无法满足广大群众的实际需求时,其体育利益取向就慢慢从单位转移到社区,在空闲时间就地就近开展的经常性社区体育活动,逐渐成为满足广大群众体育需求的最佳方式。

(二)建立与城市经济体制改革相适应的社区管理体系,是社区体育发展的适宜条件

伴随着市场经济体制建立进程的不断推进,其对城市基层社区建设的要求有增无减,越来越多的社会服务职能被移送至社区,强化社区管理、强化社区建设、强化社区服务已经发展成深入改革经济体制的重要需求。

社区管理与社区服务之间存在着紧密关系,属于一项相对完整的系统工作。在广大群众生活水平持续上升的情况下,社区管理质量与社区服务质量和居民的日常学习、日常工作、日常生活之间的联系越来越紧密。在当前,用最短时间建立和经济体制改革相符合社区管理体制已经成为广大群众的共同期盼。

社区体育是社区建设的关键部分之一,是社区文化与社区服务的关键

环节。大力开展社区体育不仅能达到强身健体的目标,还能使广大群众的业余文化生活更加多姿多彩,也能使广大社区成员的生活方式得到有效改善,使社区成员的生活质量获得大幅度提升,另外可以让人际关系更加紧密,使社区成员之间更加凝聚,社区意识得到有效增强,最终有效推动社区精神文明建设进程。

从整体来说,发展社区体育不仅是体育事业需要,还是社区建设需要,也是社区管理需要。

(三)社区老龄人口的体育需求增长是社区体育兴起的催化剂

随着我国人口平均寿命的增长,导致人口老龄化速度不断加快,自2000 年开始我国已经正式成为老年型国家。老年人通常闲暇时间比较多,同时还有渴望实现健康长寿、重新建设社交圈的目标。体育活动不仅能维持身体健康,还能延缓衰老也能有效拓展社交圈子,减少孤独和寂寞的时间,使老年人的空闲时间变得更有意义。在体育活动多项功能的影响下,主动参与体育活动的老年人不断增加,对促进社区体育快速发展发挥了很大的积极作用。

(四)体育社会化是社区体育发展的促进因素

在经济体制改革不断深化以及广大群众体育需求不断增长的情况下,仅由政府办体育已经难以适应体育发展的需求,走体育社会化道路已经是众望所归。社区体育不仅是社区建设的关键环节,还是体育社会化的重要产物。

三、社会体育的构成要素

如图 5-1 所示,社区体育组织、社区成员、场地设施、经费、体育管理者和指导者、社区体育活动是社区体育的构成要素。其中,社区体育组织是关键要素,社会成员是活动主体,场地设施和经费是物质保证,体育管理者和指导者是联系众多要素的重要纽带,社会体育活动是详细表现形式以及直接目标。

四、社区体育的分类

遵循不同划分标准,可以将社区体育分成以下几种类型。

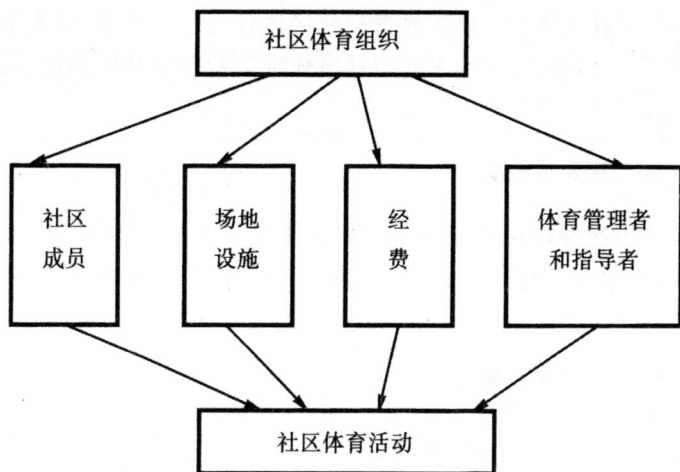

图 5-1

（一）按参与主体分类

以参与主体为划分依据，能够把社区体育划分成个人体育、家庭体育、邻里体育（楼群体育、庭院体育或胡同体育）；微型社区体育（居委会体育）和基层社区体育（街道办事处社区体育）。

社区体育活动单元能是个人、家庭、邻里、居委会、街道，还能是以个人锻炼形式在家庭、楼群（胡同）、居委会、街道等范围内开展的体育活动或者体育比赛。

（二）按消费类型分类

以消费类型为划分依据，能够把社区体育划分成营利型社区体育、福利型社区体育以及便民型社区体育。其中，营利型社区体育的服务对象是中等收入人群和高等收入人群；福利型社区体育的服务对象是包括儿童、老人、残疾人等在内的弱势群体；便民型社区体育的服务对象是所有社区居民。

（三）按活动时间分类

以活动时间为划分依据，能够把社区体育分成节假日体育活动、日常性体育活动以及经常性体育活动。

（四）按组织类型分类

以组织类型为划分依据，能够把社区体育分成自主松散型社区体育以及行政主导型社区体育。自主松散型社区体育是指辅导站、晨晚练体育活动点、社区单项体协等；行政主导型社区体育是指街道社区体协、社区体育俱乐部以及社区体育活动中心等。

（五）按参与人群分类

以参与人群为划分依据，能够把社区体育分成六种类型，分别是离退休人员体育、流动人口体育、学生体育、特殊人群体育、婴幼儿体育、在职人员体育。

（六）按活动空间分类

以活动空间为划分依据，能够把社区体育分成两种类型，分别是户外体育与室内体育。户外体育主要包括其他场所体育、庭院体育、广场体育、公园体育以及公共体育场所体育。

五、社区体育的特征

（一）活动设施的公共性

要想顺利开展社区体育活动，必须具备特定主体与特定客体。主体是指参与社区体育活动的人，客体是指社区体育活动设施。通常情况下，可供社区体育活动利用的资源包括社区绿化带、社区公园、社区广场、社区其他公共设施。

从整体来说，社区体育存在活动设施公共性特点，这也体现了社区体育的公益性特征。

（二）参与主体的多质性

对于整个社区而言，社区居民充当着参与社区体育活动的主体，即使社区居民在性别、年龄阶段、兴趣喜好三方面存在不同，但依旧可以联系自身实际需求寻找出适宜自己的体育项目，这明显反映出社区体育存在参与主体的多质性特征。

（三）活动方法的服务性

社区体育活动具备明显的服务性特征。详细地说，社区体育不仅有场地设施服务，还有体育活动计划与处方服务，也有体育指导与咨询服务，另外还拥有体育信息与情报服务，最后还有体育组织与管理服务。社区体育这五方面的服务反映了活动方法的服务性特征。

(四)活动范围的区域性

通常情况下,广大群众在参与社区体育活动时会将社区当成范围,这反映了社区体育活动范围的区域性十分显著。对于社区而言,其范围涵盖主体、场地设施、指导管理、经费筹措等多项元素,这使得社区体育的自治性特征和自主性特征相对明显。在自身居住的社区,居民可结合自身兴趣自由选取体育活动项目,由此来举办和参与相关的体育活动。参与过程不但能给予社区成员更多的互动机会,还能使社区的人际关系和活性大幅度提升。

(五)活动时间的空闲性

一般情况下,人们只有在闲暇时间才参与社区体育活动,具体会在工作之余、学习之余、生产劳动之余以及家务劳作之余参与对身体和心理有积极作用的体育活动。这充分反映了社区体育活动时间的空闲性。

(六)活动组织的民间性

社区体育组织是独立的社会团体,其不仅有独立的活动章程,还有独立的组织机构,这明显体现了社区体育活动组织的民间性。

(七)活动指导的平等性

当社区成员参与社区体育活动时,需要社区体育指导员加以指导,社区体育指导和常见的学校体育指导、运动训练指导有很大不同。社区体育将自身主体与主导定位为广大居民,社区体育指导员仅提供包括辅导在内的一些服务,社区体育指导员和被指导的居民之间是平等关系,这充分彰显了社区体育活动指导的平等性。

(八)活动方式的灵活性

通常社区内有很多成员,并且每位成员存在着很大差异,想要被满足的体育需求也多种多样。因此,居民参与社区体育活动时一定要选用很多种工作策略与组织方式,始终坚持因人而异、灵活变通的原则,如此方可使社区居民的体育需求得到充分满足。

(九)价值取向的健身性、娱乐性

对于绝大多数参与社区体育活动的居民而言,强身健体和取得良好的心理体验是主要目的。由此可知,社区体育的特征包括健身性和娱乐性。

六、社区体育的功能

(一)整合功能

在过去的单位体制下,人们参与体育活动的过程中往往会受到各种各样的限制。但是,在单位体制解体的影响下,社区已经成为人们参与体育活动的一个重要场所,同时社区开始慢慢发展成新型社会调控体系,以此来发挥整合作用。社区体育不仅能使居民的体育需求得到满足,还能使居民的精神文化生活更加多样化。针对该情况,越来越多的人认识到参与社区体育能使社区整合功能和凝聚力得到充分强化。

(二)凝聚功能

社区具备特定社会心理要素,发挥凝聚能力就是培养社区社会心理要素。因此,社区体育凝聚功能的常见职能主要包括两方面:一方面,培养社区居民的社区意识;另一方面,激发和提升社区居民参加社区体育活动的自觉性。

对于社区而言,要想使其凝聚功能发挥至最佳状态,必须促使每位社区成员认识到相互合作、相互依存的深远意义,每位社区居民要全面剖析和认识自身责任与自身义务,做到密切合作,通过最大限度地发挥社区体育的凝聚功能,使得社区体育发展得更好。

(三)娱乐功能

伴随着时代的变迁,人们的空闲时间日益增多,在当前物质生活条件越来越好的情况下,人们开始将越来越多的注意力集中在精神生活上,这导致人们的日常生活和社区体育之间的联系越来越紧密。人们自觉参与社区体育的常见目的是健身与娱乐,这充分反映了社区体育的娱乐功能。从本质来说,社区体育的娱乐功能是指社区居民利用社区内的体育设施,运用体育活动来加以娱乐,并且达到强身健体、提升情操、使身心全面发展的目标。

(四)服务功能

社区体育的服务功能主要反映在以下几点。

第一,社区内基础性设施是社区体育满足全体社区成员体育需求的重要基础。

第二,社区成员参与社区体育活动时,应当密切联系所在社区的实际状况、本地经济发展状况、本地社会发展状况、社区体育基础,进而正确选择适宜的社区体育项目。

第三,因为社区体育处于持续发展的状态中,相关人员应当积极借鉴与引进新型社区体育项目,同时可以联系自身经验,创新出和本社区居民相适应的社区体育项目。

(五)发展社区文化功能

发展至今,社区文化内容日益多样化,社区文化主要包括社区居民文娱活动和全部社会现象。因此,可以将参与社区体育视为推动社区文化发展的行为之一。

(六)改善生活方式功能

社区体育活动也是休闲体育活动,其对社区居民的身体健康和心理健康都有积极作用。发展至当前,参与社区体育活动的社区居民越来越多,这不但让社区居民闲暇时间的文化生活更加多姿多彩,而且对社区居民建立高品质的生活方式有积极作用,另外在改善居民日常生活上也有积极影响。

(七)沟通人际关系功能

通常情况下,现代社区居民人员构成十分纷乱,广大社区居民的生活方式、价值取向、行为方式等均存在很多不同点,进而增加了人们的沟通难度。对于社区体育而言,其将体育视作中介,通过社区体育活动来慢慢影响社区居民的价值取向和行为方式,以此来有效改善社区中矛盾与利益关系,推动社区中的社会关系更加和谐,社区体育活动确立形成的行为准则可以把社区成员行为纳入特定的行为模式。对于参与社区体育活动的社区居民而言,不仅有利于彼此的沟通,也能在彼此认识、彼此交流中构建密切合作的关系,这能够为社区体育总体发展打下坚实基础。

第二节　城市社区体育的组织与管理

一、居民参与城市社区体育活动的现状

(一)活动时间现状

调查社区体育活动后得出,现阶段我国社区居民活动时间往往是早和晚这两个时间段,上午活动时间与下午活动时间极为有限,同时参与社区体

育活动的人绝大部分是老年人,这主要是我国的实际国情导致的。伴随着老龄化社会的到来,老年人闲暇时间的不断增加,以及老年人长期形成的"早睡早起"的生活习惯,导致社区体育活动时间表现出了早晚为主的特征。

(二)活动内容现状

近些年来,尽管我国社区体育的发展速度很快,但整体上依旧处于初级阶段,在场地设施等因素的制约下,健美操、气功、交谊舞等是社区体育活动的常见内容,武术、健身走、健身跑是最常见的社区体育活动。

(三)活动场所现状

现阶段,社区周边的广场、公园、公共体育场所、居委会场地等我国社区活动的常见活动场所。从整体展开分析,依旧有体育活动场地不足的问题,未能充分满足社区居民的体育需求。

(四)居民参与现状

尽管社区体育的服务对象是所有社区居民,但在多项因素的制约下,现阶段中老年人是社区体育参与群体中的主力军。究其原因,主要是因为中青年群体往往需要承担较大的工作压力与家庭负担,使得他们参与社区体育活动的时间严重缩减,并且少年群体通常能在学校参与相应的体育锻炼,所以同样不属于社区体育活动的参与主体。只有中老年人的空闲时间比较多,同时家庭负担比较轻,为了有效提升身心素质,中老年人往往会自觉参与到社区体育活动中。

(五)组织与管理现状

现阶段,我国社区体育往往是街道社区体协、居民体育活动小组、晨晚练体育活动点负责组织和安排。晨晚练体育活动点组织和安排的社区体育活动不仅极具代表性,同时还是我国社区体育最常见的一种组织形式。这有效反映了社区体育组织的基层化特点。

现如今,我国社区体育的常见管理方式包括:不同等级的工会管理、企事业单位管理、锻炼者自发管理、体育行政部门管理等,最为关键的形式是锻炼者自发管理。

二、街道办事处级体育协会组织的活动与管理

街道办事处级体育协会组织要想顺利举办体育活动,必须有社区的组

织与支持或者街道政府的组织与支撑。街道办事处级体育协会组织的活动通常具备的特征有：首先，活动和竞赛的等级高、综合性强、规模大；其次，设置项目较多，同时包含传统项目和创新项目；再次，区域限制相对严苛；最后，组织工作比较规范。街道级社区体育活动与竞赛的组织实施流程的规范性更强，通常包含两个方面。

（一）成立筹备委员会

在街道级社区体育活动以及街道级社区体育竞赛尚未开始前，需要成立筹备委员会，通常由负责街道体育工作的领导、文教干部、文体中心主任构成，常见职责是探讨并制定组织方案，规划和配备工作机构，所有社区体育工作必须将筹备委员会制定的组织方案视作重要根据。

（二）确定组织方案

组织方案充当着社区体育活动的关键性根据，组织方案通常分为以下几部分内容。

1.活动名称与活动宗旨

活动名称与活动宗旨通常会将体育运动方针、体育运动任务、对应社区体育活动性质、对应社区体育活动要求当成重要根据，来进一步确定活动名称与活动宗旨。

2.活动主办单位与活动承办单位

街道级社区在举办体育活动和体育竞赛之前，不仅要确定好活动主办单位，还要确定好活动承办单位，也要确定好主会场、活动时间、活动地点。

3.活动内容与活动规模

将活动宗旨作为重要依据，来进一步确定活动内容与活动规模，同时由此确定参与活动的单位以及具体人数。

4.成立组织工作机构

在成立组委会时，将活动规模和设项多少当成重要依据。组委会主要职责是管理社区体育的领导工作。

5.经费预算

经费预算的常见内容有：主会场布置费用、开闭幕式费用、工作人员补贴费用、宣传费用等。

6.确定活动日程

在制定总体活动日程总表时,应当紧密联系活动日期。所有体育活动或体育竞赛必须根据日程表的具体安排来有序开展。

7.制定各分项的活动规程

分项组委会应当参考大会组织方案,由此来制定具体的活动规程。

8.严明纪律、奖励先进

要想使社区体育活动或社区体育竞赛有序开展,大会组委会必须在纪律上向承办单位、参赛队伍、裁判员提出较高的要求,正确处理好违反纪律的行为,将奖罚分明贯彻到全过程中。

9.做好活动资料收集工作和整理工作

要收集和整理好活动资料,建立社区体育活动的相关档案。

三、青少年假期体育活动的组织与管理

(一)青少年假期体育活动的组织与管理原则

对于青少年假期体育活动而言,要想达到预期的锻炼效果,需要严格遵循以下原则。

第一,体育活动必须循序渐进地开展。在组织体育活动的过程中,要密切结合青少年的身体状况以及实际基础,进而制定出有效的活动计划。要结合具体计划有序开展,联系具体运动项目、运动内容实际难度、具体运动量等因素,从简单到复杂、从小到大地安排。活动尚未开始前,一定要将准备活动做好,循序渐进地强化身体各部分机能,从而为活动顺利开展奠定基础。活动结束后,需要充分放松身体,使身体逐渐恢复到平静。

第二,体育锻炼必须做到坚持不懈。只有做到长期坚持,方可增加实现活动目标的可能性,最终实现强身健体的目标。由人体生理出发,坚持参与体育活动具有极为深远的作用。众所周知,人的神经系统与所有器官机能,在长期体育活动锻炼后可以逐渐强化,人体器官结构同样能慢慢改善。要想实现该目标,坚持不懈地参与体育活动锻炼是必不可少的,原因在于人类身体各部分的结构十分复杂,在较短时间内使其产生变化是无法实现的,只

有在长期锻炼、若干次刺激与反应的情况下方可实现。坚持不懈地参与体育活动,不仅能使身体的部分系统功能得到改善,还能使人们养成有条不紊、坚持不懈的习惯。

第三,体育活动要将选择运动项目摆在重要位置。人们的年龄层次不同,对应的生理特征和心理特征同样千差万别。因此,在组织体育活动项目时,必须结合实际特征。对于青少年而言,其骨骼发育速度比较快。倘若发现青少年存在脊柱畸形等问题,应当在最短时间内加以矫正,否则矫正难度将大大提升。青少年应当增加参与体育活动的次数,主动训练出优雅健康的姿态,使自身体态始终维持在较好状态。在参与力量训练和耐力训练时,可以适当增设球类竞赛活动、长跑竞赛活动以及田径竞赛活动。除此之外,因为青少年尚处在发育时期,在训练过程中能够使其力量水平、耐力水平以及相关技巧水平得到提升。因此,开展青少年体育活动的要求和成年人体育活动的开展要求存在很多不同之处。在组织和管理青少年体育活动时,应对运动量进行适度控制,有效避免运动疲劳以及消耗太多体力,要安排合理休息次数,但休息时间不可过长。

(二)常见的体育活动方式

1.户外活动

对于人们的日常生活而言,户外活动是难以替代的一个环节。户外活动,能够有效利用各种自然资源来锻炼身体,不仅能有效提升身体抵抗力,减少呼吸道等疾病的出现,还有利于疲劳的大脑神经的快速恢复,使脑力工作的实际效率得到大幅度提升。所以说,参与户外活动是强身健体、提升学习效率的有效途径。户外活动包含项目较多,具体有体操、长跑等。

体操是最简单易学的活动项目,最常见的种类是广播操。广播操属于全面性活动之一,其不但能有效增强人体心脏功能和人体消化功能,还能使肌肉组织得到有效强化,使非正常体形得到有效矫正,此外,还能使神经系统功能得到调节与强化,促使大脑获得充足休息,使新陈代谢更加有序。因此,长期做广播体操者的身心往往处于愉悦状态,拥有充沛的精力,工作效率与学习效率相对较高,坚持不懈地做广播体操也能磨砺意志力。

与广播操相比,长跑同样是强身健体的有效措施。第一,坚持不懈地长跑能有效提升呼吸系统机能和循环系统机能,使得长时间参与体力活动或脑力活动的水平得到提升,减少运动疲劳的产生次数;第二,能够对人体新陈代谢产生积极影响,使消化系统的消化能力与吸收能力得到有效提升;第三,长跑活动简单易操作,季节和器械等因素对其产生的影响比较小。

2.打球

球类运动是深受青少年欢迎的运动项目,长期参与球类运动对身体有很大的积极影响。经常参与球类运动,不仅能让肌肉更有力量,还能有效提升内脏器官的机能水平。原因在于球类运动不仅要求青少年具备快速精确的动作,还要求青少年用最短时间判定临场状况,及时抓住各种时机。因此,在经过坚持不懈的锻炼后,人体各部位机能能够大幅度提升。

在气温较低的冬季,参与球类运动还能减少冻疮的发生。因为参与球类运动能够充分活动四肢,整个身体需要结合球的方向急速转动,如此能够全面锻炼身体的重要肌群,使血液循环有序进行,保障能够向组织细胞提供较多的养分,提高机体对寒冷气候的抵御能力。

3.太极拳

长期练太极拳,对维持身体健康具有很大的积极影响。

太极拳种类繁多,动作相对复杂,学习难度相对较大。但是,练习者可根据从简单到复杂、从容易到困难的原则来练习。通常情况下,会先从简化太极拳入手,随后再学习其他种类的太极拳。

练太极拳的注意事项是:动作要缓急且平稳,练拳时要全神贯注,剔除所有的杂念,做到动中取静,要让身体和精神都处于放松状态。经过坚持不懈地练拳,有利于身体不同系统器官的生理功能的进一步改善。

4.游泳

游泳运动对人体有很多项益处。众所周知,游泳过程中需要将身体泡到水中。在水压的影响下,人们常常会觉得呼吸困难,此时呼吸肌需要战胜该压力,进而满足游泳过程中身体所需的氧气供应。因此,游泳能够使呼吸肌得到有效锻炼,不断扩大肺脏,使游泳者的肺活量出现增高。

除此之外,游泳有助于血液循环,能够使心脏功能得到锻炼。游泳过程中身体会受到太阳光照射,太阳光中的紫外线可以推动皮肤形成维生素 D,这对身体内的钙代谢和磷代谢都有调节作用,对游泳者的身体发育有很多积极作用。长时间游泳能够增加肌肉力量,使游泳者的骨骼更加粗壮,增加关节的灵活性。

从整体来说,游泳是一项有利于维持身体健康的体育活动,青少年应当积极参与。

（三）青少年假期体育活动的科学安排

在安排青少年假期体育活动时，必须将季节因素、锻炼者实际需求、年龄因素等考虑在内。

1.根据健身目的，科学安排体育活动

在参与体育活动之前，必须树立清晰而肯定的健身目标，健身目标是合理安排体育活动的关键性根据。倘若健身目标是强身健体、提升健康素质，则体育活动的内容与时间相对灵活，跑步和武术等项目都可以安排在内，时间安排也相对自由。倘若健身目标是增加肌肉力量，则应将力量练习作为体育活动的重要内容。增加肌肉力量必须保障健身目标的科学性和可操作性，制定目标不能够过高，需要留有余地，目标太高会导致肌肉力量增长速度太快，不但对肌肉本身有消极影响，同时对机体协调发展也有消极影响。倘若健身目标是减肥，则应当将有氧运动作为主要内容，应当安排比较长的运动时间，这样能够高效消耗体内的脂肪。

2.根据季节，科学安排体育活动

安排体育活动会受到季节因素的限制，组织者应当密切结合天气变化规律，进而使安排的体育活动更加科学可行。

在夏季，受天气炎热的影响，往往会给体育活动带来很多限制，所以要对活动空间与活动时间进行科学把握。对于夏季而言，游泳是最符合实际情况的体育活动，该运动不但能使身体机能提升，还能发挥防暑解热的作用。需要说明的是，并非任何青少年都有条件或适宜参与游泳运动。除此之外，还可以安排青少年参与羽毛球和慢跑等运动项目，同时最好将这些参与这些项目时间安排在清晨与傍晚，运动结束后要及时补充水分，避免身体脱水与中暑。

在冬季，青少年参与这个季节能够参与的体育活动，不但能使身体维持在一般健康状态，而且能让身体抗寒水平获得大幅度提升，有效避免身体疾病的发生，"冬练三九"正是应了这一道理。冬季有很多可以选择的体育活动内容，通常包括长跑、球类运动、拔河等。冬季参与体育活动之前，一定要做充足的准备活动，原因在于该季节身体生理机能惰性比较大，肌肉组织受伤的可能性比较大。在冬季，口鼻呼吸方式是运动时的最佳呼吸方式，但口切莫张得过大，避免口腔黏膜被冷空气刺激。

3.根据年龄，科学安排运动量

对于体育活动而言，运动量是限制锻炼效果的关键要素。运动量太小，则难以取得显著的锻炼效果;运动量太大,则对身体机能有消极作用。

与此同时,年龄阶段不同,则身体状况不同,体育锻炼的运动量也会有很多差异。对于正在发育的青少年而言,伴随着青少年年龄的不断增长,身体机能会逐渐提升,活动量同样应适度增加,只有这样才能使运动量和不断提升的身体机能充分适应。倘若青少年活动量相对较低,则从事体育活动仅可以保证身体机能不出现下滑,但难以使身体机能得到有效提升。

(四)一次体育活动的科学安排

从本质来说,体育活动是以每天为单位来开展的,通常一天会参与一次体育活动。通常来说,每次体育活动均要经历准备活动、运动强度慢慢增加。维持比较平稳的活动时间、身体疲劳和恢复等阶段。所以说,体育活动组织者要想达到预期的健身效果,必须对每项体育活动进行科学安排。

1.充分的准备活动

任何体育活动前,均必须做充足的准备活动,这样不仅能提升锻炼效果,还能使运动损伤的发生率降到最低。准备活动包括一般性准备活动与专项性准备活动。

一般性准备活动是指正式练习前参与活动量较小的全身性体育锻炼,慢跑是其常见的运动方式,此外还可以做伸展性体操以及牵拉性练习,进而有效活动身体的各个器官,为将要开始的体育活动做好充足准备。通常活动时间是5~10分钟,针对气温较低的天气可以适当延长准备活动时间,针对气温较高的天气可以适当缩减准备活动时间,倘若选择散步为准备活动的运动形式,则可以不做准备活动。

专项性准备活动通常指和体育活动项目比较相似的准备活动内容,如参与足球运动前做射门的准备活动,参与武术运动前做踢腿的准备活动。组织者可以仅安排比较短的专项活动时间,但需要保障准备活动的质量。

准备活动不仅能让身体机能逐渐进入最佳状态,还能让心理活动逐渐发展至最佳水平。当准备活动结束的那一刻,不仅要保障身体充分投入,还要保障心理充分投入。

2.运动强度逐渐增加

在为青少年安排体育活动时,安排活动量同样要贯彻循序渐进原则,千万不可以刚开始就猛然提升运动强度,如此会导致身体产生很多不适反应。原因在于人体各器官均存在惰性,应将运动刚开始的阶段定位成逐步提升的过程。因为内脏器官比运动器官的生理惰性更大一些,因此在活动刚刚开始的阶段,肌肉往往能够完成大强度活动,但内脏器官无法马上进入最佳状态,由此产生内脏器官和运动器官出现不协调问题,进而产生很多不适应的症状。所以说,当青少年参与的体育活动开始后,一定要循序渐进地增加运动强度。

3.足够的锻炼时间

如果青少年参与体育活动得到主要目标是健身,则需要将主要运动形成定位成有氧运动,可以将运动强度控制得较小,但体育活动时间必须充足。对于青少年假期的体育活动而言,运动强度并不是最终的内容,运动时间是制约体育活动效果的一项关键因素。因此,体育组织者对体育活动时间进行安排时,必须将下列问题考虑在内。

第一,要想达到预期的体育活动效果,每天活动时间应当超过30分钟。当运动强度和运动时间产生矛盾时,应将运动时间当成优先考虑因素,倘若每天的锻炼时间低于30分钟,不管增加运动强度的幅度有多大,都难以取得理想的健身效果。

第二,保障体育活动时间充足,并非是指尽可能增加每次活动的时间,无论从事体育活动的实际强度有多大,即便是运动强度很小的体育活动,活动时间依旧应在2小时以内,通常每天活动1小时的锻炼效果最为理想。对于身体机能良好的青少年,可以适当延长体育活动时间;对于身体机能较差的青少年,可以适当缩减体育活动时间。

4.身体疲劳与恢复

经过一段时间的体育活动后,通常会出现疲劳。疲劳属于生理现象之一,所有体育活动均会出现疲劳,当人体参与体育活动出现疲劳后,方可达到身体机能产生身体机能超量恢复。需要说明的是,疲劳的持续积累可能会引发身体过度疲劳,身体过度疲劳对自身身体有很多负面作用。因此,不仅要全面认识和理解运动过程中疲劳产生的原因,还要能熟练应用疲劳诊断形式与消除途径,这对达到预期的运动效果有很大的积极作用。对于丰富多样的体育活动,每个体育活动对应的出现疲劳的原因同样存在着很大不同。

四、社区体育俱乐部的活动与管理

对于社区体育组织而言,社区体育俱乐部是一种常见形式,需要在社区或街道政府的指导下开展。社区体育俱乐部的活动形式存在很多优势,具体有组织目标相对统一、组织结构比较封闭、组织活动内容专业性特特征较为明显,社区体育俱乐部是我国社区体育组织未来的一个发展趋势。

通常来说,社区体育俱乐部的基本要素有:人员、设施、稳定的活动内容、稳定的活动时间、独立的运行体制、独立的经营体制、有机统一的目标等。社区体育俱乐部组织的体育活动或体育竞赛是在单项体育协会与社区体育俱乐部组织的范围内开展的。

在各项因素的影响下,如今我国社区体育俱乐部的发展速度比较慢,该情况将难以适应我国全民健身的热潮。针对这种情况,社区体育工作者应当积极实施有效措施,不断拓宽发展思路,在管理方面多下功夫,从而促使我国社区体育管理更加开放、更加规范、更加合理。

五、晨晚练活动点的活动与管理

晨晚练活动点是指在社区体育中,存在相同体育爱好的社区居民采用自发组织方式,早晨与傍晚在公园或广场等场地参与体育活动。在我国现阶段的社区体育中,晨晚练活动是极为关键的活动方式,老年人是晨晚练活动的主要群体,活动内容通常包括操类活动和拳类活动等,晨晚练活动的松散性与自由性比较突出。

社区体育活动的主要管理者是居委会体育组织以及街道社区体育协会,作为管理者务必对晨晚练活动点展开行之有效的管理,具体如下。

(一)制定晨晚练活动点管理办法

晨晚练活动点的常见管理办法有:活动点注册登记、活动内容、收费标准、活动安全、活动点卫生、活动点指导者责任等。

(二)做好晨晚练活动点的管理工作

首先要对晨晚练活动点的数量与规模有全方位了解,然后以此来科学规划与分类管理。

(三)做好指导员的选拔培训工作

晨晚练活动点指导员不仅要负责组织活动,还要充当晨晚练活动点和街道社区之间的联络者,所以选拔和培训出高水平的活动点指导员是一个重要环节。

(四)组织活动点之间的比赛交流

晨晚练活动点间的社区居民可以在相互比赛、相互交流的过程中,将社区居民参与体育活动的主动性激发出来,最终实现同步提升的目标。

(五)为活动点解决场地方面的困难

现阶段,晨晚练活动点比较少的问题依旧存在,部分情况下晨晚练活动点还会被挤占,所以晨晚练活动点的建设工作与管理工作还需要进一步强化。

(六)做好宣传工作

社区体育管理的过程中,首先要通过切实有效的措施来扩大宣传范围,进而促使更多的社区居民加入到晨晚练活动点组织的体育活动中,最终使社区居民参与体育活动的自觉性获得大幅度提升。

第三节　小城镇社区体育的组织与管理

一、居民参与社区体育活动的现状

(一)参与主体现状

小城镇社区体育的参与主体有在校学生、政府机构工作人员、科教文卫人员。在劳动强度大和价值观取向的作用下,参与小城镇社区体育的乡镇企业员工以及小城镇农民比较有限,其参与主体是中青年男性。

出现上述现象的原因包括两个方面:一方面,在传统历史因素的制约下,老年人以及女性所受教育相对较少,这两个群体的体育价值观念还需提升;另一方面,在传统"男主外、女主内"思想的制约下,造成参与社区体育活动的女性十分有限。

(二)活动时间和强度现状

一般来说,国际惯例中将体育人口界定成:每周参与 3 次或 3 次以上的中等强度与量的体育锻炼,每次锻炼时间均超过 30 分钟。然而,相关数据显示,我国大多数小城镇社区居民参与体育锻炼的时间与负荷强度与具体要求存在着很大差距。

(三)活动内容现状

相关调查证实,我国小城镇社区体育活动内容的民族文化特征与时代特征十分显著。以经济水平较高的小城镇为例,这些小城镇的社区体育内容通常包含很多丰富多彩的体育活动内容,不但有包括斯诺克和高尔夫球在内的现代体育运动项目,而且有我国传统健身养生项目以及区域特色鲜明的体育活动。

但从整体角度分析,我国绝大部分的社区体育内容还存在单一化问题,绝大多数社区居民会在体育场、公园、学校等场地参与体育活动,常见体育锻炼方式主要是对运动场地要求较低的体育项目,如健身走、踢毽子等。

(四)组织与管理现状

相关调查结果指出,我国小城镇社区体育组织比城市社区体育组织落后很多,该项问题和经济因素存在着密切联系。除此之外,我国小城镇社区体育活动组织形式通常是个人自发组织形式、和同事、朋友、家人等自发组织形式。

二、小城镇社区体育的组织管理体系

(一)小城镇社区体育组织的种类

现阶段,我国小城镇社区体育组织有体育行政组织(文体站或相关部门监管)、不同类型的体育协会、自发体育组织(晨晚练活动点)。在社区体育发展进程的不断推进中,逐渐出现了很多适宜社区体育发展的新型组织形式,这进一步丰富了小城镇社区体育的内容。

(二)各类社区体育组织的职能分工

1.体育行政组织

镇体委与镇文化站是小城镇体育行政组织的常见机构,也是负责对小城镇社区体育工作发挥行政管理职能的常见机构,某些情况下还需要其他部分行使监管职能,常见职能是规划与组织全镇的体育工作。详细工作内容如下。

(1)科学制定体育工作计划与体育经费预算等

(2)组织体育比赛,组织队伍参与上级体育比赛。

(3)有效实施全民健身宣传。

(4)对不同体育协会的工作进行协调,帮助不同体育协会对常见体育活动进行管理。

（5）密切联系上级体育行政组织，接受上级行政组织的考核等。

2.各种体育协会

通常情况下，小城镇体育协会均会设置农民体协、单项体协以及老年体协，通常负责人是镇领导、热爱体育运动的社区居民、企业负责人。详细工作内容如下。

（1）对各单项体育活动、农民体育活动、老年体育活动承担相应责任，对文体站管理常见体育活动进行帮助。

（2）主要开展经常性体育服务和经常性体育活动，充当着政府体育行政组织和居民之间的中介。

（3）对不同社区体育组织间的关系进行协调。

（4）培育社区体育组织。

（5）对社区大规模体育活动行使相应的责任。

3.晨晚练活动点

对于晨晚练活动点而言，通常是擅长体育运动的领导或锻炼者自发组成社区体育组织，常见职能为引导和带动社区居民参与经常性的社区体育活动。通常来说，晨晚练活动点不会制定相应的规章制度，参与体育活动的社区居民通常是自发参与的，锻炼内容和锻炼形式通常是协商后的结果。

三、小城镇社区体育活动的组织与管理

我国小城镇社区体育活动的不平衡问题比较严重，在经济相对发达的城镇体育活动内容涵盖范围广，在经济相对落后的城镇体育活动内容则比较单一，健身走和健身跑等强身健体、对场地器械要求低、技术简单易学的项目深受欢迎。和城市社区体育相比，小城镇社区体育组织以及管理体系还需要进一步完善，场地设施也需要进一步强化，社区居民参与体育活动的常见方式是个人自发组织或和家人等自由组织与自发组织。面对这种发展状况，迫切需要对小城镇社区体育的组织与管理采取行之有效的措施。

通常情况下，强化小城镇社区体育活动的组织与管理工作需要重点关注以下几点。

首先，要密切联系小城镇社区的总体情况，将更多精力投入到小城镇社区体育的基础设施建设上。

其次，要对某些适宜小城镇社区体育发展的体育活动展开大胆创新。

最后，要深入挖掘并大力培养小城镇社区体育管理的人才，对社区体育

指导员的培养工作与管理工作进行进一步强化。

第四节　社区体育的未来发展探讨

一、城市社区体育的发展现状

（一）社区体育活动的组织管理体制

结合我国当前的行政管理体制以及相关行政管理部门间的具体关系，可以大体将我国社区体育组织管理体制划分成决策系统、指挥系统、实施操作系统。

现阶段，我国社区体育常见的基本组织形式有两种类型：第一，将政府行政部门或企事业单位当成重要依靠，安排专人负责、设有活动经费、组织程度相对高的组织形式；第二，社区居民自发建立且相对自由的组织形式，是自发性社区体育组织，通常涵盖社区内不同种类的营业性体育健身场所。

在社会各界的共同努力下，我国街道办事处总数不断增加，街道办事处成立全民健身机构的数量也在逐年上升。众多实践证实，只有建立以街道办事处为依托的街道社区体协，才能更好地适应我国社区体育的基层体育组织形式。

现如今，我国自发性社区体育组织的常见形式是晨晚练活动站，绝大多数晨晚练活动站的实际规模相对较小，通常是社区居民自发与自愿并且是自由组合建立的，群众通常会引荐组织水平高的社区居民行使相应职能，超过100人的晨晚练活动站通常有3～5人管理小组，所有参与成员共同承担练习站应付的电费以及指导员劳务费。

近些年来，我国某些街道办事处还处在社区体育发展阶段，大体形成了以社区体协为核心，以基层体协、群体单项、晨晚练指导站、企事业单位体协为基础，以社会体育指导员与体育积极分子为骨干的大框架，对组织和吸引众多社区居民参与体育活动发挥了重要作用，彰显出了极为清晰的组织结构基层化特征。

和体育发展层次高的国家相比，我国社区体育组织在以下方面还有很大差距：第一，我国社区体育尚处在初始阶段，组织还需要进一步改进，社会参与度比较低；第二，我国社区体育的性质和功能还需进一步理清，绝大部分体育组织主要依托于政府,"半官半民"性质比较显著,没有彻底形成独立的运行机制;第三,政府的宏观调控措施还有待进一步明确,同时社区体育组织的法律法规还不够完善,无法有效规范我国社区体育的各项行为。

除此之外,在人力匮乏等主观原因和客观原因的制约下,街道社区体协还没有和很多小规模自发性社区体育组织形成正常联系,没有对很多晨晚练活动点的经常性体育活动做出应有的支持与指导,很多晨晚练活动点职能依靠自身力量来发展。正式社区体育组织和自发性社区体育组织严重脱节,是现阶段我国社区体育组织急需解决的问题之一。

(二)社区体育经费

我国社区体育在建设体育活动组织和场地设施的过程中,通常会利用多种筹措手段来缓解经费紧张的问题,很多条件允许的基层社区通常会依托社区力量与社区资源来发展社区体育,提出了民间化、学校化、家庭化的发展思路,主动带动辖区内单位和个人向体育场地设施建设投入经费,从而有效缓解社区体育资源不足的现状;有些社区则积极建立体育发展基金会等组织来获得更多经费,让街道办事处统一建设体育场地设施、统一组织社区体育活动。总体来说,我国社区体育活动经费还需进一步增加,有固定专项体育经费的社区数量比较有限。

(三)社区体育研究与人才培养

因为我国社区体育的发展时间比较短,所以我国在社区体育领域的研究成果也十分有限。现阶段,和我国社区体育相关的专题研究论文通常是对现状的基础调研,对发展我国社区体育提出可行性措施的研究比较少。具体来说,改善场地设施管理能力的市场化管理模式,与社区体育需求相吻合的健身理论,针对社区居民举行的小型、多样化群众性体育竞赛的组织模式,各类人群切实可行的健身策略和效果评价等行之有效、科技成分高的研究极为匮乏,这些主客观因素对我国社区体育发展形成了很大的阻碍作用,需要有关部门集中各界力量来突破这些研究现状。

我国成年人体育锻炼现状的调查显示,体育锻炼缺乏指导是降低社区居民参与体育活动主动性的一项关键原因。我国城市先进社区体育工作评比调研过程中,安排专职社会体育你的社区依旧较少,兼职体育指导员与社区人员间的比例严重失衡,和社会实际需求之间存在着较大差距。要想真正解决人才培养问题,必须深入挖掘信息技术的潜在优势,积极和公共媒介展开协作,这是我国未来强化社区体育人才素质培养的一项有效方式。

（四）社区体育运动场地设施

我国国民体质监测调查证实,我国成年人和青年人更加倾向于前往体育场馆参与体育活动,同时我国社区居民对社区运动场地设施需求比较大。调查结果显示,我国城镇社区通常会有篮球场、乒乓球场等专业设施,绝大多数社区运动设施是社区内学校和区事业单位持有。整体来说,社区居民就近、小型多样、符合居民特征的体育设施相对有限,公共场所公益性体育设施比较匮乏,近些年来有了一定程度的改善。与此同时,"全民健身路径"社会效益的调查和分析显示,参与社区体育运动的人在健身器械功能和详细锻炼方式两方面比较盲目,根据健身导向牌参与锻炼、自我评价的社区居民比较少,根据器械安装顺序参与系统练习的社区居民更少。分析该项调查可知,社区运动设施的总量和利用率均有待提高,这在某种程度上会对社区体育的发展产生负面影响。

针对社区体育在运动场地设施方面出现的问题,相关政府部门需要制定出切实可行的法规和要求,进而为我国社区体育的发展提供法律保障。

（五）社区体育活动的类型及内容

在现阶段,我国社区体育服务正在朝着多样化方向发展,可以向社区居民提供的服务主要有:场地设施服务;体育信息与情报服务;体育指导与咨询服务;体育组织与管理服务;制定体育活动计划与运动处方服务。社区体育作为一项社会活动,通常是社区居民自愿参加、自主活动,所以开展社区体育活动时务必重点参照社区居民的实际需求。然而,因为现阶段社区体育人才比较稀缺,所以社区体育服务往往无法提供全部服务。

社区体育活动类型主要有日常型、假日型、有组织的社区体育竞赛。日常型社区体育活动是指社区居民在早晨和傍晚参与体育健身活动,具体特点是分散、小型、多样化,主要群体是个体单人,场地因素和器材因素对日常型社区体育活动的规模影响较小。假日型社区体育活动是指在节假日社区居民以家庭为单位,参与体育健身活动,通常集体性球类项目被选择的次数较多,有时社区居民还会选择一家人去登山、远足等。日常型社区体育活动和假日型社区体育活动都存在显著的非竞技化的文体一体化特征、表演性特征、韵律性特征以及传统性特征。有组织的社区体育竞赛是指社区相关体育协会组织开展不同类型的社区内群众体育竞赛和社区外群众体育竞赛,进而带动更多社区居民参与其中。有组织的社区体育竞赛的计划性特征十分显著,通常情况下能够基本满足不同人群的需求,组织相对严密,程序具有一定的规范性,选择内容时会密切结合社区的体育传统与场地设施情况,发展走向呈现出了多样化特征,娱乐性体育活动和趣味性体育活动受到很多人的喜爱。因为受委屈体育活动的类型多种多样,所以社区体育活动内容和运动项目的选择空间也比较大,这充分反映了社区居民的个性特征。

通常易学、易练的个人项目是社区体育活动的主要项目。调查发现,成年女性和成年男性有很多不同之处,球类项目是成年男性的首选项目,健美操和舞蹈是成年女性的首选项目。分析可供成年男性和成年女性体育项目可知,球类、跑步、健美操、舞蹈是成年社区居民的常选项目。对于老年人而言,男性的首选项目是长走,女性的首选项目是健美操和舞蹈,老年人选择比例较高的体育项目主要有长走、球类运动、健美操以及舞蹈。在年龄不断增长的情况下,老年人选择大运动强度体育项目的总次数在不断减少,选择轻松易学的体育项目的总次数在不断增加。在场地设施、体育消费观念等因素的影响下,很多运动健身项目没有得到大范围开展。

如今,因为正式社区体育组织和自发性社区体育组织存在严重脱节,进而直接造成非经常性大中型社区体育活动和日常性小型分散体育活动的脱节问题越来越严重。在大中型体育活动的影响下,日常小型活动的价值难以全部发挥出来,向下辐射力极为有限,多数情况下被沦为一种形式。此外,因为小型活动沟通机会比较少,所以提高难度很大,最终在很长时间内都处在较低水平。

(六)社区体育人口特征

对于社区体育日常活动对象而言,常见群体主要有儿童、青年人以及老年人;对于假日社区体育活动或有组织的体育竞赛而言,常见群体主要有家庭以及存在相同兴趣爱好的社区居民。参与社区体育的活动者通常涉及很多种职业,同时女性比男性多。

对于各个年龄段而言,中年人每次参与锻炼的时间比其他年龄段的人少很多。通常成年人与老年人都有比较明确的锻炼目标,主要锻炼目标通常是强身健体,该项锻炼目标得到了很多人的认可。

除此之外,社区居民的社区意识还比较薄弱,往往会比较盲目地参与社区体育活动,还不符合开展社区体育活动推动社区精神文化建设的实际要求,该项问题主要体现在几点:第一,站在社区人口的角度进行分析,把社区居民当成服务对象的运动俱乐部比较有限;第二,在不采取行政手段的情况下,难以保障社区体育竞赛的参与人数,主动参与社区体育竞赛的人数比较少;第三,自觉咨询社区体育管理机构的社区居民比较少;第四,社区体育人口占总人口的比例比较低。出现以上四项问题的共同原因是能够适应各种社会群体需求的体育活动十分有限;社区成员对体育活动内容的选择余地比较小;青年人已经形成独立的体育需求,社区以保健为重要内容的社区体育活动难以满足他们的实际需求。

(七)社区体育产业

伴随着社区概念的提出,社区服务业发展速度不断加快,将体育定位成主要服务内容的经营活动不断涌现,常见表现是:第一,社区体育投资额持续上涨;第二,社区体育经营场所不断增加;第三,社区体育经营项目越来越多。

站在体育产业的视角展开分析,倡导社区体育概念能够有效增加社会体育消费额度。只有对不同种类的市场手段进行灵活运用,方可使社会体育消费获得大幅度提升。如今,绝大多数社会体育组织者没有真正树立市场意识,利用市场手段推动社区体育发展进程的途径还比较有限。

(八)社区体育活动时间

相关调查显示,我国社区体育晨晚练活动点的绝大多数活动时间是早晨和晚上,上午活动与下午活动的社区居民比较少。该调查结果不仅说明我国社区体育活动场所比较少,同时也说明广大群众尤其是老年人始终坚持"早睡早起"的生活习惯。

与此同时,我国社区居民每天持续活动时间大多维持在 1～2 个小时内,同时呈现出了增加趋势;1 小时以内的活动点数量最少,同时呈现出了减少趋势;2～3 小时的活动点数量呈现除了增加趋势,3 小时以上的活动点数量有减少趋势。整体来说,1～3 小时的活动点数量正在不断增多。

二、现阶段中国城市社区体育的特点

(一)行政主导与居民自主相结合

在现阶段,我国城市社区体育组织形式主要有两种类型:第一,街道辖区单位与居委会组成的行政主导型的上位协调性体育组织,即街道社区体协;第二,个体直接参与、自主性特征明显的下位操作性体育组织,主要有居委会体育活动站、社区体育中心、社区项目体协、晨晚练体育活动点等。社区体协与晨晚练体育活动点是现阶段社区体育的主要组织形式。对于街道社区体协而言,其涉及范围是街道行政辖区,主要依托是基层政府派出机构(街道办事处),主要由辖区各单位以及下属各居(家)委会组成,选用制度是理事会制度,附设机构是街道文教科,其本质是街道辖区内的体育联合体。体育活动点主要是社区居民自发组织而成,组织结构相对松散,通常早晨和晚上在公园等场所开展,周边社区居民是主要参与群体,常见的组织者和领导者是离退休群体中热爱体育运动的人,群众自治、群众自助、群众自管的特征比较明显。

(二)具有转轨期的过渡性特征

社区体育在我国的发展时间相对较短,因为经济体制转轨属于渐进过程,所以当前社区体育过渡性特征相对显著,集计划经济特征和市场经济特征于一身,这是属于当前历史时期的特殊产物。

(三)与单位体育相互交织

由于如今社区体育在管理人才、经费、场地设施三方面条件比较差,所以在很大程度上还依赖着单位,单位无法在近期内完全摆脱"单位社会化"问题,由此导致当前我国社区体育和单位体育相互交织的问题。

三、现阶段中国城市社区体育发展的制约因素

通过问卷调查与实地考察得出,现阶段对我国社区体育发展有制约作用的因素如下。

第一,市民社区意识依旧不够深入,未能全方位认识社区体育的深远影响,社区居民的参与感还需进一步增强。

第二,社区体育组织的种类和数量都比较少,彼此间没有主动沟通,没有达到社区体育组织网络化的目标。

第三,社区体育的场地设施和经费都比较少,在很大程度上还依赖着辖区单位。

第四,参与社区体育活动的社区居民构成单一,主要群体是中老年。

第五,社区体育管理者队伍和指导者队伍的总数量比较少,业务素质有待进一步提升。

第六,对社会体育的宣传力度比较小。

四、现阶段中国城市社区体育的发展趋势

在经济体制转轨、城市现代化加快、社会结构不断调整、产业结构不断优化的情况下,出现了很多新变化和新问题,加快推进城市文明社区建设进

程是一项重要任务。

(一)奥运会和冬季运动会将使我国社区体育快速发展

伴随着奥运会和冬季运动会的申请和举办,对我国体育事业产生了无法替代的作用。与以往相比,国家、社会、居民开始将更多注意力投入体育中,体育宣传范围不断拓展,体育氛围日益浓厚,体育竞赛、体育经费、体育场馆设施越来越多,体育的地位获得了前所未有的提升,全民体育意识越来越深入人心。社会体育、竞技体育以及学校体育都获得了较好发展。社区体育全面推动社区居民身心健康;促使社区居民休闲生活多样化;优化社区居民生活方式;有效整合社区,提高社区凝聚力;增加社区居民参与体育活动的积极性;推动社区体育文化发展等价值,充分反映了社区体育和当代人发展需求、当代社会发展需求的一致性与适应性,这使得社区体育在社区建设过程中的重要性越来越显著。奥运会和冬季冬季运动会的成功申办为我国带来了巨大的发展契机,这不仅是青年学生的体育盛会,还是我国广大群众热切期盼的体育盛会。

奥运会和冬季运动会的成功举办,不仅有利于奥林匹克精神在我国广大群众中间的传播,而且有利于各项运动项目在国内外的传播,这对世界各国的和谐和发展都有深远意义。举办奥运会和冬季运动会对比赛场地设施、所在城市生态环境、电子通讯状况、接待服务水平等都有严格要求,这些因素不仅有利于我国基础设施建设与城市建设,还对社会经济以及有关产业的发展有推动作用,也能向体育经济发展和体育旅游产业发展提供巨大的发展契机,此外也有利于完善我国运动设施条件。

对于想要举办奥运会和冬季运动会的城市而言,必须具备核心竞争力,比赛场馆和比赛设施必须符合相应的要求。在各项要求的影响下,有利于调动政府及相关部门的力量,进而将更多精力和资金投入到场馆设施中,这不仅对成功举办世界大型赛事有积极影响,同时对各项体育活动在社区中的普及和发展也有积极影响。以哈尔滨为例,第 24 届世界大学生运动会在哈尔滨的成功举办,使哈尔滨市体育锻炼环境得到大幅度改善,不同级别政府认真遵循国家规定的标准对哈尔滨市公共体育场地与设施进行配备,循序渐进地完善社区体育设施短缺的问题,不同地区的体育场馆纷纷向全社会开放,学校体育场地也慢慢向全社会开放,这不仅有效提升了体育场馆的利用率,另外还向儿童、老人、残疾人制定了各种优惠政策。

(二)社区类型的差异性,决定着社区体育管理模式将呈多样化趋势

在现阶段,我国体育组织管理大多依旧选用政府部门行政管理方式,不

同种类的体育协会往往还选用竞技体育运作方式,利用组织竞赛活动等方式来完成相关工作,尽管发展状况相对平缓,但存在很大的局限性,无法充当开展社区体育能够依托的主流组织形式。对于国际大众体育发展而言,俱乐部作为一种组织形式发挥了关键作用,但因为各个国家的实际国情不同,所以各国发展模式的特征也有很大区别。因为俱乐部形式没有树立明确的管理体制与运作方式,所以未能得到广大社区的认可。近些年来,我国各大城市的社区化建设进程有所加快,"社区"概念被越来越多的人接受,社区逐步成为广大社区居民参与体育活动的重要场所。

当前我国社区普遍面临"一变五增"的状况,一变是指旧体制中的职工对单位的过度依赖慢慢弱化。五增是指刚出现不久的多种所有制成分的"无主管"企业有多增加;外来人员和流动人员的比例有所提高;下岗人员和失业人员的数量有所增加;老龄化人口有所增加;低收入人群的相关问题增多。面对城市人口的结构性变化,社区体育管理和社区体育服务一定要大胆突破过去相对狭窄的范畴,城市全部单位与人员要不断提高社区意识,主动将自身所在社区当成参与社会活动、实现权益、产生社会整合的场所。

在城市化不断发展的情况下,新兴城市与老城市新区扩展区的数量不断增加,由此构成的社区基础单位和以往社区存在很大区别,社区和社区之间的不同之处越来越突出。过去围绕城市的某些县镇已经被列入城市管辖范围内,过去的几个区已经被再次划分和规划。在生活质量提升、空闲时间增多、城市健身条件要求升高的情况下,人们更加倾向于足不出户就能强身健体的锻炼方式。

除此之外,社区体育和学校体育有机结合同样是社区体育管理模式的明显走向。学校培养对象同样是社区体育参与者,学校体育是社区体育的组成部分,所以说学校体育开展状况对社区体育发展有直接性影响。需要强调的是,社区类型、物质基础、资源来源不同,则管理方式也会产生相应变化,社区体育管理模式也将呈现出多样化趋势。

(三)社区体育将在群众体育中的地位更加突出

如今,培养与增强社区居民的参与意识成为文明社区建设的重中之重,原因在于社区的参与是社区发展的内驱力。社区参与是指社区居民主动参加不同类型的活动或事务的行动。在城市经济体制变革的情况下,社区建设需要达到以下要求:第一,从"单位人"向"社会人"过渡,即社区要更加充分地发挥社会整合功能;第二,社区人口的结构性变动,即社区要朝着全方位的方向发展;第三,社区人口的结构性变动,即社区要有把居民参与当成重要特色的建设活动;第四,伴随着社区居民生活质量的提升,社区要从多方位改善社区经济、社会和文化状况。

在我国国民经济快速发展的情况下,城镇居民收入不断增加,生活水平不断提升,参与体育锻炼的总人数日益增多,健身主体由老年群体逐渐向其他年龄层次的人拓展,国民健康意识和健身观念出现了大幅度增强,健身、娱乐、休闲已经发展成重要的社会生活方式。加快城市社区建设进程,不仅能有效巩固城市基层政权,还能推动社会主义民主政治建设。由于新社区建设具有极为深远的影响,所以得到了党和国家的重点关注,社区体育是构成社区文化的关键环节,社区文化是社区建设的一项重要内容。在现阶段,党和国家对社区建设予以了高度关注,社区发展速度也在不断加快,由此社区体育必将快速发展。

(四)社区体育主体更加多质化,时间更加业余化

在学生、在职人员、离退休人员、其他人员的体育利益取向逐渐社会化的形势下,一定会使社区体育主体的多质化趋势更加明显。尤其是在周末与节假日,不同类型的人群均有空闲时间参与社区体育活动,这将导致社区体育主体的多质化趋势更加清晰。

从此以后,在企业经营机制不断增强的情况下,事业单位编制将会继续压缩,杰作节奏也会不断加快,非业余化体育活动将受到越来越多的限制,越来越多的社区居民将会充分利用清晨、傍晚、周末以及节假日时间,社会体育活动的时间业余化程度将日益突出。

(五)社区体育内容和形式更加多样化

在社区体育场地设施日益完善、社区居民体育需求日益增多的情况下,集韵律性、表演性、传统型特征于一体的体育活动将会被越来越多的人选择,同时部分竞技化和非竞技化的体育活动内容也将受到更多人的青睐,家庭、楼群以及庭院等形式的体育活动与体育竞赛将获得快速发展。

五、现阶段中国城市社区体育的发展对策

(一)广泛宣传,促进社会加深对社区体育的认识

社区体育是群众体育管理改革积极适应经济体制改革的产物,尽管社区体育是未来群众体育的重要阵地,但未能得到政府以及相关部门的高度关注。尽管已经建立很多依托街道办事处的街道社区体协,但当前街道办事处工作职责中未对社区体育职责展开清晰而明确的规定,街道办事处重

点完成体育工作不存在说服性强的法规依据,社会体育陷入了可抓可不抓的尴尬境地,最终彻底解决人力问题、物力问题、财力问题的难度不断加大。

要想加快社区体育的发展速度,在思想观念方面要用开放代替封闭,在工作方式上要从单干过渡到合作,在管理设计方面要从小而全过渡到大协作,在运行机制方面要将行政命令替换成协商,在发动群众时要从强制变成启发。要想对新兴体育形式进行清晰全面地认识,体育管理者、社区单位、居民都需要对以往观念进行及时更新。

要想深入认识社区体育,省体育局需要鼓励各级体育部门定期向政府汇报社区体育发展概况,尽全力赢得政府的支持和投入。不仅要保障社区体育发展规划的可行性,还要密切联系社区的实际情况,经过全方位调研后再制定开展社区体育的工作方案,做好分阶段部署、分步骤推进,及时和相关部门进行交流,努力赢得相关部门的重视和协作。检验政府主管部门以及相关部门有无深入认识社区体育的标准有:第一,将发展社区体育纳入社会发展整体规划来展开统筹安排,同时将其视为社会发展进步的客观需求;第二,将发展社区体育视作推动社区建设的重要形式;第三,将发展社区体育视作建设社区精神的关键环节;第四,将建设社区体育组织视作在社区践行《全民健身计划纲要》的重要载体。

显而易见,大范围宣传、推动社会深入理解社区体育是社区体育管理者的一项关键工作。要将社区体育理论知识宣传、体育技能培训的先导性价值摆在关键位置。充分挖掘和发挥宣传培训的作用,以此来传播体育知识、加强社区居民体育意识、增强参与体育活动的自觉性,增加参与体育活动的兴趣。

(二)促进社区体育组织管理网络化

社区体育组织的作用体现在三个方面:第一,是发展体育事业难以替代的关键力量;第二,是社区居民直接参与体育组织和管理的关键形式;第三,是社区居民参与体育活动的关键方式。

社区体育组织管理网络化,是今后我国社区体育管理积极适应当今社会发展的走向。在广大群众体育健身动机和不同层次需求不断强化的情况下,只有持续增强社区体育组织管理同时形成网络化,方可使人们的体育健身需求得到最大限度的满足,最终,方可将社区体育工作做得更好。城市街道办事处是社区体育组织网络化的基础部分,承担着承上启下的职能,不断加强街道办事处在社区体育工作中的管理职能是决定社区体育工作有序开展的重要因素。

要想使社会体育组织的功能发挥到最大,需要增强这几方面的管理:第一,街道办事处需要建立街道办事处行政领导挂帅、辖区内相关单位参与的社区体育组织,要安排相关部门负责对体育工作进行管理,要配备专职体育干部和兼职体育干部,要在区人民政府体育行政部门的指引下完成相关工作;第二,在街道办事处践行居住区和楼群晨晚练指导站等体育组织的建设工作和管理工作时,居委会应当做好协助工作;第三,要对社区社会体育组织和其他社团间的协调工作、社会体育组织和企事业单位间的协调工作进行强化,进一步拓展社会体育组织在社区的覆盖范围,尽全力满足社区居民的各项体育需求;第四,要不断增强社区体育组织建设,将社区体育组织的主导功能发挥到最大,利用体育骨干与体育积极分子将其他居民充分调动起来,进而组建成体育小组,形成相对正式的体育组织。

(三)加强社区体育工作评估科学化工作

只有使社区体育工作评估更加科学化,才能对社区体育工作开展有无实现理想目标进行更加客观、更加科学地评价。构建一系列合理评价社区体育工作成效的评价体系,选用科学合理的标准、方法、指标等,对全民健身状况、社区体育组织的管理与规划、健身中心发展概况等展开量化评价,将能够对社区体育工作者的工作主动性产生激发作用、督促作用以及推动作用,能够让社区体育工作朝着更高阶层迈进。

整体来说,这有助于全面掌握社区体育工作。在全民健身计划纲要的实施过程中,不同层面均出现了比较大的发展,密切联系社区的各项特征和实际状况,科学有效地完成社区体育的各项工作,对更好地完成社区体育工作有积极影响。只要坚持不懈地走可持续发展道路,不断强化社区体育工作的多方位建设与投入,社区体育必然会在社会主义精神文明建设以及物质文明建设中发挥更大的作用。

(四)建立稳定的体育骨干队伍

在建立体育骨干队伍的过程中,在体育宣传环节、体育活动环节、技能培训环节以及体育竞赛环节中,都要对体育骨干与体育积极分子进行积极发现、科学培养、正确组织体育锻炼,使体育骨干和体育积极分子的纽带作用发挥到最大程度。

(五)认识到建好身边场地是发展社区体育的物资保证

要牢牢把握旧城区改造和城市环境综合治理的机遇,将社区体育场地设施建设考虑在内并进行统筹规划;尽全力使辖区单位体育场地设施和学校体育场地设施全面开放;通过法律法规来保证新居住小区体育场地设施建设规划真正落到实处,用最短时间改善不利于开展社区体育的状况。国家与地方要制定出明确、可行的社区体育场地设施设置标准,运用国家、社区、个体三方面的投资来改变社区体育场地设施的现状,从而真正解决各项问题。

此外,国家和地方要制定社区体育场地设施配置标准,采取国家、社区、个人多方投资兴建社区体育场地设施的措施,从根本上解决问题。

(六)鼓励居民参与自治

社区居民是社区体育的主体,参与社区体育活动是居民的权利与义务。要想增加社区体育的吸引力,必须带动更多居民主动加入体育活动自治、自助、自管的队伍中。

除以上六项发展对策外,要想使我国社区体育在未来发展得更好,还应当积极开展不同形式的体育活动,进而吸引更多社区居民参与到社区体育活动中。

第六章　家庭体育相关理论与发展探讨

　　随着我国国民经济的不断发展,人们的物质生活水平得到了极大的提升,这使得人们有更多的余暇时间和经济能力来参与各种各样的体育活动。而以家庭为单位自愿选择和参加体育活动就成为一种趋势和潮流,在节假日期间,在公园、社区、健身房等处都可见人们参与各种体育活动的身影,家庭体育可以说是体育教育的重要组成部分,它有效地增强了人的身体素质,维持着家庭的和谐,对我国国民素质的提高和社会稳定具有重要的意义。

第一节　家庭体育基本理论

一、家庭体育的概念与内涵

(一)家庭的概念

　　关于家庭的概念,并没有一个统一的定论,一直存在着不同的解释。但不容置疑的是,家庭是随着人类社会文明发展到一定阶段的产物,它是在一定的物质交换和消费发展的基础上产生并获得逐步发展的。

　　在我国,《康熙字典》对"家"的解释是:"豕居之圈曰家,故从宀从豕,后人借为室家之意。"而"庭"则指"厅堂",意为"正房前的空地"。而《说文解字》对"家"的解释是:"尻也,从宀"。这里都是从居住的角度来解释"家"。在古罗马,"家庭"(Familia)一词甚至包含了"奴隶"的意思,它指的是生活在同一屋顶下的奴隶或仆人。后来"Familia"一词又演化为"Malson",它有两方面的含义,一方面是指主人,[①]另一方面是指主人统治下的妻子、儿女和仆人,表示父权统治和支配的包括妻子、子女和一定数量的奴隶在内的一个群体或组织[②]。

---

①　安德烈·比尔基埃.家庭史[M].北京:北京三联书店,1998.

②　邓伟志等.家庭社会学[M].上海:上海大学出版社,2006.

发展到近代,人们对"家庭"的认识有了进一步提高,主要出现了两个派别:一个注重家庭的生物学属性方面;另一个则注重社会学属性方面。前者强调家庭是人与人之间的生理结合,是机体生活之间的桥梁和纽带。而后者则强调家庭的社会属性,指出家庭是一个被婚姻、血缘或收养的纽带联结起来的人的群体,每一个人在其中都有特定的身份,彼此间共同创造出一个共同的文化。美国社会学家 W. 古德则认为"家庭"主要包含五个主要因素:至少有两个不同性别的成年人生活在一起;有不同的分工;进行某些经济和社会交换;共享某些事物,包括社会活动和经济活动等;成年人与其子女之间,有亲子关系,双方相互依赖,父母对孩子拥有权威的同时,也同时负有保护、合作和抚育他们的义务,而孩子之间则是兄弟姐妹的关系,共同帮助、共同进步。我国近代社会学家孙本文则认为"所谓家庭,是指夫妇子女等亲属所结合之团体而言"[①]。他认为形成家庭的条件主要有两点:一是亲属结合;二是有比较永久的共同生活。

由此可见,很难对家庭下一个比较明确和统一的定义。我国大百科全书中对家庭的定义为:家庭是由婚姻、血缘或收养关系所组成的社会生活的基本单位。家庭是由婚姻关系而产生的一个系统,而这个系统又牵连着整个社会系统。因此,大百科全书主要是从家庭所处的整个社会文化环境来考虑的。要想更好地理解家庭的内涵与外延,应该从以下六个方面入手:一是家庭至少有两分子以上组成。二是婚姻是家庭最根本的基础,其中夫妻关系是家庭的核心要素。三是血缘关系是家庭的重要依据,是判断一个家庭的第二标准。四是家庭是婚姻和血缘关系的合理延伸。家庭中包含除夫妻亲子关系的其他直系、旁系亲属。五是包括领养关系。在法律保护下,建立起来的领养关系的人也属于正式家庭关系。六是家庭以共同生活为条件,有血亲和姻亲关系但不共同生活或经济上没有关系的则不称之为家庭。

(二)家庭体育的概念与内涵

家庭是一个社会的细胞,也是社会生活最基本的单位,家庭成员与社会各成员之间也有着极为密切的联系,深深地影响着人的一生,因此,家庭领域方面的研究一直是一个热点。随着近年来我国社会经济的不断发展,我国家庭规模与结构、成员之间的关系等都发生了较大程度的变化,而这种变化既有好的一面,又有坏的一面,这就亟待一种能够促进家庭和谐发展的方式,于是,在这样的形势下,家庭体育便成为一种非常好的形式。

近年来,家庭体育在促进成员健康、增进彼此间感情、维持家庭和谐方

---

① 孙本文,社会学原理[M].北京:商务印书馆,1935.

面发挥着非常重要的作用。与此同时,家庭体育又是学校体育的扩展和延伸,也是人们实现终身体育的起点和归宿。

目前,学术界关于家庭体育概念的认识主要存在四种不同的观点:第一种观点认为,家庭体育属于家庭教育的重要组成部分,强调其教育的影响与作用。第二种观点主要从家庭成员的角度来分析,强调参与家庭体育的成员有一定的人数限定,而对体育活动场所则不做限定。第三种观点则侧重家庭体育的目的,对家庭成员参与体育活动的人数和场所都不做限制。第四种观点则主要从活动的对象和空间来研究问题,即涉及活动的主体以及活动的场所,重点强调场所,对从事家庭体育的成员人数不做具体要求。

综上所述,结合诸多学者及专家的观点,可以将家庭体育定义为:家庭体育是一人或多人在家庭生活中自愿或者通过安排而参与的,以身体练习为基本手段,以获得基本运动知识技能、满足兴趣爱好、丰富家庭生活、达到休闲娱乐、实现强身健体和促进家庭稳定为主要目的教育过程和文化活动。

二、家庭体育的形式、特点与作用

(一)家庭体育的形式

发展到现在,家庭体育的形式呈现出多样化的趋势,一般情况下,家庭体育主要存在着以下几种形式。

1.参加社区家庭运动会

伴随着我国全民健身运动的发展,人们在余暇时间参与体育运动的热情越来越高涨。而社区体育的发展则为人们参与运动健身带来了诸多方便,在这样的情况下,在社区中举办家庭运动会就成为一种重要的社区体育活动,同时也是一项重要的家庭体育内容。参与家庭运动会不仅能增强体质,增进家庭彼此间的交流,对维护社会安定也具有重要的作用。

2.参加家庭健身房活动

健身房器材有很多,当前我国有很多的家庭都购置了跑步机、动感单车等健身器材,利用日常生活中的一些零星时间参加健身已成为人们重要的选择。可以说,人们在处理家庭繁琐事务的同时还能进行体育运动健身,利于身体锻炼的经常性,对终身体育意识的养成也具有重要的作用。

3.节假日全家健身活动及体育旅游

随着我国居民生活水平的改善和提高,人们有了一定的经济能力和余暇时间参与各种体育锻炼活动。在节假日期间,随时随处可见人们参与体育锻炼的身影。而在旅游热的今天,在节假日期间,参加体育旅游活动也成为众多家庭的不二选择。目前,我国的体育旅游活动内容也呈现出丰富多彩的景象,如无锡太湖国家旅游度假区中的各种体育活动(水上跳伞、水上滑板、钓鱼、打高尔夫球、骑自行车等)都深深吸引着体育健身爱好者前来参与。总之,参加体育旅游不仅能锻炼身体,同时还能获得身心的愉悦和享受,可谓一举两得。

(二)家庭体育的特点

一般来说,一个家庭的特征主要是从家庭的结构和生命周期两个方面来体现的,具体而言主要体现为以下几个方面。

1.普遍性与群众性特点

家庭是社会的基本单位,随着人们生活水平的提高和生活方式的转变,家庭体育成为人们打发业余时间的一种重要选择。大量的调查与实践表明,家庭体育的开展对弘扬我国传统文化,构建全民健身体系,乃至促进社会和谐都具有极为重要的作用。家庭体育可以充分发挥自身的独特优势,动员家庭中的各个成员共同参与各种形式的体育活动,家庭体育的这种广泛性的群众性行为是其他任何一种形式都无法比拟的。除此之外,家庭体育作为一种最适宜、最理想的体育形式,对任何家庭成员来说都具有普适性,受到人们的欢迎和喜爱。

2.内容的丰富性及形式的灵活性特点

家庭体育的内容非常丰富,各家庭成员可以在余暇时间里自由地选择自己喜爱的体育项目进行锻炼。如散步、球类游戏、游泳、爬山等都是人们比较热爱的体育项目,这些项目适合各个年龄段的人群,对性别也没有限制,这些丰富多彩的家庭体育内容极大地丰富了人们的精神文化生活。

家庭体育是以家庭为基本单位的,家庭成员可以根据自己的爱好自由选择体育活动,因此具有很强的独立性和自主性。家庭成员可以充分利用自己的业余时间,参加一些自己喜爱和擅长的体育活动项目,丰富自己的精神生活,增进家庭成员之间的关系。

3.时间的自由灵活性特点

家庭体育的形式比较灵活,这种灵活性也表现在时间的选择上,可以说只要家庭成员有时间就可以在任何时间参加体育活动,这完全受家庭以及个人的自由支配。

4.体育场地的随意性特点

除了家庭体育的时间选择比较自由灵活外,家庭体育受场地限制的因素也较少,具有一定的随意性特点。家庭成员可以利用家庭庭院、周围空地、野外等作为体育活动的场所,从而弥补公共体育场地设施的不足。当然,需要注意的是,体育场地的选择要结合体育项目进行,不能盲目选择,否则容易导致运动损伤的发生。

5.家庭体育的终身性特点

发展至今天,人们终身教育的意识越来越强,深刻认识到教育会伴随着人的一生,而体育教育也同样如此。家庭体育作为一种良好的体育教育形式,是终身教育突出性的具体体现。

6.锻炼效果的全面性特点

家庭体育内容丰富,形式自由,家庭成员可以自由选择各种体育项目进行锻炼,长期坚持能取得良好的锻炼效果。在参与家庭体育活动的过程中,家庭成员没有任何心理压力,将平时的琐事和工作压力统统抛在脑后,能充分地释放自己的情感,因而所获得的锻炼效果也是全面的。可以说,家庭体育不仅满足了家庭成员增强身体素质的需要,而且还促进了家庭和睦和社会的和谐与稳定。

(三)家庭体育的作用

目前,我国居民的家庭结构、功能以及家庭关系等随着时代的发展都正发生着重大的变化,这对于家庭体育的发展具有重要的影响,而家庭体育对于推进我国全民健身运动,以及维持社会安定团结具有深远的影响和意义。

1.家庭体育可以促进家庭的健康与稳定

随着现代社会的不断发展,我国居民的物质生活水平得到了很大的改善和提高,但与此同时,科学技术在带给人们便利的同时也带来了诸多的社会"文明病",这成为阻碍人们身心健康发展的重要因素之一。随着现代社会"文明病"的蔓延，人们所花费的医疗费用也越来越高，而老龄化社会又导致人们家庭医疗费用的支出负担日益加剧。目前，我国的家庭养老已成为各家庭一个重要的难题，家庭子女在照顾父母方面面临着越来越大的压力，而在社会保障体系尚不健全的条件下，这种负担和压力将对社会的稳定与和谐产生不良的影响。

而在这样的背景下，家庭体育就成为一种缓解人们身心压力、维护社会安定的重要手段。经常参加家庭体育活动，不仅可以有效地预防身心疾病，促进家庭和睦，还能维护社会的稳定。

2. 家庭体育可以促进家庭成员的全面发展

对于家庭而言，家庭具有自然和社会两个方面的功能，在社会功能方面，家庭的教育、社会化、感情交往的功能非常重要，在现代社会竞争日益激烈的背景下，社会成员的心理压力越来越大。而通过家庭体育活动，家庭成员间的感情得到了加强，家庭体育的感情交往功能得到了极大的体现，这对于促进家庭成员的身心发展是非常有利的。

在现代社会不断发展的今天，新旧观念同时存在于社会之中，时常会发生各种各样的碰撞，如果处理不当就容易造成人的价值多元化和片面化的发展，尤其是对于青少年来说，他们更容易受到社会不良观念和风俗的影响，因此这就需要通过一个良好的渠道来进行引导和教育，促进其全面发展，而家庭体育便是最好的选择。

3. 家庭体育可以控制良好的社会秩序

社会系统非常复杂，处于社会这一复杂系统中的人们，常因各方面得到因素要受到不良的影响，进而产生各种问题，这些不稳定因素极大地影响着家庭以及社会的和谐发展。通过大量的调查得知，青少年犯罪有很大一部分原因就是不良的家庭环境所造成的，而经常参加家庭体育活动可以融洽家庭关系，促进家庭和社会的和谐。

通过参加各种各样的家庭体育活动，能有效地促进家庭成员间的沟通与交流，有利于家庭成员间的尊重、宽容和理解，对促进家庭和睦和维护社会安定具有非常重要的作用。在家庭体育内容丰富、形式多样的条件下，通过参加各种体育活动，不仅能够增加家庭成员间的接触，还能帮助家庭成员之间养成互相照顾、互相关心的习惯，明确自己在家庭中应尽的责任和义务。因此，只有这样才能让每一位成员都感受到家庭特有的温馨与和谐，产生强烈的家庭归属感，才能有效地维系家庭的和睦和稳定，进而维持好良好的社会秩序。

4. 家庭体育可以促进社会体育事业的发展

(1)家庭体育与学校体育

俗话说,父母是孩子的第一任老师,由此可见家庭的重要性。可以说,家庭在青少年成长过程中发挥着至关重要的作用。家庭成员所做的一切活动,包括家庭体育活动、家庭体育消费观念等都深深影响着青少年的身心发展和价值观念、体育观念等的形成。与此同时,青少年在学校中形成的体育意识和运动技能又可以反过来推动家庭体育活动的开展。

(2)家庭体育与社区体育

目前,虽然我国的社区体育获得了不错的发展,但总体而言,很多社区仍然面临着诸多问题,如场地器材短缺、资金不足、社区指导员匮乏等,这对于社区居民参与社区体育活动是非常不利的。而家庭体育不受时间和场地限制的特点能将各年龄段的家庭成员都加入其中,从而形成一个全民健身的网络,对促进全民健身活动的发展是非常有利的。

(3)家庭体育与竞技体育

经过很长一段时期的发展,我国的竞技体育实力明显增强,已成为一个世界体育大国,涌现出了众多的世界冠军。可以说,我国很多的体育竞技人才,都是在家庭的影响下一步步成长起来并获得成功的。在家庭体育活动中,家长不仅要重视子女的竞技能力的提高,而且还要重视对其综合素质的培养,这一点非常重要。对于运动员的培养,早期可以在家庭由父母进行基础素质的培养,然后再根据运动员的具体实际进行科学选拔、培养和培训,这样更有利地促进我国竞技体育的发展。

5. 家庭体育可以推动消费结构的转型

家庭体育的内容丰富,形式自由灵活,人们可以根据自己的爱好自由选择,而随着人们物质生活水平的提高,人们的消费观念也发生了一定的变化,体育消费成为人们日常生活消费的重要组成部分,这就极大地促进了体育消费市场的扩大,促进了体育产业的发展。发展到现在,人们对健康的关注程度越来越高,"健康第一"的观念逐渐被社会各阶层所接受;"花钱买健康"的体育价值观念也渗透到每一个家庭之中,因此,家庭体育消费已成为众多家庭重要的经济支出重要部分,在这样的形势下,以家庭为单位的体育娱乐、健身活动的发展将直接刺激着体育消费市场,推动消费结构的转型,进而推动我国体育产业的发展。

6. 家庭体育可以促进早期社会化的实现

可以说,人的一生中绝大部分时间都是在家庭中度过的,以家庭为单位参加各种各样的体育活动,不仅能增进家庭成员间的情感,还能掌握各种生活技能,培养团结互助的集体主义精神,培养良好的体育价值观。对于年轻人来说,家庭体育可以说是培养其完美人格的第一课堂,是一种有效的教育形式,能促进其早期社会化的实现。

第二节　我国家庭体育的发展现状与趋势

一、家庭体育发展的历程

伴随着人类社会的不断发展,体育也得到了逐步的发展,可以说发展至今,体育为人类的文明发展做出了巨大的贡献。而家庭体育作为体育的一种形式,也发挥了应有的作用。尽管家庭体育概念出现的较晚,但家庭体育作为一种实践活动却有着悠久的历史。从某种意义上来说,从家庭活动诞生之时起就有了家庭体育活动。下面主要阐述一下家庭体育的发展历程。

(一)原始社会家庭体育活动

在原始社会条件下,社会生产力非常低下,但在这时已有了家庭体育活动的萌芽。据史料记载,在非洲西部森林的一些部落群族,有举行“成丁礼”的制度。这种制度规定男女少年长到三、四岁时,都要在部落老人的主持下举行“成丁礼”,然后接受几个月的教育,最后才能进入部落正式成员的行列。而“成丁礼”教育的内容之一就是进行身体锻炼。而在澳大利亚,一些部落的成丁礼,要持续数年之久。生活在我国东北黑龙江畔的鄂温克人,在解放前夕还处在原始社会时期。男子在十几岁跟随父亲学习狩猎技术,父亲有义务对其进行教育,这种教育就是通过游戏和体育来完成的,总体来看这些活动都普遍具有家庭体育活动的性质。而所有的这些活动都可以看作是家庭体育活动最原始的形态。

(二)奴隶社会家庭体育活动

发展到奴隶社会,在当时的社会条件下,奴隶的子女不可能受到良好的家庭教育,即使受到一点家庭教育,也只是跟随父母学习一些简单的劳动技能,实际上这些劳动技能也只是谋生的手段,严格意义上来说并不能算是家庭体育活动。

在古希腊:古希腊是西方文明的重要发源地,其中斯巴达和雅典是两个重要的国家,这两个国家都非常重视家庭体育教育。在斯巴达,儿童只要一出生就要接受国家的检视。首先儿童交由父母在家里抚养,但受国家一定的监督。国家要求家长帮助儿童进行体育锻炼,以便为将来的军事体育训练打好基础。7岁以后,男童就被送到国家公共教育场所,参加各种军事体育训练,而女童则继续留在家中接受家庭教育,其目的是将女孩培养成为强健的母亲,以便将来能够生育强健的儿童。同男童一样,女童也要受到各种各样的军事训练,以便她们在男人出征时,可以保卫自己的领土。而在雅典,国家非常重视德育、智育和体育的全面发展,7岁以前的男女儿童都要在家庭中进行各种体育游戏训练。

在古代印度:奴隶贵族可以在家庭中对儿童进行体育教育。家长都非常注重子女的教育,不但要求子女背诵统治阶级所视为经典的吠陀经,而且还传授其军事体育教育,以便使其掌握更多的本领。

在古代埃及:一般来说,孩子从出生起,就受到良好的保健护理。婴儿时期,在父母的伴随下在户外尽情地玩耍、嬉戏;幼儿时期,利用各种玩具来发展自己的身体;少年时期,各种体育游戏,如捉迷藏、滚铁环等受到欢迎;青年时期,参加拳击、摔跤等各种强度较大的运动项目。由此可见,体育活动充分贯彻人们的生活之中,成为日常生活的重要内容。这些体育活动有效地培养了古埃及人遵守纪律,不畏艰难,团结合作的精神,从而创造了人类历史上灿烂的文明。

在古代罗马:在古罗马奴隶社会早期,学校较少,大多数家庭中,父亲是家庭教育的主要承担者,父亲教子女学习骑马、游泳等活动,而文化教育所占比例较小。

在古代中国:奴隶主阶级把贵族子弟培养成为具有贵族政治思想道德和军事技能的统治者作为教育的目的,首先是要接受家庭教育,然后接受学校教育,通常来说,家庭教育和学校教育的内容基本保持一致,主要包括礼、乐、射、御、书、数等"六艺"的教育和训练。

(三)封建社会家庭体育活动

在欧洲封建社会,世俗封建主的教育被称之为"骑士教育","骑士教育"的主要目的在于培养人强壮的身体和虔信上帝,教育内容有很多,主要包括游泳、骑马、打猎、击剑、弈棋等,其中体育活动占绝大多数,由此可见体育活动在当时的重要性。而需要注意的是,"骑士教育"主要是通过家庭教育来实施和实现的,某种意义上来说,"骑士教育"也属于家庭体育活动。

在中国封建社会,人们的家族观念非常深厚,家庭教育占据着非常重要的地位。总体而言,中国封建社会时期的家庭教育重文轻武,体育教育内容相对较少,只有一些技能采取家传或师徒的形式传递下去。其中,太极拳的发展可以说是中国家庭体育的典型化发展。家庭体育对于中华民族传统体育的延续与可持续发展也起到了重要的作用。

(四)近现代家庭体育活动

1.近代资本主义家庭体育活动

在近代,资本主义国家一般都非常重视家庭教育,而体育更是家庭教育的重要组成部分。在资产阶级中,家庭教育主要包括身体锻炼、文化知识学习、道德品质的培养等内容。英国教育家洛克主张开设舞蹈、行剑、骑马、园艺等课程;夸美纽斯则将人的成年期之前分为四个阶段,即婴儿期、儿童期、少年期和成年期,并提出了相对应的四种学校,包括母育学校、国语学校、拉丁学校和大学,主张按照一定的规律接受以上四种教育。其中,母育学校就是一种非常重要的家庭教育形式,在母育学校中,儿童能很好地锻炼自己的体力、智力,培养良好的道德。

在德国,德体协举办的各种体育活动深受人们的关注和喜爱,它能为整个家庭提供各种体育服务。比如勃兰登堡州体联和徒步旅行者体育联合会一起组织了家庭徒步旅行节;莱比锡体育俱乐部定期为各家庭会员提供皮划艇、蹼泳和潜水的体育服务。巴伐利亚州体联开展的"协会中的家庭体育"等都得到了官方的大力支持。

2.现代家庭体育活动

发展到现代,随着竞技体育和大众体育的不断发展,家庭体育也迅速发展起来。在国外,很多国家的家庭体育活动都非常普及,极大地提高了国民素质。近些年来,许多城市都举办过一些家庭形式的运动会,吸引了众多的参赛者。比如,瑞典举行了"父母和孩子,让我们一起来运动"的越野跑;保加利亚举行了以"爸爸、妈妈和我"为名的家庭运动会;德国推行"家庭体育奖章"制度,动员家庭参加体育活动;美国设立总统体育奖,规定参加锻炼的家庭可以获得总统签署的证书;比利时推行"每家一千米计划",号召每个家庭成员参加跑步锻炼等。另外还有芬兰的"家庭滑雪运动"、埃及的"家庭马拉松"、利比亚的"家庭节日";亚洲的新加坡则在国庆25周年之际举办了家庭体育节等。

在中国,随着人们生活水平的改善和提高,加上人们的余暇时间的增多,广大人民群众参与体育活动的热情愈发高涨,出现了大量的体育之家,我国家庭体育也迅速发展起来。如近几年比较流行的马拉松运动,在很多城市马拉松中就开设了家庭跑,受到了人们的欢迎和喜爱,这就是一种非常好的家庭体育形式,值得大力推广。至此,家庭体育获得了我国大多数家庭的认可和欢迎,我国的家庭体育方兴未艾。

二、我国家庭体育发展现状

(一)家庭体育的项目选择

在家庭体育中,运动项目的选择非常重要,它能反映出人们运动行为的选择倾向。近年来,随着我国社会经济的不断发展,社会文化出现多元化的趋势,这在一定程度上影响着人们的思想观念和行为方式,当然对人们的体育活动也产生了一定的影响,目前我国大多数家庭在家庭运动项目的选择上呈现出传统与现代,健身与娱乐同行的局面。

一般情况下,在运动项目的选择上,会受到社会诸多方面的影响,如地域不同、气候不同、文化传统不同、经济条件不同等都能直接影响着选择的倾向性。总体而言,我国居民在家庭体育项目的选择上,主要呈现出南方与北方不同、少数民族与汉族不同、落后地区与发达地区不同的特点。但总体而言,运动项目还是比较丰富多彩的。

从具体项目而言,我国家庭体育的活动内容呈现出多样化的趋势。总体而言,一些娱乐性较强的小球类运动,如乒乓球、羽毛球、网球等深受家庭成员的喜爱。这一类项目所需场地要求不高且方便,也是人们选择的重要理由。另外,跑步这种对场地、器材没有任何限制的运动项目也受到大部分家庭的青睐。

从项目性质上来看,我国家庭体育的主要内容有:休闲与观赏活动;户外体育与娱乐活动;肌肉的力量性锻炼方法;有氧运动的耐力性锻炼方法;伸展运动的灵巧性锻炼方法;医疗体育及运动处方;营养保健与心理卫生知识;家庭健身器械等。

(二)家庭体育人口结构与体育设施状况

体育人口,是指在一定时期、一定地域里,经常从事身体锻炼与娱乐,接受体育教育,参加运动竞赛,以及其他与体育事业有密切关系的具有统计意义的一种社会群体。体育人口可以说是衡量一个国家社会经济发展和社会体育发展水平的重要指标。

关于我国体育人口的状况,根据《2014 年全民健身活动状况调查公报》显示,2014 年我国经常参加体育锻炼的人数百分比为 33.9%(含儿童青少年),比 2007 年增加了 5.7 个百分点;20 岁及以上的人群为 14.7%,其中,城镇居民为 19.5%,乡村居民为 10.4%。与 2007 年相比,城镇增加了48.0%,乡村增加了 154.0%,乡村居民经常参加体育锻炼的人数百分比的增长幅度高于城镇。20—39 岁年龄人群中经常参加体育锻炼的人数百分比较低,30—39 岁年龄组仅为 12.4%,而 40 岁及以上人群经常参加体育锻炼的人数百分比较高,60—69 岁年龄组达到 18.2%。20—69 岁人群呈现出随年龄增大经常参加体育锻炼的人数百分比逐步上升的趋势(图 6-1)。

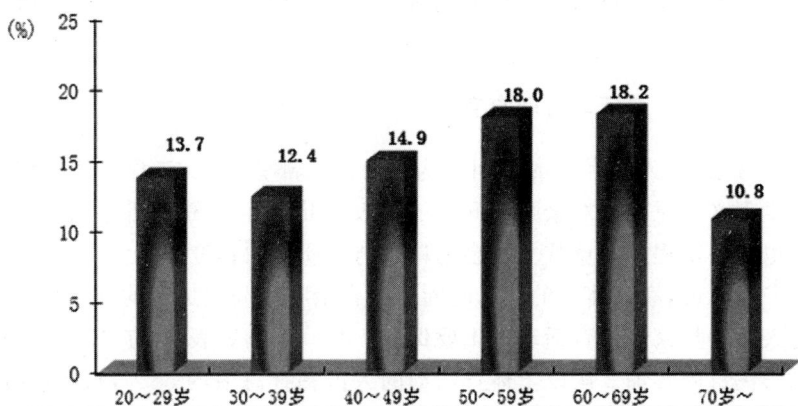

图 6-1

　　通过对我国体育人口的调查统计,可以发现我国参与体育运动的人群中,年轻人占据的比例较低,而 50—70 岁之间的老人所占比例非常高,这一方面说明我国已经是一个老龄化社会,另一个方面也说明老年人普遍拥有更多的业余时间和精力去参加体育活动,而年轻人迫于工作、学习和生活的压力而不得不较少地参与体育活动。这种情况需要今后逐步改善。

　　随着我国广大人民群众对体育健身需求的日益增长,各种体育场地、设施也需要及时地更新和完善。随着我国"全民健身工程"的进行,我国的体育场地面积,各类体育场馆和室内健身设施等都得到了大量的增长,而社会体育指导员队伍也有了一定的规模,但总体上来看,这些都仍然不能满足我国广大人民群众日益增长的体育健身需求,仍然需要大力加强体育基础设施建设。

(三)家庭体育价值观念的变化

　　体育价值观念是人们体育意识的清晰流露和具体的体现。一个人的体育意识和体育价值观念不仅会影响到个人行为,也会影响到群体行为,并且还在很大程度上决定着社会或个体对体育的态度。在家庭中,一个家庭的体育行为首先起源于对体育的需求,而体育价值观念则与体育态度之间有着极为密切的关系,一个正确的体育价值观念对人们参加家庭体育活动来说是非常重要的。发展到现在,家庭体育价值观念开始向着多元化的方向发展,主要包括健康教育价值观、消费价值观、身份价值观、心理健康价值观、精神健康价值观、体育道德价值观等内容。

在现代社会背景下,受现代社会价值观念的影响,人们逐渐形成了诸多新的价值观念,如"花钱买健康"就成为人们的一种共识,除此之外,家庭体育健身也越来越注重与自然环境的融合统一,这也是人们家庭体育价值观念的转变。

(四)家庭体育活动时间与空间

通常来说,人们生活的时间结构主要由三部分构成:工作时间、余暇时间和生理必需时间。对余暇时间的支配反映出一个人的生活方式的选择,同时也在一定程度上反映了社会的精神与物质文明程度。

一般来说,家庭体育的活动时间都是在余暇时间里进行的,因此余暇时间是人们参与家庭体育活动的重要保证。有一项调查表明,在 2015 年我国城市居民每周参加 2 次以上体育活动的人占调查总数的 58%,每次锻炼半小时以上的人数占调查总数的 61%,他们每天锻炼的时间大多选择在清晨和晚上 87%(清晨 67%,晚上 20%,下午 9%,中午 4%),这充分说明,家庭体育锻炼与工作压力大、生活节奏快有一定的关系。但是总体而言,人们参加家庭体育锻炼的形势还是非常乐观的。

一般来说,家庭体育的活动空间,主要是指家庭成员进行各种体育活动的场所,可分为自然空间和人造空间两种。其中,自然空间主要包括山川、江河湖海等;人造空间则主要是指家庭居室内以及各种公共体育设施等。目前,虽然我国的公共体育设施建设有了很大程度的提高,但受各地方经济条件的制约,我国公共体育设施、人均体育场馆占地面积相对较少,还需要大力发展。

发展到现在,我国节假日的增多,人们拥有了更多的余暇时间,家庭体育开始由人造空间走向自然空间,户外体育运动成为人们重要的选择。

(五)家庭体育形式

可以说,任何一个集体性质的活动都需要一定的组织,体育活动也同样如此。作为一个社会机构或国家机构,这种组织是需要对人力、物力、财力等方面做出投入的;而家庭则不同,它可以根据不同情况随时随地组织家庭成员参与各种形式的体育活动,因而家庭体育的形势比较自由灵活。

发展到现在,我国大部分家庭都已是三口之家,通常情况下,三口之家的核心家庭多是全家一起去活动;单亲家庭成员多是父(母)和子(女)一起活动;而联合家庭全家一起活动的情况很少见;丁克家庭与空巢家庭成员多是与配偶一起活动。除此之外,在家庭与外部的联系中,与同事、朋友一起活动最多,其次是与家庭成员一起活动。

在日常生活中,家庭成员之间的接触非常之多,这就为体育进入家庭创造了良好的基础条件。人们在生活中渴望与家人一起活动,但在具体的体育实践中却存在着诸多因素导致家庭成员不能如自己所期望的那样在一起活动,这些因素主要有社会因素、家庭因素、个人因素等。所以,总体来看,个人在从事体育活动中占据很大的比重;其次是和朋友、同事一起活动;最后才是和家人一起活动。

(六)家庭体育动机

动机是指能引起和维持一个人的活动,并将该活动导向某一目标,以满足个体某种需要的念头、愿望和理想等。它是使生活主体趋向一定目标的内在动力,它隐藏在行为的背后,是行为的动因。

通常来说,人们对某事物的动机反映的是对某事物的态度。需要是家庭成员参与各种体育活动的原因和动机。人们参与家庭体育的条件不同因而动机也有所不同,其客观因素主要包括家庭背景、文化背景、职业类型、爱好兴趣等。通常情况下,人们参与体育锻炼的动机选择依次是增进健康—消遣娱乐—增进交往等。

除以上动机外,家庭体育的动机还表现为从运动中获得乐趣、增强自信心、养成运动习惯、学习一技之长、培养现代生活消费方式等等。

(七)家庭体育消费状况

体育消费是一种伴随对体育功能作用的主观认识基础上的新型消费类型。它是人们在物质生活基本满足的条件前提下,所引发的一种适应更高层次的消费方式,已成为人们日常生活的重要组成部分。

随着人们物质生活水平的不断改善和提高,消费观念也发生了很大程度的改变,"花钱买健康""花钱买休闲"已成为人们的一种共识。在这样的形势下,体育消费开始进入人们的日常生活,并呈现出多样化、层次化和国际化的发展趋势,体育消费在居民生活消费结构中的比重将不断提高。

体育消费可以说是是社会和商品经济发展到一定程度的产物,是人们在基本生活条件得以满足的条件下所引发的高层次需求,是反映人们生活水平提高的一项重要指标,是体育走向市场及市场接纳体育的结果。在市场经济体制条件下,我国体育消费也呈现出多样化的发展趋势,人们开始由抑制性消费向个性化消费转变,这种现代社会的消费观念大大促进了我国家庭成员的体育消费,推动着我国体育市场的不断发展。

目前来看,我国的家庭体育消费水平有了明显的提高,但与发达国家相比还存在着较大的差距,尤其户均家庭体育消费水平,与国外发达国家相比差距巨大。另外,由于我国各地区经济发展水平差异较大,而某些家庭体育消费相对来说是比较高的,这就需要这些地区应该大力扶持体育健身事业,为我国的家庭体育事业做出更大的贡献。

三、我国家庭体育发展中存在的问题

(一)家庭体育服务体系不够健全

总体而言,一个健全的家庭体育健康服务体系主要有两个方面的作用:一是不仅可以提高我国老年人的身心健康水平,减少人口老龄化的负面影响,还可以冲破传统观念意识和旧的习俗,促进家庭和个人健身锻炼的科学化程度和文明、科学、健康生活方式的普及;二是可以促进我国家庭人力资源的开发和利用,为社会生产提供高质量的人力资源,并促使其有效运转,让老年人的潜能得到充分的发挥,进而推动我国的社会主义文明建设。

发展到现在,科学健身的思想观念仍然还未充分植根于人们的头脑之中,家庭成员的健身欠缺科学性。在农村,大多数居民都普遍缺乏必要的科学健身的知识,获取科学健身知识、方法和技术的渠道比较狭窄,受到客观因素的影响较大,具有很大的局限性。另外由于居住区域差异较大,知识更新周期也比较长,使得人们对体育健身的科学性认识不够,这制约着我国家庭体育的进一步发展。

(二)家庭体育市场不够成熟

通常来说,家庭体育市场的形成与发展,主要由三个方面来决定。第一,家庭体育要有劳务化商品和消费者;第二,人们必须要具备一定的购买力;第三,健身健美、休闲娱乐等已形成了广泛的社会需求,人们普遍具有较强的购买动机和欲望,这是家庭体育市场形成和发展的必要条件。只有完全具备了以上要素,家庭体育市场才能形成并得到进一步发展。

目前来看,我国还未形成一个成熟的家庭体育市场,这与人们日益增长的经济水平、生活水平和消费能力不相适应,这一情况与不能满足人们的需求有关。因此,当下我国的家庭体育市场还存在着各种各样的问题,尚处于初步发展阶段。这些问题包括:第一,家庭体育市场商品价格低廉,薄利多销。第二,家庭体育市场空白,产品紧缺时有发生。如体育场馆设施的紧缺,体质监测评价仪器的短缺,有效实用技术的短缺等等。第三,家庭体育市场的层次化需求明显。市场经济打破了平均主义的分配原则,拉开了人们的收入差距,社会需求也必然有所不同。

(三)体育指导人员数量少且文化水平低

发展到现在,科学的健康观认为,人的健康应该包括四个方面,即身体健康、心理健康、道德健康以及良好的社会适应性。只有这几个方面达到良好的状态,才可以称得上是健康。但是,在现实生活中要想达到这种状态也并非易事。现代社会物质文明与精神文明发展的同时,也给人们带来了一系列的负面影响,大部分人都处于没有疾病却感觉身体并不健康的亚健康状态,这种现状要求大量的体育指导员必须走进家庭,为人们提供健康社会化的教育、预防疾病和体育康复保健等服务。而目前我国体育指导员还存在着众多问题,需要今后我国政府相关部门采取必要的措施和手段加强体育指导员的选拔和培训,建设一支高质量的体育指导员队伍。

(四)欠缺家庭体育消费意识

受传统文化的影响,我国大部分家庭的消费观念都比较保守,其消费逐年增长的幅度总是低于收入的增长幅度,这与西方发达国家存在着较大的差距。目前,总体来说,我国家庭体育消费结构还比较单一,体育服装等实物性消费占较大份额。这是因为实物消费兼有运动和日常生活两方面的效用,符合我国传统的消费习惯和观念。另外,由于我国经济结构的调整和大量农村剩余劳动力向非农业生产的转移,迫使失业人口大量增加,城乡居民收入差距明显并且呈现出不稳定性,加之目前我国的社会医疗、养老、失业保险等保障制度还不够完善,因此,我国居民对家庭体育消费的态度比较谨慎,欠缺一定的消费意识,这需要今后的改善与提高。

(五)体育人口老龄化

从世界范围看,人口老龄化已成为当今社会人口发展的主要趋势之一。一般来讲,一个国家进入老龄化社会的标志是:该国 60 岁以上老人占总人口的 10%,或 65 岁以上老人占总人口的 7%。我国是世界上老年人口最多的国家,据统计,我国老年人口占世界老龄人口的 1/5。2000 年,我国 60 岁以上人口达 1.26 亿,占人口总数的 10%,而 65 岁以上人口则达 0.86 亿,占我国人口总数的 6.8％以上。在 2010 年,我国 65 岁以上人口达到了总人口的 7.95％。而在 2015 年,我国 65 岁以上人口达到 14 434 万人,占总人口的 10.5％。由此可见,随着人口的老龄化,老龄体育人口比例必将呈上升趋势,体育人口的结构就有可能失调。2005—2015 年我国 65 岁及以上人口的变化情况如图 6-2 所示。

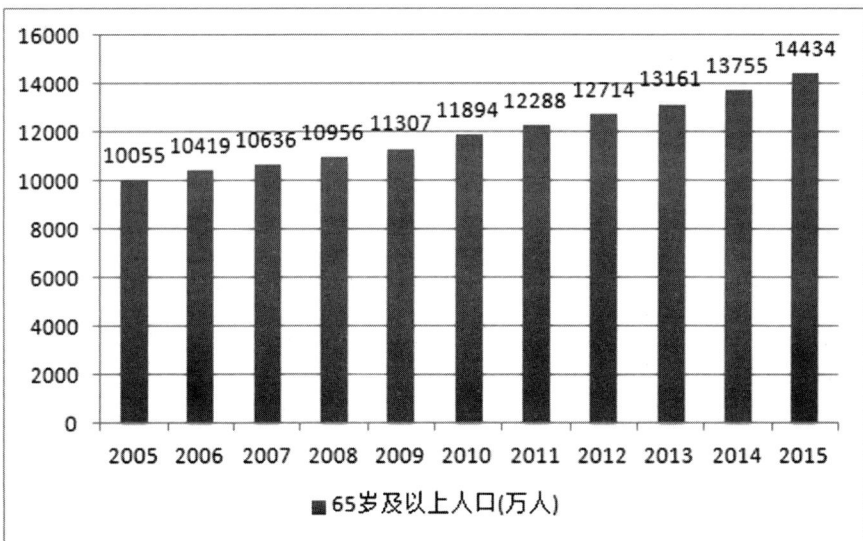

图 6-2

(六)家庭体育活动设施陈旧、稀少

家庭体育活动一般至少三人进行,通常来说,如果一个人单独进行活动,设施就比较好解决。但如果家庭成员一起进行活动,就会产生各种问题。社会上的体育场馆一般都是为体育比赛而特意设置的,家庭利用比较困难,且大多数运动场都是田径场。除去运动场外,家庭体育活动也可以在户外进行,比如海水浴、野营、登山、远足、郊游等。在自然环境下,家庭成员之间可以一起活动,从日常生活中解放出来,体味轻松、愉快的感觉,增进彼此间的感情。但是户外运动受到客观因素的影响较大,大多数户外运动的场所,一般没有经过很好地护理和整理,多数既简陋又肮脏,这样会大大降低人们从事体育运动的乐趣。因此,保护自然环境就成为政府及地方急需解决的重要课题。我们期待着设立一些既不会破坏大自然,又可以从事户外活动的设施。

四、我国家庭体育发展趋势

（一）家庭体育农村城市化趋势

目前，虽然我国的综合国力有了明显的提升，经济水平上了一个新的台阶，但总体来看，与发达国家相比还存在着不小的差距。而我国地大物博，地区与地区、城市与城市之间也存在着明显的贫富差距，这种现状是短时间内难以逆转的。可以说，经济的发展是同家庭体育的发展紧密联系在一起的。总体而言，在经济较发达地区，参与体育健身的人多些，而在经济欠发达地区，参加体育健身的人就较少，所以说一个地区的经济发展水平和家庭经济条件直接影响着家庭体育的参与状况。

随着我国社会主义现代化建设的进行，我国的农村建设也在逐步跟进，农村的建设开始向着城市化的方向发展。在农村中发展家庭体育，有两方面的天然条件：一是农村地理环境比较优越，人均面积要大于城市，各家一般都有独立的庭院，可以建立一些家庭健身房或小型球场，这为参加人们参加家庭体育活动提供了更加优越的条件；二是随着农业现代化的不断发展，以及新农村建设的不断深入，农民的家庭体育文化生活变得丰富多彩。因此，在这样的条件下，农村家庭体育活动将向城市化方向发展，并且发展势头非常迅猛。

（二）家庭体育的多样化、个性化和生活化趋势

目前来看，我国的家庭体育活动还比较单调，通常情况下主要是以传统体育与竞技体育为主。这主要是因为人们受社会环境、工作、经济、意识等各种因素的制约和限制而直接束缚了本身对体育的兴趣和爱好。纵观发达国家家庭体育的发展历史，以及我国家庭体育的发展状况，未来我国家庭体育将呈现出多样化、个性化和生活化的趋势。

1. 多样化趋势

随着人们物质生活水平的不断改善和提高，人们的健身意识、环境意识、自然意识等都得到了不断加强，在这样的形势下，人们开始广泛地追求娱乐享受，在闲暇时间积极参加一些丰富自己家庭生活的体育活动，因此，家庭体育活动将呈现出多样化的发展趋势。

目前，我国很多家庭都倾向于选择各种形式的户外活动，参加各种户外体育俱乐部，如"野营协会""垂钓俱乐部"，等，还有一些极限运动，如登山攀

崖、游泳滑雪、冲浪潜水等项目，而对家庭经济条件要求非常高的跳伞、摩托艇、高尔夫球、赛车等也随着时代的发展逐渐走入家庭的视野。另外，人们为了从家庭体育活动中得到更好的精神享受，对体育器械也提出了更高的要求，对体育的投资占据了日常开支的重要部分。虽然，目前很多家庭还无法完全有经济能力来参与自己热爱的一些体育运动，但要知道未来社会并不完全受经济环境等制约，随着科技的不断发展，会相继出现各种高科技的健身运动器械，各种体育产品会层出不穷的出现，而崭新的家庭体育运动项目也会大量涌现出来。

2. 个性化趋势

对于处于现代社会的人们来说，家庭体育将成为其展示个性的重要舞台。近些年来，一些时尚休闲运动和极限运动发展迅速，受到广大热爱体育运动的青少年的欢迎，如街舞、蹦极、漂流、自行车等，这也成为众多家庭成员选择的体育运动方式，他们在这些具有个性化的体育活动中可以尽情展示自我、发展自我，实现自我满足感。

3. 生活化趋势

一方面，现代社会竞争异常激烈，大量从事脑力劳动的人们普遍感到精神疲劳，这为人们的身心健康埋下了极大的隐患，而人们在紧张的工作之余，参加体育运动锻炼，能使紧张的脑细胞和疲惫的身体得到很好的放松，不仅有利于提高工作效率，也有利于身心健康发展。除此之外，现代科技的发展也为人们带来了较多的余暇时间，人们可以在业余时间自愿选择自己喜爱的体育锻炼方式；另一方面，城市化速度的加快，人际关系的冷漠和功利化取向，使得家庭内部各成员的沟通与交流成为一种必要。总之，体育作为社会文化生活的重要组成部分，进入每个家庭和每个人是需要一定条件的，而现代社会的发展则为其准备了充足的条件。

随着我国经济水平的不断提高，人们的生活领域不断扩大，生活价值也有了一定的转变，在这样的背景下，家庭体育的内涵与外延也变得丰富起来，体育从以前的单纯满足人类自身的身体需要变为了精神的享受。随着人们生活方式的转变，体育运动本身的价值也会一一凸现出来，众多家庭都会将家庭体育作为一项有意义的活动来经营，来使自己的身心都能得到享受和放松。

（三）家庭体育与社会体育、学校体育的一体化趋势

家庭、学校和社会是一个人所要经历的三个不同时期，这三个时期中每个时期对个人的成长都起到重要的作用。而家庭教育作为第一个时期，有

着学校教育和社会教育不可替代的作用,它是实现人终生身心协调发展的重要组成部分。学校教育是个人成长和发展的重要时期,学生在学校时期增长身体,获得知识,掌握为社会服务的本领,对家庭和社会都会产生积极的作用。而社会教育则是学校教育的发展和延伸,是对家庭教育和学校教育成果的体现。

另外,以上三个时期并不是单独割裂开来的,一个人的发展也有可能同时处于三个时期,但扮演着三种不同的角色。换句话说,一个人可以是家庭的人,也可以是学校的人,还可以是社会的人,这是由人的社会性所决定的,只是因为教育的不同而将其分为不同的时期。由此可见,家庭体育、学校体育和社会体育本身是一个既相对独立又相互联合的统一体,在未来的发展中,家庭体育、学校体育、社会体育的一体化发展将成为一个重要的趋势。

（四）家庭体育向联合型方向发展的趋势

在现代社会,家庭体育活动的独立性非常强。而随着我国老龄化社会的现状以及独生子女家庭的增多,这对开展家庭体育活动有一定的限制性。所以,单个家庭同另一个家庭（或多个家庭）联合起来共同开展体育活动将变得十分普遍,这不仅有助于体育活动的开展,而且还有利于各个家庭之间的情感交流,促进社会的和谐发展。

（五）家庭体育的科学与合理化趋势

随着家庭体育活动的普遍开展,人们已不再仅仅满足于一般简单的体育活动,而是积极寻求体育运动的科学化。人们对家庭体育活动提出了诸多要求,包括:家庭体育的活动形式和活动内容、体育保健咨询、科学锻炼、技术指导、家庭居室锻炼的体育器材、开展家庭体育活动的方法等。人们力求体育参与程度与本身机能特点相适应,运动处方更加科学和有效,体育观赏水平也更加理智化,对体育器材则要求多功能化、小型化。另外,由于体育器材需求量的急剧上升,对社区生活环境中的体育设施建设和体育书刊的质量的要求也越来越高。

第三节　制约家庭体育发展的因素分析

家庭体育的开展受到多种因素的影响,主要包括:家庭经济条件;家庭规模和结构;传统文化与体育文化;劳动及生活方式的转变;文化知识结构;场地器材、时间等客观条件;社会体育及学校体育的影响等。下面就重要对以上几种因素进行细致分析。

一、家庭经济条件

在家庭体育中,经济条件可以说是影响一个家庭参与体育活动的重要因素。体育消费在一定程度上反映了一个家庭、个人或社会群体的经济实力。家庭成员的体育消费可以说是人们的生活水平提高到一定层次、在基本生活满足后的一种高层次的生活需要,是一种良好的经济行为。在我国,虽然我国的经济条件得到了很大程度的改善,人们的物质生活水平得到了一定程度的发展和提高,但总体而言,我国大部分居民,尤其是农村,人们的收入和生活水平还不足以更好地涉足体育消费。据调查,2016 年我国居民人均可支配收入为 23 821 元,具体来看,我国城镇居民人均可支配收入为 33 616 元;农村居民人均可支配收入 12 363 元。但是,在现代社会背景下,随着人们可支配收入的不断增加,人们的食物消费比例在不断下降,对精神文化的消费就会不断增加。现在,"花钱买健康"的观念已深入人心,在业余时间进行健身房锻炼、外出参加体育旅游活动等已成为我国诸多家庭的不二选择。

二、家庭规模和结构

家庭可以说是社会的"细胞",在家庭这一集体中,各成员之间的关系都非常密切,彼此都保持着紧密的联系,维系着家庭的和谐与稳定,而家庭的这种作用也对个体的观念、习惯与意识等的形成产生了非常重要的影响。以体育社会学视角看,家庭是人们参加各种社会活动的重要基础,一个家庭的规模和结构,以及发展状况将对个体的身心健康产生直接的影响。我国是一个人口大国,在相当一部分地区,家庭的规模比较庞大,在很多时候受社会生活压力和竞争压力的影响,家庭成员之间根本无暇顾及彼此,物质和精神上的互动明显偏少,这对于家庭体育的发展是非常不利的,而随着近年来我国家庭人口的减少和家庭结构的简单化,使得人们可以有更多的时间和精力投入到家庭成员的身心健康中,充分认识到家庭体育的影响与作用,这对于家庭体育的发展具有极大的推动作用。

三、传统文化与体育文化的影响

受传统文化的影响,人们对体育的态度在一段时期内受到了严重的遏制。几千年以来,在中国大地上已经形成了一种动与静结合的养生习惯。而发展到现在,中国社会发展在物质形态方面则显得动感十足,但人们潜意识中存在的宿命心理,则在一定程度上制约着人们参与体育活动的能动发挥,对于热门健康的体育生活方式的建立是非常不利的。

另外,一个国家的体育文化对人们体育健身意识的影响也是非常巨大的,这种影响主要来自于两个方面:一是来自传统体育文化的影响;二是来自西方体育文化的影响。其中,传统体育文化主要起主要作用,而西方体育文化则起推动作用。由于我国社会发展历史的原因,西方体育文化传入我国仅仅是近百年的事,中国人对其认识和理解还存在一定的差距。文化的认同不仅需要时间,更需要从个体的认同走向群体和社会的认同。西方体育文化同任何文化一样,同样也存在着自身无法克服的弱点和局限,致使多年来中国学校体育中普及的竞技体育,并未使国人改变以传统体育手段进行终身体育锻炼。

四、劳动及生活方式转变的影响

劳动方式主要指在科学技术的影响下劳动的组织形式、组织结构、组织成员之间的关系。它是劳动的社会方式和科技方式的统一。随着现代科技的发展,人们的劳动方式呈现出如下特点:必要劳动时间缩短、工作效率提高、工作责任和压力增大;体力劳动减少,脑力劳动增加。家务劳动的自动化,现代化的家用电器的使用使得家务劳动强度降低,电饭锅、微波炉等代替了人类的劳动。夫妻因家务劳动而导致的矛盾减少,家务劳动将社会化,家用电器普及化。因此,劳动及生活方式的转变很大程度上影响着我国家庭体育的发展。

五、文化知识结构的影响

发展到现在,我国的核心家庭已基本扫除了青壮年文盲,基本完成了国家九年义务制教育,居民普遍达到了高中文化水平。文化程度的提高带来的是婚姻中男女更加平等、家庭暴力减少、家庭成员更加关注身体健康问题、对生活也更加讲究。而对体育知识的匮乏则是目前我们所必须要正视的一个问题。体育知识匮乏的一个重要因素就是缺乏专业体育人员。我国的家庭体育急需要专业体育人员的指导。目前我国从事体育活动无人指导的占 71.27%。与发达国家相比,我国社会体育指导员的数量非常的有限,家庭体育几乎无人指导,而即使是在有条件的地方一般也只是临时请体育教师或教练员暂时代替。因此这就造成了大部分家庭居民缺乏必要的体育基础知识,影响了家庭体育的发展。

六、场地器材、时间等客观条件的影响

家庭体育的开展也受一系列客观条件的影响,比如场地器材和时间等。在没有一定的场地器材和时间的保证下而从事家庭体育是不现实的,因为家庭体育是一项讲究休闲的运动,是一种心境,更是一段时间。如果没有适应现代人的体育场地器材和时间作保证,现代家庭体育是不可能得到放松和发展的,因此,要从事家庭体育就必需要解决场地器材和时间的问题。

七、社会体育及学校体育的影响

很长一段时间以来,我国国内对社会体育就存在着模糊的认识,开展力度不够大,严重制约着社会各界对体育的投入,也限制着体育社会功能的发挥。目前,我国有相当一部分人对社会体育存在着一定的认识误区,即社会体育就是体育向社会伸手,向百姓要钱,从以往的福利性向现在的营利性快速过渡。这种快速过渡忽略了国情,忽略了国人对体育价值的认识,忽略了社会体育本身尚未完善的体系,最终影响了社会体育的充分发展。

学校体育是普及学生的体育生活技能、培养终身体育习惯的重要场所。学校体育的开展,丰富了国人的健身手段与技能。但是在教学过程中,存在着一定的问题,比如忽视体育兴趣的培养和体育习惯的养成教育,一味只强调竞技体育的技术教学,而竞技体育技术对人的运动能力要求较高,不是最合适的终身健身手段,这一切都制约和影响着学校体育的发展,对我国家庭体育的发展也是非常不利的。

第四节　我国家庭体育发展的路径

21世纪是一个知识经济和人才发展的时代,人们在注重经济发展的同时,也更加注重自身的健康发展。针对我国家庭体育发展中存在的问题及影响的因素,可以采取具有针对性的策略来促进我国家庭体育的发展。

一、新时期我国家庭体育发展的路径选择

家庭体育要想得到很好的发展,一方面,家庭各成员必须要具备一定的科学理论知识;另一方面,家庭体育必须要与社会相结合,必须要以社会为载体获得发展。根据目前我国家庭体育的发展状况,借鉴发达国家的先进经验,我国家庭体育可以走出一条以"学校—家庭—社区"一体化、以民间体育组织为依托的发展道路。

(一)以学校—家庭—社区一体化发展为主要途径

在我国全民健身运动不断发展的今天,我国的大众体育事业也得到了迅速的发展。但具体来看,在某些方面还存在着不尽如人意的地方,如公共体育场地设施不足、健身设备较为陈旧和落后、社会体育指导员比较匮乏、人们的体育意识有待提高等,以上这些方面都需要在未来的发展中采取必要的措施和手段加以解决。

当前,要想解决我国家庭体育被动的发展局面,就必须要建立一个高效的、共同发展的统一体,通过各种资源的整合,以及社会组织运作来制定一个可行化的发展方案。而"学校—家庭—社区"一体化就是这样一条可行的发展道路。"学校—家庭—社区"的一体化,其主要目的就是整合系统内的各种资源优势,通过系统运作,来促进系统内部各要素的共同发展。具体而言,社区是家庭生活的外部环境,学校是家庭子女接受教育的重要场所,由此可见,三者之间存在着天然的、极为密切的联系,共同形成了一个有机的统一体,而利用系统内各要素的特点与优势,形成优势互补,能有效地促进彼此间的共同发展。这种"学校—家庭—社区"一体化的发展模式对于培养家庭成员的体育运动意识,促进学校、家庭、社区体育的互动发展,推进全民健身运动的开展都具有非常重要的意义和作用。

(二)以民间体育组织发展为依托

在我国现代社会发展的背景下,利用社会的力量去办一件事情往往能取得快速的发展,这是集中力量办大事的体现。民间社会组织是一种"非营利性"的、公益性组织,它的存在能很好地连接政府与群众,增进彼此间的联系,成为二者沟通的桥梁,能极大地满足人们的物质和精神文化需求,对维护社会稳定以及人与人之间的和谐也具有非常重要的作用。

随着近年来我国全民健身运动的不断发展,人们对体育的需求也水涨船高,各种类型与规模的民间体育组织也大量涌现出来,这对于人们来说无

异于一件好事。在新的时代背景下,家庭体育要能基本上满足家庭各成员的各种体育需求,就必须要有一定的服务机构或组织为依托,而民间体育组织就是这样一个可靠、可行的组织。发展到现在,民间体育组织不断增多,各种单类运动项目组织,如乒乓球、羽毛球、篮球等非常多,另外一些比较冷门的组织如登山、攀岩、高尔夫等组织也迅速发展,满足了社会各阶层人们的选择,能为家庭体育的发展提供多方面的支持。由此可见,民间体育组织的建立、成长与发展对于推动家庭体育的发展具有深远的影响和意义,是一个科学有效的发展途径。

二、我国家庭体育发展的具体对策

(一)营造良好的经济环境和体育环境

随着我国社会主义现代化建设的深入进行,我国的综合国力有了明显的提升,在这样的背景下,人们生活水平改善,人口素质得到提高,这为家庭体育的可持续发展奠定了雄厚的物质基础。虽然我国家庭体育的发展面临着大好的局面,但在大力发展经济的同时,还应加强体育公共基础设施建设和体育健身环境建设,这是家庭体育可持续发展的可靠保障。

我国人口基数大,当下人们的环保意识还比较淡薄,环境污染严重,这就需要在家庭体育中加强对人们的环保教育,增强每个人的环保意识,将环保与家庭体育锻炼有机结合起来进行。为了营造一个良好的经济环境和体育环境,可以采取以下措施:第一,依法保护公共体育设施,严禁侵占和破坏。第二,鼓励个人和社会团体等投资建设体育场馆及体育健身设施,并适当地给予优惠和倾斜政策,以保护投资者的利益,激发投资者的热情。第三,科学管理现有的体育设施,向社会开放的体育健身设施收费要合理,要兼顾不同家庭的承受能力。第四,不断完善体育彩票发行制度,为家庭体育提供必要的资金支持。

(二)加强对家庭体育健身的宣传

《全民健身计划纲要》(以下简称"纲要")是一项增强全民体质、提高民族素质的系统工程,是我国现代化建设的必然要求。在《纲要》的颁布与实施下,我国民众参与体育健身的热情日益高涨,全民健身运动轰轰烈烈地开展起来。在新的时代背景下,要想促进我国全民健身运动的进一步发展,还必须要加大体育健身宣传的力度,利用电视、广播、报纸、网络等媒体,让全民健身进入到每个家庭之中,让全民健身的理念深入每个人的心中,这对于提高家庭成员的体育锻炼意识具有非常大的帮助,有利于家庭体育的进一步发展。

(三)养成良好的体育生活方式

在现代社会背景下,人们必须要建立一种身心健康共同发展的生活方式才能与整个时代相符合,而体育生活作为恢复人的本质与体现人的价值的生活活动及社会实践,就是这样一种科学、健康、文明的生活方式。所以,在21世纪我们应该大力宣传和崇尚新的生活方式,即体育生活方式,让体育生活方式成为现代社会和家庭的时尚元素,从而大大促进家庭体育的可持续发展。

(四)构建多元化的家庭体育服务体系

在我国社会主义市场经济条件下,众多的社会服务职能已逐步转移到社区和家庭中。而家庭体育健身服务就是随着社区和家庭体育服务的兴起而发展起来的一门新兴的体育学科。

构建多元化的家庭体育服务体系,不仅可以冲破人们旧的习俗和传统观念意识,还可以促进家庭和个人健身锻炼的科学化程度,进而促进社会文明、科学、健康生活方式的普及,同时还可以为社会提供高质量的人力资源,进一步推动社会的可持续发展。

(五)扩大家庭体育组织形式

目前,与发达国家相比,我国的家庭体育组织形式和结构还比较单一,家庭体育活动还不够灵活多变。在这样的形势下,我们可以借鉴发达国家比较成熟的活动形式,并结合自身的特点与实际,创新出具有中国特色的家庭体育活动。比如,可以借鉴日本的"体育节"、美国的"跑步和健康日"等,设立适合我国特点的"家庭体育节""家庭体育健身计划""家庭体育竞赛"等,使家庭成员能在快乐的氛围中进行体育锻炼。

(六)学校体育与家庭体育相结合

目前,我国学校体育改革正在深入的进行,在这样的形势下,加强对家庭体育与学校体育内在联系的研究就成为一项重要的课题。研究家庭体育与学校体育之间的关系,不仅可以以理论指导体育实践活动,还可以形成良好的循环发展的机制。通过不断地丰富学校体育和家庭体育的活动形式,可以使学校体育和家庭体育产生良好的衔接,使家庭体育成为学校体育的扩展和延续。

第七章　休闲体育相关理论与发展探讨

随着人们生活水平的不断提高，人们的体育需求也在不断增长。现代社会，人们在注重体育健身的同时也注重体育活动形式的娱乐性和休闲性，这就使得休闲体育逐渐兴起。随着人们休闲健身意识的不断提高，休闲体育也必将获得进一步发展。本章就休闲体育相关理论与发展进行探讨。

第一节　休闲体育基本理论

一、休闲体育概述

（一）休闲体育的定义

休闲是现代文明生活的重要标志，并且在今后的人类文化生活中将发挥更大的作用。所谓休闲，即为人们在非工作时间进行的各种调节身心与放松的活动。

体育是人类以开展的一种特殊的社会文化活动，其具有多方面的功能和价值。体育以身体再创造的形式发挥其相应的功能，促进人的发展。在人类的发展过程中，体育活动也在不断发展。体育活动形式众多，其具有健身、娱乐、游戏、竞技等方面的特性，其是人们重要的休闲活动形式。体育活动成为人们的休闲生活方式，从而使得休闲体育得到了快速的发展。

从广义上来看，休闲体育可以理解为：人们在闲暇时间里自愿借助体育活动的形式所表现出来的一种休闲生活行为方式，以及这种休闲生活行为方式中各种体育现象的总称。休闲体育是一种重要的休闲形式，其包括各种以休闲为目的的体育活动与体育行为。休闲体育是现代体育发展的重要标志，其是体育运动的新形式，具有良好的发展前景。

休闲体育与一般意义上的体育运动是一种对立统一的关系。休闲体育是一种用于娱乐、休闲的体育活动。休闲体育是群众性体育活动的重要组成部分，它们与竞技体育之间具有一定的区别。需要注意的是，竞技体育的各种运动项目,如果应用于休闲,则其也可以称为休闲体育。总而言之,休闲体育与体育运动有着密切的联系,它们之间没有明确的界限。当某一种体育运动用于竞技比赛时,其可被认为是一项竞技体育运动;当某项运动以休闲为目的而开展时,其则是一种休闲体育活动形式。

我们可将休闲体育定义为:人们在余暇时间所做的、以满足自身发展需要和愉悦身心为主要目的、具有一定文化品位的体育活动。

(二)休闲体育的内涵

休闲体育具有多方面的内涵,具体而言,包括如下几方面。

1.休闲体育是以个人为主体的活动

休闲体育是人们在余暇时间自主选择的各种体育活动形式。休闲体育活动与竞技体育活动具有鲜明的差别。人们从事相应的休闲体育活动完全出于自身的兴趣爱好,并且在选择相应的活动方式、运动负荷等方面时,也会根据自身的需求来开展。人们在参与休闲体育活动时,注重的是娱乐性、参与性和健身性等方面,这是被放在首位的要素,至于休闲体育活动的其他方面的功能和价值,都被放在次要位置。

2.休闲体育是为了满足个人身心发展的需要

休闲体育不同于其他形式的体育运动,人们参与休闲体育是为了达到健身、娱乐、欣赏、交往等方面的目的,是为了促进身心的全面发展。休闲体育的重要功能是健身,而娱乐和休闲则是其核心。人们在开展休闲体育时,所追求的是运动本身所带来的快乐,强调身体、精神、心理等方面的统一发展。休闲体育强调游戏性和活动性,综合了多方面的功能,注重对身心的养护、调节。

3.休闲体育具有鲜明的趣味性和新颖性

休闲体育与一般性的健身活动具有一定的不同之处,其主要表现在休闲体育活动充满了趣味性和新颖性。人们在开展相应的休闲体育健身活动时,能够获得身心的愉悦和满足,这也吸引着人们长期参与其中。从一定意义上来说,休闲体育是人们开展的一种"游戏性"的体育活动。

4.休闲体育具有科学性和艺术性双重属性

休闲体育是具有科学性和艺术性的社会文化活动。现代意义上的各种形式的休闲体育项目是建立在一定的科学基础之上的,这就使得休闲体育活动具有了一定的科学性特点。休闲体育运动项目中,很多运动项目具有高雅的格调,丰富了人们的文化生活,具有艺术性特点。

5.休闲体育追求生活的艺术化

休闲体育并不单纯是一种消遣和娱乐行为,其是一种具有多方面功能的体育文化活动。人们在开展休闲体育运动时,会促进自身身心的发展,对于生活质量的提高具有重要的意义,其是对生活的拓展和延伸,使得生活乐趣增加,是对生活的艺术化。因此,休闲体育的发展水平在一定程度上反映了一个国家的经济社会发展水平。

二、我国休闲体育的发展

休闲体育是随着经济社会的进步而发展的,在经济社会发展过程中,休闲体育不断丰富发展,从而其内容和形式逐渐向着多元化的方向发展。

在原始社会时期,人们的生产力水平极为低下,人们在开展长时间的体力劳动之后,通过开展相应的休闲活动能够起到良好的身体调节作用,缓解身体的疲劳,从而能够更好地投入到生产生活之中。这一时期,休闲体育并没有真正成型。在工业革命之后,生产力得到了快速的发展,生产方式进行了多方面的变革。在这一过程中人们从事体力活动逐渐减少,而精神和心理方面的压力则日益增多。身心发展的不和谐使得很多人在余暇时间开始注重进行一些健身活动,这是休闲体育健身的发展动因。随着生产力水平的进一步发展,人们的工作时间进一步减少,生活水平不断提高,休闲体育运动逐渐成为人们日常生活的重要组成部分。

(一)古代中国的休闲体育

我国古代,人们尤为注重休闲娱乐活动的开展。并且认为,娱乐活动应有限度,不应过度,否则会适得其反。我国千年文明创造了灿烂的文化,丰富多彩的休闲和娱乐形式的体育活动众多。我国注重伦理道德,人们注重修身养性,这就使得我国的休闲体育娱乐形式较为独特。

中华民族独特的休闲、娱乐活动很多都被称为"戏"。"戏"这个词在古代汉语中描述了闲暇这种概念及与之相关的意思。在古代像马球、蹴鞠这种体育活动都为"戏"的范畴。"戏"是游戏和娱乐,虽不排除竞争,但主要是强调技艺和技巧,所以"戏"精确地代表了休闲的概念。与体育相关的"戏",则是我国古代的休闲体育活动。

在我国奴隶制时代,一些具有民族特色的娱乐活动开始出现。先秦时代,我国就已经有了以音乐、体育、舞蹈为基本形式的"戏"。当时的娱乐活动内容极为广泛,我国最早的医学典籍《黄帝内经》中记载"熊经鸟伸""广步于庭""回时导引"等都是以健身、娱乐为目的的体育活动。

汉代以后,我国的休闲体育活动得到了较大的发展,休闲体育活动的形式更加多样,并且技艺更加精湛,一些休闲体育活动在社会上得到了较为广泛的传播。例如,踏青、马球、溜冰、抽陀螺、荡秋千、踢毽子等都得到了良好的发展。汉时已经形成包括有歌舞乐奏、杂技幻术、角力较武等内容庞杂的娱乐体系。

在唐宋时期,经济社会各方面进一步繁荣发展。宋代出现了休闲体育社团,有点类似今天的"同好会"或"俱乐部"。《水浒传》中高俅就是凭着蹴鞠技术而得到宠信。书中所描写的蹴鞠社团就是一种休闲体育社团。"齐云社,又名天下团,公子王孙一等"。明清时期,休闲体育活动在民进已经十分普及。

中国古代的足球运动(蹴鞠)、马球运动(击鞠),以及一种类似现代高尔夫球的运动项目——捶丸,这些球戏在当时十分盛行。各项活动中使用的器具、场地设施、规则技艺均达到了较高水平。

从魏晋到明朝,中国的棋类、球类以及其他休闲娱乐项目正在发展和定型。魏晋时期围棋活动已开始频繁举行较大规模的比赛,并根据棋艺高低将棋手分为若干等级(品)。唐以后,围棋有了进一步的发展,一方面围棋的着法、战技演进得更为复杂;另一方面,围棋活动开始越出上层社会知识分子圈子而传入民间,促使围棋更加普及。宋时在民间出现了名为"棋园"的组织和职业棋手——"棋工"。

虽然象棋在先秦时代就已经萌芽,但其形成却经历了相当漫长的时期,直到南北朝时,才出现了中国象棋的雏形——"八八象棋"。后经不断发展,很快流行全国,逐渐成为我国的传统运动项目。除了象棋和围棋之外,我国还有一些其他形式的古代棋种,有些已失传。

一直为古代人所喜爱的荡秋千、溜冰、抽陀螺、踢毽子、捉迷藏、抖空竹、拔河、跳绳等娱乐活动形式,经长时期筛选之后依然了存留下来,至今仍是我国休闲体育的重要内容。在长期的发展过程中,一些传统的节假日为人们开展休闲体育活动提供了良好的机会。

(二)近代中国的休闲体育

清朝末期,清政府实行闭关锁国的政策,使得我国逐渐落后于世界各国。1840年的鸦片战争使得我国逐渐沦为半殖民地半封建社会。长期以来,我国一直以"天朝"自居,在坚船利炮之下,国人终于不再夜郎自大。

在西方列强的侵略下,我国人民生活在水生火热之中。一些有志之士开始寻求救亡图存的方法。可以将整个近代史视为我国不断进行抗争,不断寻找兴国之道的过程。

从19世纪40年代到20世纪初期这一段时间,西方列强不断侵入我国。我国为了救亡图存,积极向西方学习。在这一过程中,西方体育运动不断传入我国,与我国传统体育进行了正面的碰撞。在这一过程中,我国的传统体育转变为包容传统体育与西方现代体育的混合体,这两种体育相互对抗、相互融合,并随着社会的发展而变化。可以说,中国体育在近代发生了历史性的转折。

西方体育活动在我国的传播,既是西方列强入侵的客观结果,也是我国救亡图存的活动的需要。在清朝末期,政治腐败,内忧外患,民不聊生,鸦片在腐蚀着人们的身体和思想,一些不良的休闲方式成为人们麻痹自身的手段。

由于经济社会各方面的落后,我国长期处于被动挨打的地位。为了实现富国强兵的愿望,开展体育教学增强国民体质成为主流,休闲体育失去了其存在的社会土壤。但是,当时的一些权贵阶层依然在开展一些休闲体育活动,其与整个国家的大环境相脱节了。

总而言之,在近代社会,中国休闲体育的发展几乎处于空白阶段,没有发展休闲体育的现实基础。

(三)新中国成立之后的休闲体育

1949年新中国成立以后,我国发生了翻天覆地的变化。在中国共产党的领导下,我国人民推翻了三座大山,成为国家的主人,从此我国走向了复兴之路。随着经济社会的不断发展恢复,人们逐渐摆脱了阶级压迫,休闲体育也在我国逐渐得到了一定程度的发展。

在新中国成立的初期,休闲体育在我国的发展是相对较为缓慢的。在50年代,我国处于恢复建设时期,由于政治、经济、文化等方面的原因,当时的中国社会并不提倡休闲。当时人们认为劳动是快乐的源泉,鼓励人们参加劳动,而休闲体育在一定程度上是多余的。在"十年浩劫"时期,人们的休闲体育生活更是有限。但是,在当时,我国积极倡导开展体育运动,虽然休闲体育活动相对较为有限、单调,但是休闲体育在我国还是非常广泛的。这主要是因为,当时乒乓球在国际上取得了良好的成绩,因此全国掀起了全民参与乒乓球运动的热潮。当时,文艺活动相对较为单一,打乒乓球则成为人们休闲娱乐的重要手段,人们广泛参与其中。在物质生活相对较为贫乏的年代,打乒乓球等一些形式的休闲体育活动缓解了压力,实现了真正的休闲。这一时期的休闲体育有其时代特色,那就是缺乏个性特点,休闲体育活动形式就那么几种。

改革开放以后,中国人的休闲时尚是从交际舞开始的。1979年的元旦之夜,在上海"大世界"所举行的"中外大学生联欢会"。也正是这次以跳交际舞(集体舞)为主要内容的联欢会,拉开了此后20年内长盛不衰的滚滚"舞"潮。活跃的大学校园促进了舞蹈在我国的传播与发展,其后的家庭舞会更是将这种形式的休闲体育运动在更广泛的范围内普及开来。直到1987年以后,社会上才出现营业性舞厅。20世纪90年代初,另一种激情舞蹈——蹦迪取代了迪斯科,蹦迪没有了步态和章法,淋漓尽致地"蹦"。

户外运动在20世纪80年代人们意识中是很简单的,就是到郊外走走,看看名山大川,也被称为旅游。在那时,中国人的旅游概念里是不包含探险成分的,只是停留在一种赏心悦目、娱情娱性的层面上。那时大部分的旅游者都是利用公休假自费或由父母亲赞助出游的,还有就是旅游结婚的。

20世纪八九十年代,中国人的休闲词典出现"漂流探险"这个概念。如今,体育与旅游相结合,出现许多其他的休闲体育方式,如自行车旅游、自驾游、森林探险、滑草、攀岩、野外生存、蹦极等。在这样的过程中,唤醒身体,接近自然,让身体达到一个新的状态,成为人们的美好愿景。

20世纪末期的几十年里,生产健身器械的企业快速发展。从哑铃、拉力器到上万元的跑步机、复合式健身机,市场销售一直是长盛不衰。到了20世纪90年代,中国人(尤其女性)更是对休闲体育健身有了深入的理解。对于女性而言,健身的目的不仅仅是为了强身健体和延年益寿,更是为了保持良好的形体美,拥有美丽和自信。在这一时期,健身俱乐部在我国快速兴起,并且出现了多种形式的健身内容。

21世纪以来,现代健身方式在各种各样的健身俱乐部和健身房中如火如荼的兴起,休闲体育产业进一步发展。如今,在城市中,休闲体育已经成为人们日常生活的重要组成部分。如今,滨海体育旅游、冰雪体育旅游,逐渐受人追捧。随着我国城市化进程的不断加快,休闲体育也将得到更好的发展。这里不得不提到的就是我国广场舞的兴起。不管是城市还是乡村,都有跳广场舞的人群。休闲体育观念逐渐深入人心,随着全民健身计划的推进,以及相应的促进体育产业发展的政策的实施,我国的休闲体育产业迎来了新的发展时期。

三、休闲体育的特征

休闲体育旅游是人们在闲暇时间开展的一些体育活动,其目的是为了良好的主观体验。其特征主要表现在如下几方面。

（一）时代性

休闲体育具有时代性特点，这主要表现在不同的历史发展时期，休闲体育活动受到社会背景文化的影响，从而具有相应的时代特点。这也就意味着，在不同的历史发展时期，休闲体育的内容、形式等都有一定的不同。在不同的时代，相应形式的体育活动总是会成为人们乐于接受的休闲形式。

休闲体育活动是时代文化的反映，与经济社会、科学技术的发展水平具有密切的关系。经济社会处在不断的发展过程中，人们的兴趣爱好也是变化的，在不同的时代环境下，休闲体育会表现出不同的特点。

（二）时尚性

在现代社会，参与休闲体育已经成为一种时尚行为。学者认为，时尚具有两方面特性：其一，人们参与时尚活动用来表明自身与某一阶层的平等性；其二，人们参与时尚来表明自己与某一阶层的差异性。这是时尚所具有的双重属性。对于休闲体育运动项目而言，其也具有时尚的这两种属性。

人们在参与相应的休闲体育运动时，体现了时尚的特点。人们在参与休闲体育时，一方面是为了彰显自身属于某一阶层、某一群体，另一方面则借此表明自身与另一阶层、另一群体的不同之处。

一方面，很多休闲体育项目费用较为高昂，被称为"贵族运动"，如攀岩、登山、高尔夫等。某一人群参与这些运动时，与同阶层的人接触，强化自身的富裕阶层的标签。

另一方面，在参与休闲体育运动时，休闲体育运动项目有一定的规则，从而形成了相应的文化性的压力，但是很多人在参与休闲体育活动时不愿遵守这些规则与规范，力图摆脱这些束缚。

（三）流行性

流行是时尚的结果。在现代社会，人们的物质和精神文化生活得到了丰富，休闲体育得到了较快的发展。在这一过程中，一些新的休闲体育活动不断被创造出来，并快速在全世界范围内传播，这是休闲体育运动的流行性特点。

休闲体育项目的流行性在于其能够快速在世界范围内传播，但是其以后也会逐渐不在流行，这也是流行事物的基本特点。休闲体育活动具有时尚性特点，人们追求新异事物，从而使得相应的休闲体育活动能够快速流行起来，成为人们热衷的休闲体育项目。但是经过一段时间之后，这一类型的休闲体育项目的吸引力可能会下降,从而会逐渐被另一种新兴的休闲体育项目代替,虽然不至于消失,但是其影响力逐渐减弱。

现代社会,交通便利,传播媒介丰富多样,这使得人与人之间的沟通变得更加便利。在全球化发展过程中,在一个国家和地区流行的休闲体育活动可能会很快传播至世界各地,从而掀起一股流行热。

休闲体育的流行性是由人们的余暇时间和兴趣特点所决定的。当人们具有了充足的余暇时间时,能够选择和从事自身喜好的活动。人们具有追求新异的特点,这就使得一些休闲体育运动项目逐渐流行然后逐渐褪色。人们的思想观念是不断发展变化的,可能在一个时期不再流行的休闲体育运动项目,随着人们思想观念的改变而在另一个时期逐渐成为流行运动项目。

(四)参与性

休闲体育运动具有参与性特点,这是其作为体育运动项目最为基本的特点。我们都知道,体育运动需要人们去实践、参与,这样才能够发挥其应有的作用。而休闲体育运动项的参与性更强。只有参与其中,人们才能够获得相应的体验,体会相应的感受,从而达到休闲、娱乐的目的。如果不能参与其中,人们也就不能体会到休闲体育的乐趣。

在进行休闲体育研究时,很多人都将观看体育比赛归为休闲体育的范畴。然而,我们认为,严格意义上来讲,观看体育比赛只能算是一种文化休闲活动,并不是严格意义上的休闲体育。

休闲体育运动重在参与和体验,需要运动者进行亲身实践。而休闲体育的多方面的功能和价值的实现,都会人们在参与活动的过程中所获得的。如果只是停留在观赏的层面,并不能充分了解休闲体育的乐趣所在。

(五)自发性

休闲体育具有自发性特点。人们在参与相应的休闲体育运动时,都是自觉参与其中的。人们在参与休闲体育活动时,完全出于个体或群体的需要,在余暇时间里开展的活动,其并不是强制参与的,人们根据自身的兴趣爱好来决定参与相应的休闲体育活动,不存在非自愿参与的现象。

人们在参与各种形式的休闲体育活动时,由于是自发参与的,在这一过程中,人们能够获得心理的满足,能够更好地培养其运动的兴趣,从而在生活中形成良好的锻炼习惯。

在自发参与过程中,运动者能够更好地发挥自身的积极性,在运动中能够获得更好的体验。在开展休闲体育运动时,人们充分享受运动的过程,并且会不断进行思考和创新,不断进行新的尝试,而不会满足于简单的重复,从而在自主创造的空间中获得更好的体验,也实现了休闲体育的发展。

(六)层次性

休闲体育具有层次性特点。层次性表现在多个方面,如参与人群的年龄层次、消费层次以及难以层次等,具体如下。

1.活动人群的年龄层次

人们的革新特点具有鲜明的差异性,不同的人其兴趣爱好是不同的,这一兴趣偏好具有一定的年龄特点。具体而言,少年儿童对事物充满好奇,其大多倾向于哪些新奇的个人活动项目,如轮滑、小轮车等形式的休闲体育运动;青年人较为活跃,喜欢那些具有一定的挑战性和对抗性的休闲体育运动,如登山、蹦极等;中年人则较为成熟,其喜欢哪些具有品位和档次的休闲体育运动,如高尔夫球;老年人则身体素质下降,喜欢哪些较为舒缓的休闲体育运动,如钓鱼、广场舞等。一般来讲,年龄因素是进行休闲体育分层的主要因素。

2.活动方式的消费层次

休闲体育层次性还表现在其参与相应的休闲体育的消费层次。人们参与休闲体育活动时,具有一定的社会阶层特性,具有较大财力的人,可能会选择一些消费较高的休闲体育活动,如高尔夫球、航空类运动、马术运动等。而财力有限的普通人群,会选择那些消费相对较低的普通休闲体育运动。需要注意的是,休闲体育运动处在不断的发展之中,一些消费较高的休闲体育运动会随着人们生活水平的不断提高而慢慢变得大众化。

3.活动内容的难易层次

休闲体育活动有难易之分,有些运动十分简单,并不需要进行专业的学习和培训。但是,有一些项目则较难,甚至充满危险性,这就需要运动者经过系统的训练。人们会根据自身的需要来选择相应难度的运动。很多休闲体育运动的难易程度是可以进行调整的,人们根据自身实际来调整难度。

(七)自然性

休闲体育具有自然性特点。人们总是与外界进行着多种形式的交流,在这一过程中人实现了自身的发展。人类在发展过程中,不断实现自身的社会化发展,同时也保留了相应的自然本能的,但是很多本能需求都逐渐被各种形式的行为规范、道德准则、法律法规约束。当人们开展社会活动时，在各种社会规范的约束之下开展各项活动。而休闲体育活动在一定程度上实现了人类自然性的释放，在这一过程中，通过身体活动实现了人自身与外界环境的交互，使得人类的自然性与社会性得到了协调。

（八）潜在的政治功利性

我们知道，体育最为重要的功能之一就是促进人体健康的发展。但是，在不同的时代，体育会被赋予一定的阶级性和政治性。因此，在不同的发展时期，体育运动会具有一定的功利性特点。休闲体育运动也是一种体育运动形式，其具有一定的政治功利性特点。我国古代的一些休闲体育游戏活动其政治功利性更加明显。例如，古代的围猎活动，帝王开展的这些活动意在注重军事的发展。

随着时代的发展，在新的历史条件下，休闲体育活动也呈现出潜在的功利性。例如，我国政府积极推动休闲体育活动的发展，其政治功利性表现在通过这种方式来实现人们生活水平的提高，促进国家现代化发展。随着经济社会的发展，体育运动的政治功利性正在逐渐被减弱，但是其并没有消失。

（九）二元统一性

人们在参与体育运动时，不仅会使得身体得到锻炼，心理方面也会得到相应的提升。人们在参与休闲体育运动时，同样会实现身心的全面发展，这即为休闲体育的二元统一性。

具体而言，休闲体育运动会使得人们人体的各器官系统的生理机能得到提高，这是各种体育运动的共同特点。在促进人体的生理健康发展的同时，休闲体育运动还能够促进人们心理、情绪等方面的良好特质的培养。轻松愉悦的休闲体育活动能够促进压力的释放，促进心理健康的发展。而充满刺激的极限运动则能够促进人们心灵的释放，解放自我，实现自我的发展。

（十）游戏性与规范性的统一

休闲体育注重休闲性和娱乐性，其对各种形式的规则有一定的弱化，具有游戏的性质。很多休闲体育运动项目对技术动作的要求并不高，更加注重人们的参与性。在开展相应的休闲体育运动时，人们可以根据实际需要来制定相应的规则，充分体现了其游戏性特点。一些竞技运动也经常被作为休闲体育运动，人们在开展该项运动时，经常会弱化规则，甚至会对规则进行改进。

需要注意的是,休闲体育运动虽然具有游戏性特点,但是其同时也具有规范性,其游戏性与规范性是统一的。在开展相应的运动,虽然游戏性较强,没有过多的规则约束。但是,其也应遵守相应的行为规范,这样才能够保证休闲体育活动的正常开展。如果不能遵守相应的规范,则整个活动就会陷入混乱。例如,人们在玩篮球游戏时,会遵守篮球运动的基本规则,走步时会失去球权,如果犯规了也会主动承认。如果不遵守基本规则,各项运动是无法开展的。

四、休闲体育的基本功能

(一)休闲体育的经济功能

在经济社会发展水平相对较低时,人们希望通过增加相应的共同时间而放弃一些休闲活动,以此来提高收入水平。随着生产力水平的不断发展,人们对于休闲的重视程度不断能提高。休闲体育是一种具有经济功能,体育旅游业、竞赛表演业等构成的体育活动,对于经济社会的发展具有重要的促进作用。

休闲体育相关产业是促进经济社会发展的重要推动力。通过发展休闲体育产业,能够优化国民收入的再分配,促进经济的发展。人们在进行休闲体育消费时,促进了货币的运转,推动力了社会财富的增长。同时,随着休闲体育产业的发展,与之相关的其他服务业也会发展,从而增加了就业。休闲体育产业是体育产业的重要组成部分,其他形式的体育产业与休闲体育产业具有重要的联系。随着我国经济社会的不断发展,其经济功能将进一步得到发展。

(二)休闲体育的健康功能

进入 21 世纪以来,人们越来越重视自身的身心健康的发展,休闲体育对人们健康的促进作用也越来越显著。

现代社会,人们对于健康的理解有了新的认识,健康不再仅仅是没有疾病状态。现代意义上的健康,除了一般意义上的生理健康,也包括了人们的心理、社会适应等方面的健康。通过开展相应的休闲体育运动,能够有效促进人们的生理健康、情绪健康、精神健康、思想健康和社会健康等方面的发展。

现代社会,人们的物质生活水平逐渐得到了提高,但是生活的压力使得人们逐渐失去了健康和快乐,幸福感和满足感缺失,很多人处于亚健康状态。在久坐、久视的工作状态下,人们出现了各种各样的疾病。而社会压力的加大,使得人们的心理健康也出现了不良状况。

通过开展相应的休闲体育运动,能够有效预防和治疗人们日常生活中遇到的各种生理疾病。通过开展休闲体育运动,还能够促进人们不良心理状态的改善,促进与他人的沟通,从而促进良好的心理状态的保持。

在较大的社会压力下,可能会导致一些"社会疾病",妨碍社会的正常运行,如反社会行为通常就是一些生活压抑状态下的常见反应。通过进行休闲体育健身活动,能够有效促进身心的调节,改善生活的质量,缓和社会压力导致的各种社会矛盾。

(三)休闲体育的其他功能

休闲体育除了具有相应的经济功能和健康功能之外,其还具有自我发展、自我实现的功能。人是社会的人,在社会中生活时,要受到相应的社会道德观念、行为规范的约束。学校和家庭的教育对于人们社会性的形成具有重要的作用。而休闲体育也是促进人们社会性发展的重要手段。通过开展休闲体育,能够促进人们培养良好的心理和人格模式,实现自我的发展。

第二节　休闲体育文化理论与内涵研究

一、休闲体育文化的内涵

(一)休闲体育文化的定义

在对休闲体育文化进行分析时,首先应明确其属种关系,在此基础上才能够进一步展开研究。休闲体育文化其包含在休闲文化和体育文化这两个概念的外延之中,而休闲文化和体育文化都是人类文化的组成部分。对休闲体育文化进行分析时,应参照文化定义的范畴。我们将休闲体育文化定义为:休闲体育文化是人们通过体育运动的方式,在休闲的实践过程中创造并共同享有的、关于这一社会现象的物质实体、价值观念、制度规范及其行为方式的总和。

休闲体育文化首先是一种重要的文化现象,其是人们在生产生活中创造的,其包含在休闲文化和体育文化之中。休闲体育文化的基本结构包括物质实体、价值观念、制度规范和行为方式等方面的基本要素。

休闲体育文化是人类文化的重要组成部分,其是休闲文化与体育文化的复合体。休闲体育文化并不是单独存在的,其是建立在上述两种文化文化维度之上的一种复合文化(图7-1)。这包括两方面的基本内涵:一方面,休闲体育是人们以休闲的意识、观念、态度和情感去参与体育活动的一种社会现象;另一方面,在众多的活动方式中,人们自愿选择了体育活动作为休闲方式,并在活动中体验和满足其身心的需求。

图 7-1

(二)休闲体育文化的主要层面

一般人们将文化分为三个基本层次,即为物质文化、精神文化和制度文化。这三个方面构成了文化的整体。在对休闲体育文化也包括这三个方面。具体分析如下。

1.物质文化

所谓物质文化,是指人们在生产生活中的活动方式及其物质形态,休闲体育物质文化即为在开展休闲体育活动过程中的各种活动方式以及相应的物质形态。休闲体育的物质文化包括各种运动运动项目和运动技能,各种形式的运动器材设备等。

人们在开展休闲体育运动时,通过自身的运动实现对自身机体的改造,在这一过程中,人类不仅享受休闲体育运动的物质文化,同时也在不断创造出一些新的物质文化形态。

2.精神文化

精神文化是指人们在实践过程中产生的相应的意识形态。休闲体育的物质文化形态即为人们在休闲体育活动过程中主观世界改造的活动及相应的产物。一般将精神文化分为四个层面:其一,思想观念和理论体系;其二,精神世界的物质内涵和行为准则;其三,通过体育改造人的主观世界的想法和打算;其四,通过抽象的声音、色彩等表现体育精神的艺术文化。

休闲体育文化的精神文化层面影响着人们对于休闲体育的价值、意义等方面的认识,对人们的态度、偏好等具有重要的影响。人们在进行休闲体育实践过程中,休闲体育文化的精神文化层面也在不断丰富。

3.制度文化

制度文化即为人们在生产生活实践中创造的规范人们的行为和关系的规章制度与组织机构。休闲体育文化中的制度文化层面具有一定的稳定性,其包括相应的社会组织、政治和法律形式等,不会在短时期内出现较大的改变。

组织机构是人类社会长期发展的产物,其能够使得群体力量得到更好的发挥。如果缺乏组织机构的管理,各项活动的会发生混乱。体育法规是人们参与休闲体育活动的最高法律准则,其对人们的各项权利和义务都进行了规定。另外,每一项活动都有其相应的活动方式和规则要求,这对所有的休闲体育活动的参与者都有一定的行为规范作用,虽然这一规范和要求不是十分严格,使得人们具有共同开展相应的休闲体育活动的可能。

综上所述,休闲体育文化是社会文化发展的产物,其是休闲文化与体育文化的重要构成。随着人们休闲体育实践活动的不断开展,休闲体育文化的内涵也将不断丰富。

二、东西方休闲体育文化的差异

(一)东西方休闲体育文化在物质层面上的差异

休闲体育文化的物质层面的文化的发展与社会生产的发展变化是密切相关的。当社会生产发生变化时,休闲体育的物质文化层面也会发生变化。在原始社会,由于生产力的极端低下,人们的基本生产活动只能满足基本的生存需求,其生产活动包括狩猎、采摘等。这一时期并没有现代意义上的休闲体育活动。当时的人们在生产生活之余,会进行一些跳跃、攀爬、投掷等活动或游戏,这是休闲体育的前身。

当人类开始种植一些农作物时,农业的发展使得人们开始过定居的生活,使得人类文明以及文化开始萌芽并逐渐发展起来。在这一时期,运动性游戏是人们的重要的娱乐方式。这一时期,人们开始制作一些与狩猎工具、劳动工具密切相关的游戏器物。但是,这一时期,生产力较为低下,人们的生产方式较为落后,所以东西方的休闲体育在物质文化层面并没有根本性的差异。

东西方休闲体育在物质文化层面出现较大的差异是在工业革命开始之后出现的,使得东西方的差距逐渐拉开。工业革命的开展标志着人类社会进入了近代社会,在经济社会各个方面都发生了翻天覆地的变化。在西方,在工业革命的影响,各国逐渐由手手工工场向机器大工业生产迈进,资产阶级逐渐取得了统治权。而在我国,经济社会逐渐开始走向衰落,进入了清政府统治的中后期,逐渐落后于世界各国。

在工业革命的影响下,英国城市人口逐渐增多,生产和生活的节奏加快,大机械生产业会对人们产生了一定的异化作用。资产积极为了缓和社会问题,开始积极推进一些户外运动和游戏,在这一时期,各种形式的现代体育运动得到了传播和发展,并且很多传到了世界其他国家。工业革命的开展使得西方国家进入了一个为了更好地利用闲暇时间进行娱乐而发明和制造专门娱乐工具的时代。

在西方发生突飞猛进的变化和发展之时,我国依然处在自给自足的封建社会,以手工业和小作坊农业为主,当时设计的一些游乐工具相对较少,并且与体育运动关系不大。在我国古代,曾出现过类似于现代足球的"蹴鞠"以及类似于现代高尔夫球的"捶丸"等形式的休闲体育运动,这些都是用于专门创造的用于玩耍的体育娱乐活动。当时,到了近代,这些项目反而逐渐消失了。

通过对东西方休闲体育运动项目的发展进行分析,可发现东西方休闲体育在物质文化方面的差异,其主要表现在工业化生产方式产生的体育内容、器具等方面,大工业生产使得相应的运动器材的产生数量和质量上有了极大的提升,这一点是手工生产所不能比拟的。

东西方休闲体育文化在物质层面上的差异使得人们进一步创造和发展一些新的休闲体育运动方式的可能性出现了较大的分化。机器化发生产下,人们能够设计和创造出新的体育器材和工具,而在手工生产下,体育器械的设计、生产全面落后。

总而言之,在东西方休闲体育文化在物质层面的差异在近代以来逐渐拉开差距。但是,随着我国现代化进程的不断加快,这一差距正在逐步缩小。休闲体育物质层面的差异随着经济社会发展水平的提高以及全球化的发展,不仅使得休闲体育文化物质层面的差异缩小,而且逐渐趋同。

(二)东西方休闲体育文化在价值层面上的差异

价值观念是人们事物客观存在的反应,其是人们对于事物的意义、价值等方面的评价和看法,它对于人们的行为具有重要的影响。人们所处的环境对于其价值观念具有重要的影响。随着生产力的发展,人们对于事物的认知也在逐步发展,从而对于休闲体育文化的价值观念层面也会发生一定的变化。在东西方休闲体育文化发展过程中,人们对于休闲体育的价值观念方面的差异性根植于不同的文化系统的差异。

1.东西方历史文化背景对休闲体育价值观念形成的比较

我国传统文化中,注重人的自身修养、品格和精神等方面,而人的身体则是心理的外在表现。我国的传统思想文化由儒家、道家、佛家三大流派为主体而构成,三者相互融合,不断发展,从而形成了我国的传统文化整体。

我国道家注重无为,注重发展自身;儒家注重伦理规范,注重"君子"观;佛家思想则超脱世俗,万物皆空。在三者的影响下,我国的休闲体育观念注重通过身体活动来促进人体内在精神的升华和发展,实现养生防病。

与我国的休闲体育观念相比,西方传统的休闲价值观则明显不同。西方价值观念注重身体美和精神美的统一,注重人的全面发展,是一种注重人体本身的文化观念。

2.不同的人生观对东西方休闲体育的影响

在我国的文化观念中,注重勤劳,对于勤奋劳作是一种称赞的态度。对于游乐、嬉戏玩耍经常是持一种批判的态度,被认为是不务正业。因此,人们认为,人生价值在于为社会所作出的贡献。君子要"修身,齐家,治国,平天下",这是古代人们的基本人生观念。

与我国的传统人生观念相比,西方则注重追求公正、自由,注重完美的人格的塑造。因此人们对于休闲、自由有着美好的向往。

3.生产力水平对东西方休闲体育发展的影响

在工业革命之前,我国经济社会各方面长期领先于世界各国,东西方在体育意识形态和休闲价值观念方面差别不大。在工业革命之前,休闲被认为是统治阶级才能够享受的权利。专门用于休闲娱乐的工具相对较少。

西方国家在工业革命之后,大机器生产使得人们从土地上解放了出来,人们的闲暇时间逐渐增多。其后启蒙运动和资产阶级革命使得人们的公民权利得到发展,休闲体育的发展具有了思想基础。

我国在清朝中后期,逐渐开始坚持闭关锁国政策,人们仍然进行着大量的农业生产劳动,闲暇时间较少,并且统治阶级的腐败使得百姓温饱问题尚难以解决,更别提休闲体育文化的发展。

(三)东西方休闲体育文化在制度层面上的差异

东西方休闲体育文化在制度层面的差异性主要表现在社会制度体系和活动的规范要求等方面。

1. 时间制度

在农业社会,人们的作息规律具有季节性,人们的生活节奏与作物的生长规律具有密切的关系。自然周期没有严格的限制,忙与闲具有很大的自由度。不同的地域,农作物生长特点不同,会造成作息时间的差别。在农业社会,具有相应的节日,很多休闲体育活动都在节日里举行。

随着工业革命的开展,大机器生产取代了手工劳动,人们的生活被机器所影响。工业社会,人们通过制度方式来对作息时间进行了规定和安排,使得人们有了自己的生活节奏,产生了现代意义上的自由时间。对上下班、节假日时间进行规定,使得整个城市能够正常运行,同时也使得人们生活更加具有规律性,形成了城市人的生活方式,能够对自由时间进行随意支配。西方国家通过开展工业革命较早进入了工业社会,实现了对于时间的制度化控制。这为现代休闲体育运动的发展提供了时间基础。

2. 活动制度

制度化特征也表现在活动的规范上。人们在开展相应的活动时,都会有相应的行为规范,以保证活动的顺利进行。休闲体育活动的自由度相对较大,当参与人数较多时,大家需要遵守相应的活动规范,这样才能够正常开展运动。东西方在活动规范方面也具有一定的差异性。

西方的活动方式大多产生于工业时代,制度化、规范化便是这些项目的共同特征,如球类项目就是其典型。对场地器材的一致性规定,对活动方法的统一要求就是这种规范性的表现。另外,球类项目通常是两人以上同时参加,大家的活动方式不一致会使活动无法进行下去,因此有必要对活动进行相应的规范,凡参加者均要照此规范行事。

而我国的各项体育活动方式则产生于农业社会,由于社会对生产方式没有具体的准则和标准,休闲活动一般都没有相应的活动规范,人们在开展休闲体育活动时大都较为随意,多以游戏的方式来进行。

第三节　休闲体育健身基本手段与方法

一、休闲体育健身的基本手段

休闲体育健身的手段丰富多样,人们可根据自身的兴趣来选择相应的健身手段。休闲体育健身的基本手段众多，一般将休闲体育健身分为两种基本形式，即为相对安静状态的活动以及运动性活动。而这些活动都是人们进行休闲体育健身的基本手段。下面主要对人们参与休闲体育健身的基本手段进行概述。

大多数休闲体育活动都要通过身体的运动实现。若按活动的基本特征，则可以分为下述几类。

（1）技巧类。此类运动是指人运用自身的能力和身体技巧，借助特定的轻器械所表现高度灵巧和技艺的活动。主要有花样滑板、自行车越障碍等。

（2）游戏竞赛类。竞技游戏类休闲体育项目一般为竞技体育项目的简化和游戏化改造，从而使其竞技性减少，娱乐性和休闲性增加，形成休闲娱乐比赛。例如，沙滩排球、三人制篮球等。

（3）命中类。这类活动需要计算和控制力量，是思维和体力相结合的体现，当命中目标时，会引起人的兴奋和欢跃。例如，射靶、台球、门球、保龄球、地掷球、康乐球、高尔夫球等项目均属此类。

（4）节奏类。例如，自娱性舞蹈、健身操、健美操等项目均属此类。这类活动的节奏感强，富有韵律，都以身体活动为共同特征，音乐伴奏则是这类活动有别于其他活动的特点，其娱乐性和健身性极强。近年来各城市新兴的广场舞就是节奏类的休闲体育项目的代表，它使人们在工作和生活之余达到了休闲健身、放松身心的目的。

（5）滑行类。例如，滑水、冲浪、帆板、滑雪、雪橇、溜旱冰、滑板、轮滑等项目均属此类。这类活动以足蹬或足踩各种器具做各种滑行动作为主要特征，集娱乐性、趣味性、健身性于一体。因大多在户外进行，与日光、空气和水等自然因素结合紧密，还可使身体充分得到自然力的锻炼。

（6）攀爬类。这类活动中有的具有一定的冒险性，是人类为实现自身价值、表现自我的一种超凡行为。例如，登山、攀岩、攀登瀑布等项目均属此类。人们在惊险中磨炼意志，在征服自然中追求精神满足。

（7）眩晕类。这类活动通过获得日常生活中难以得到的身体状态和空间感觉，获得身体活动和乐趣。例如，走浪木、荡秋千以及游艺场里各种旋转、起伏、上升、下降、滑动、碰撞、俯冲、腾空等项目均属此类。

二、休闲体育运动健身的方法

在开展休闲体育运动健身时，侧重的是休闲体育的健身功能，旨在促进体质健康、运动能力等方面的增强。在此可借鉴竞技体育运动的基本方法，并在开展过程中进行一定的变通，从而实现更好的运动健身的效果。

(一)持续运动健身法

持续练习法,就是以保持有价值的负荷量为目的而不间断地连续进行活动的方法。持续练习法有着较为显著的作用,其主要表现为:把负荷量维持在一定水平上,使健身者的身体能充分地受到健身的作用。从谋求良好的健身效果出发,在讲究重复和间歇的同时,对连续也是较为讲究的。可以说,重复、间歇、连续三者都应在健身过程中得到统一,并发挥其各自的作用。除此之外们还要以负荷价值有效范围来讲持续练习时间的长短确定下来,这样可使机体的各个部位长时间地获得充分的血液和氧的供应,因而能够使有氧代谢能力得到有效增强。实践中,用于持续练习的主要是那些较容易并已为运动者所熟悉的动作,跑步、游泳,甚至是迪斯科舞等都是较好的选择。

(二)重复运动健身法

重复健身法是指健身者在相对固定的条件下,按照计划和要求反复练习同一内容的方法。这种方法并不是针对所有的情况都适应的,其有一定的适用范围,具体包括以下几个方面:运动负荷较小或用时较短的项目,重复练习可增加练习强度和时间,这对于练习效果的提高是有帮助的;适合于动作技术比较复杂、难于掌握的项目,通过反复练习,对动作技术的学习和巩固有一定帮助;适合于运动负荷安排较大、难以一次完成的练习。

重复健身法在练习过程中每组或每次练习都安排一定的休息时间,且每次(每组)练习的距离、时间、强度、间歇时间和练习的总次数要合理和固定。另外,在采用重复健身法进行运动健身时,有以下几个方面需要注意。

首先,要将包括重复的总次数、每次练习的距离或时间、每次练习的强度及间歇时间等在内的重复的要素合理确定下来。

其次,要使每次练习的质量得到有力的保证。

最后,要注意克服单调、枯燥及厌烦情绪。

(三)变换运动健身法

变换练习法是在改变健身内容、强度和环境的条件下进行健身的方法。变换健身法主要应用于对练习项目,练习要素,以及运动负荷、练习环境和条件等的改变。通过变换健身法的应用,能够有效地调节生理负荷,提高兴奋性,强化锻炼意向,克服疲劳和厌倦情绪,从而达到有效提高健身效果的目的。

在采用变换练习法时,要注意以长远计划和实际需要为依据,给机体一个逐渐适应的过程,切忌急于求成。除此之外,还应该积极积累和收集反馈信息,并且以此为依据,不断对健身计划和方式进行适当的调整,与此同时,还要对练习结果进行及时的总结,为制定新计划提供相应的依据和支持。需要强调的是,变换练习法应是短期和非经常性的,这就要求在达到变换的要求之后,应尽快转入常规练习,如果变换时间过长或者过于平凡,那么这对于原练习方案的实施是不利的。除此之外,在采用变化练习法时,还要求把注意力集中到所要解决的任务上,要自始至终都对变换练习的目的引起重视。

(四)循环运动健身法

所谓的循环健身法,就是把具有不同健身效果的项目依次排列成若干个"站",然后按一定顺序作往复健身的方法。通过这种方法的应用,往往能够获得综合健身、全面发展的良好效果。运用本练习法时,要把握好的一个关键点,就是要按照全面性原则来对项目进行合理的搭配。针对青少年来说,他们在进行休闲体育运动健身时,既要发达四肢,也要发达躯干;既要运动胸背部,又要运动腰腹部;既要追求形态的健美。除此之外,机能、素质的全面发展也是需要注重的一个重要方面。为此,就必须科学地搭配项目。以已有的经验为依据,通常会选择 6~12 个已为健身者掌握的简单易行项目。另外,需要注意的是,搭配时,上肢动作与下肢动作、剧烈的跑跳练习与静力憋气动作之间的合理交替。

最后,为了保证健身的效果,需要强调循环健身的各个项目都要用比较轻度的负荷进行练习,通常为本人最大负荷量的 $1/2$~$1/3$ 的强度即可。随着机体适应程度的提高,循环的次数和各个项目的练习强度也要得到及时的增加。

(五)间歇运动健身法

间歇健身法是在两次健身之间,规定一个严格的休息时间,在健身者机体尚未完全恢复的情况下,就进行下一次健身的方法。由于间歇练习法具有两次练习之间休息时间短、机体尚未完全恢复的特点,因此,这种方法能够使机体运动负荷得到有效的提高。

通常情况下,人们有着体质增强的过程是在运动中实现的观点,实际不然,体质内部增强过程主要是在间歇中实现的,是在休息过程中取得了超量恢复。如果没有休息中的超量恢复,运动就不存在任何意义。对于体质的增强来说,间歇的作用甚至要大于运动本身。

一般来说,可以以健身者个人身体机能状况为依据,来确定间歇练习法中间歇时间的长短。通常情况下,身体机能状况稍差者,间歇时间可稍长一些;反之,则间歇时间应该短一些。一般的,以心率每分钟 120 次左右为宜。在间歇过程中,为了使血液回流加快,从而保证氧气的供应,应进行一些如慢跑、按摩和深呼吸等积极性的休息和放松。需要特别注意的是,间歇练习法对机体的机能能力有较高的要求,这就要求根据自身实际情况,加强对负荷的监测。

第四节　制约休闲体育发展的因素分析

一、人口因素

人口因素是影响我国发展的重要因素,人口的数量、素质和结构等方面,对各项社会事业都会产生相应的影响。尤其是我国人口老龄化发展,将成为我国发展所面临的重要问题。

(一)人口的数量

我国人口基数大、总量多,并且已经成为制约我国经济发展的重要因素。2015 年,我国人口总数已经达到 13.67 亿人次,人口总量膨胀与经济水平间的制约关系,对我国休闲体育的发展将产生重大的影响。人口数量较多,则相应的休闲运动场馆、资源等的人均数量会相对降低,则在一定程度上限制了休闲体育的发展。

(二)人口的质量

随着我国经济发展水平的提高和我国教育水平的不断发展,使得我国受教育人口逐渐增多,人口的素质也得到了一定程度的提高。国民素质的提高使得休闲体育得到了更好地发展,人们能够文明、健康、科学地利用闲暇时间,对休闲体育的内部结构产生一定的影响。

(三)老龄人口比例的增大

人口的老龄化是 21 世纪初我国人口的显著特征,是我国面临的重要人口问题之一,资料显示我国的老龄人口在 2015 年有 2.2 亿人。在人口老龄化阶段,或造成适龄劳动力所占比重下降,造成劳动力的相对短缺;同时,老龄化还会造成家庭负担的加重,社会负担也会相应增加,使社会经济负担加重。人口老龄化的问题会引起我国消费水平和消费结构的变化,从而对休闲体育的发展产生一定的影响;家庭和社会负担的加重也会相应压缩人们的闲暇时间。

(四)城市人口增多

娱乐需求随着城市化的扩大而不断提高,大城市提供了休闲活动的广泛选择。随着我国经济社会的发展,城市化的进程逐渐加快,小城镇、卫星城和城市的人口会明显增加,而农村的人口比例呈逐渐下降的趋势,这是我国人口分布的特点。而城市规模和城市人口的明显增加会使得休闲体育迅猛的发展,我国的城镇人口有约 7.7 亿人,并且还在不断增加,相应的农村人口则在逐渐减少。城市中的休闲体育布局会因为人口的增多而发生变化,休闲体育的组织形式、活动空间、消费比例等方面都会有所改变。另外,随着城市人口的增多,第三产业也会有所发展,这在一定程度上也会促进会促进休闲体育的繁荣。

城市化所带来的改变是多方面的,其中一方面是居民区和商业用地等的增加会使得自然因素逐渐减少,那些亲近自然、使人愉快的休闲体育活动将会更受人们的欢迎。

二、余暇时间因素

在 20 世纪 80 年代时,我国施行的是每周六天工作制,人们的余暇时间相对较少。随着改革开放的深化进行,每周五天的工作制逐渐在我国得到了推广和普及,从而使得人们能够自由支配的时间逐渐增多,从而为人们参与休闲体育活动提供了时间保障。另外,随着服务产业的发展以及家用电器等的发展,使得人们从日常家务劳动中解放了出来,使得人们有了更多的闲暇时间。同时,我国的节假日制度也逐渐完善,以上这些因素都使得人们进一步摆脱了工作的束缚,相应的生活和休闲的时间逐渐增多。

从整体来看,5 天工作制已经在全国范围内广泛的开展,另外,随着社会服务体系的不断发展,以及家庭劳动中的新技术手段的引入等,使得我国人民的闲暇时间逐渐呈增多的趋势,这对休闲体育的发展能够起到一定的促进作用。但是,保证人们开展相应的休闲体育的时间也受到多方面的威胁。具体包括以下几个方面的内容。

(一)某些行业工作时间的延长

尽管从总体上来看,人们的工作时间呈不断下降的趋势,但是,很多服务行业,如通讯、教育、交通、医疗等行业的工作时间并没有缩短,由于我国人口压力较大,有些行业的工作时间甚至还被延长。这些服务行业需要服务社会,需要面对很多琐事,因此需要耗费的时间较长,这是其行业特点所决定的。工作时间的延长必然会导致人们闲暇时间的缩短,从而对休闲体育发展造成不利的影响。

(二)其他休闲方式的影响

随着经济社会的发展,人们的休闲方式会呈多元化的发展趋势。尤其是随着电子科技的迅猛发展,电子游戏已经成为人们的一种重要的休闲娱乐方式,对于青少年具有很大的吸引力。电子游戏种类众多,并且逐渐占用了人们大量的闲暇时间,成为休闲体育发展的重要竞争对手。

三、生活水平与生活方式

随着改革开放的进行,我国的经济发展水平飞速发展,国民生产总值显著提高,人们生活水平得到了一定程度的改善,我国居民的恩格尔指数也逐渐呈下降趋势。人们用于基本生存的消费比重下降,可支配收入得到了大幅度的提高,这为休闲体育在我国的快速开展提供了必要的经济基础。尤其是进入 21 世纪以来,我国人民初步实现了小康,虽然人均国民收入水平与发达国家相比仍具有一定的差距,但是,这一差距正在逐步减小。

在我国经济发展出现长足发展后,休闲体育开始得到人们的重视,逐渐兴起,它为人类指示了精神自由的方向,显现了圣洁的生命价值。这也说明了人类的闲暇时间与社会财富是同步增长的。在远古时代,社会生产力很低,导致人们为了生存而终日辛苦劳动,为获得食物而不辞辛苦的每天奔波,因此那时的闲暇时间非常少。而随着社会、经济、科技的发展,人们不再为食物等其他生存问题而奔波,加上劳动时间的缩短,为闲暇时间的产生提供了可能。生产力越发展,人们就越能用较少的时间创造较多的财富,得到闲暇的时间也越多。科技革命所导致的生产方式和生活方式的改变,以及显性文化和潜性文化的影响等,都使人的生理体能、文化资质和心理品质发生了变化,思想文化素质越高,自我需求和实现程度也越高。当今的工业化、信息化和现代化,为休闲体育提供了充足的物质基础和时间保障,使人们走出了封闭、保守、落后的传统生活方式,开始向着开放、文明、健康的现代生活方式迈进。

尽管我们并没有完全达到休闲社会的水平,但无论从日常生活的作息时间比率衡量,还是按一生的劳作休闲比率衡量,我国的经济发展已经为民众获得休闲奠定了坚实的物质基础,物质生活的开支在人们生活开支中的比例也越来越小,而非物质方向的开支却越来越多,开始向文化的、休闲的消费方向转移。特别是改革开放以来经济生活中的多样性变化,使人们对体育的需求已从整齐划一、统一模式的单调色彩中走出,并呈现出体育消费追求个性化、消费档次高级化、消费心理成熟化、消费能力多极化和消费取向多元化的趋势。安排休闲是高度个性化的事情,但很多消遣的形式却是高度社会化的,必须靠社会提供条件。因而,正是在市场经济高速发展、政治环境稳定的情况下,社会才能为人们的多样性文化选择和休闲体育消费方式提供丰富的物质保障。

休闲体育的发展与人们的生活方式和生活水平具有重要的联系。随着人们生活水平的提高,人们的休闲方面的消费会呈现显著性的增长。随着人们的用于社会生产的时间的逐渐减少,闲暇时间逐渐增多,人们的闲暇生活方式也会变得越来越丰富多彩,用于休闲体育的时间也会增多。生活水平的提高会使得人们的生活方式改变,从而使得人们合理调整和分配自身的时间,用于休闲体育的时间也会有所增加。但是,就目前而言,还有多种不利因素阻碍休闲体育的发展。

(一)社会竞争的加剧

改革开放以来,经济社会结构不断发生着变革,随着商业社会的发展,人与人之间的竞争逐渐加剧,这使得人们不得不努力提高自己,在工作和生活之余,人们也利用自身的闲暇时间来进行"充电",不断提高自身的素质,这在一定程度上使得用于休闲体育的时间被挤占。

社会结构的复杂化和社会信息的海量使得人们疲于应对,社会生存的竞争和压力正在逐渐加大。社会结构的复杂化也使得人们需要必要的时间来维系人际关系;知识的更新换代更为频繁,人们不得不去学习越来越多的新知识,这些因素都会导致人们休闲体育的时间缩短。

(二)物质需求的增长

随着经济社会的发展,社会物质条件日益改善,不断增多的商品满足着人们的多元化的物质需求。这些丰富的物质产品虽然能够在一定程度上丰富人们的生活,但是,它在一定程度上会促使人们物质欲望的增加,人们为了满足自身对于物质的欲望会更加努力地去工作来获取工作的金钱,从而使得人们的生活观念和生活方式产生一定程度的畸变,不利于休闲体育的发展。

另外,随着市场经济的发展,如今的社会成为一个消费型社会,人们的消费也在不断增长,维持日常开销的费用逐渐增多,为了维系高水平的生活,人们不得不付出更多的工作时间。尤其是在我国,由于房价的高涨,为了偿还房贷,有些人甚至会身兼多职,根本没有时间用于参与休闲体育。

(三)地区经济社会发展的不平衡

由于地理环境和经济发展历史和条件的限制,我国的经济发展呈现一定的不平衡,具体表现为东西部地区经济发展的不平衡性,以及城乡经济发展的不平衡性。休闲体育的发展与经济发展水平具有密切的联系,在经济欠发达地区的休闲体育发展必然会受到一定程度的限制。随着经济社会的发展,这种不平衡性会在一定时间段内呈现一定扩大的趋势,而这些地区也会成为休闲体育发展的死角。由于经济发展水平的限制,贫困地区的人们根本没有时间、金钱去享受生活,在思想观念上与发达地区的人们也有很大的差异性。因为,为了改变这种状况,应积极推进地区之间的共同发展和共同富裕,促进经济社会的协调发展。

四、思想文化因素

经济社会的发展促进了人们的思想解放。思想自由消除了心理压力,人们按照自己的意愿自主从事休闲体育运动,这才是真正意义上的休闲体育发展的根本原因之一。在改革开放之前,我国实行计划经济,严重的挫伤了人们工作的积极性。而"文化大革命"期间,来自政治环境的压力,更是阻碍了人们参与休闲体育运动的积极性。在"文革"期间,很多体育运动、艺术等都裹足不前,严重影响和禁锢了人们的思想。随着改革开放的进行,人们的思想得到了进一步的解放,人们的个性呈多元化的发展趋势,这为休闲体育的发展提供了思想基础。

我国休闲体育起步较晚,起点也相对较低,休闲体育产业的运作理念和运作方式还有待提高,并且相应的法律法规和有待完善,但是,我国休闲体育的发展也有其相应的优势。休闲体育作为一种生活方式和文化现象,它的形成和确立需要一定的过程。随着我国改革开放的进行,许多外来的价值观念正逐渐冲击这人们的认知和价值观念,很多价值观念逐渐被人们所接受,在与传统价值观念的融合之后,形成了新的价值观念类型,并且得到了人们的广泛认可。参加相应的休闲体育的人要通过自身的价值观念去评价和分析其有无价值。因此,休闲体育价值观念的形成建立在自身的理解和认知的基础之上。

在我国乡村地区,经济社会的发展程度相对较低,人们的休闲体育思想没有形成,开展休闲体育的人群相对较少。由于思想观念的保守,这在一定程度上阻碍了休闲体育的发展。在现实生活中,很多人都认为劳动的功能就等同于体育运动的功能,因此和很多人为,在进行劳作之后就不用再进行体育运动健身。随着我国经济社会的不断发展,城市化进程不断加快,人们的思想观念将会进一步得到发展,从而能够有效促进休闲体育的发展。

第五节 休闲体育的未来发展探讨

一、趋向于与自然的融合,实现户外化

随着现代社会的发展,越来越多的人希望在自己的闲暇之余离开喧嚣的城市和传统的体育场馆,朝着回归自然、融入自然、投身户外的方向发展。由于在城市休闲运动中,大多存在空间小,运动趋于多样化、小群体化、付费化等特点,而户外休闲运动则恰恰相反,其运动空间较为宽广、变化少、大群体化、免费化。这些特点上的不同也使得在运动休闲观念上也存在一定差异。

休闲体育都是以运动强化身体为共同功能,但对于心灵的疏解,其效果却不尽相同,更多的城市人选择利用休假回归自然,以爬山、踏青、自行车为主,直接接触大自然。户外运动是现代文明中的人们对自然的一种向往、一种追求、一种回归。不管身处城市的哪个角落,户外都是一个极具吸引力的字眼。远离城市的喧嚣,带着一份年轻的心,投入大自然自由舒展的怀抱,感受自然的纯美风光,呼吸着山野清新的空气,体验具有挑战意味的生活成为都市人的休闲方向,踏青、郊游、激情漂流、峡谷探幽、野外穿越、定向越野、野外生存、悬崖速降、溯溪、溪降、滑雪、滑翔等户外运动也因此越来越成为国际上最受欢迎的运动休闲方式之一。

二、追求刺激与极限的感受

随着西方休闲文化的传入,许多人开始接受西方的一些休闲方式。特别是年轻人,在活动中他们越来越倾向于在生理和心理上尝试体验极限活动带来的一种惊险刺激的感受。无论是空中延迟跳伞、悬崖自由跳水、蹦极,还是攀岩、攀冰、不吸氧深海潜水等运动项目,无不让人在惊心动魄之余,体会到来自"后工业化"时代崇尚极限休闲活动的新观念的强烈撞击。

放眼当今世界,极限运动已成为了一种新的休闲发展趋势,在美国、英国、法国、澳大利亚等发达国家,人们尤其热衷于从事那些极为冒险刺激的活动项目,并且演变成为一种休闲娱乐时尚。据美国体育网站报道:美国体育数据公司 2001 年的一项调查表明,极限运动已成为美国发展最快的大众休闲体育活动。具体地说,滑板滑雪、滑板和滑水这三种"极限"的运动形式,是美国在 2000 年发展最快的运动项目。

三、休闲体育在内容和方式不断创新

随着休闲体育的发展,现有的休闲活动的内容和方式已经不能满足人们的需要,必须在项目的创新和手段进行不断的翻新和突破。国外很多国家休闲教育贯穿人的一生,目的就是要人学会怎样休闲、怎样去玩,再加上发达国家的人们求新求异的价值观非常突出,凡事都追求标新立异,别具一格。因而,国外休闲体育发展至今,除了一些常见的休闲体育项目,例如各种球类活动、游戏、旅游、狩猎等,许多国家的人们还在活动的内容和方式上进行了别出心裁的创新,形成了千奇百怪的休闲体育内容和方式,令人目不暇接。

21 世纪初是知识、信息大爆炸的高科技时代,人类需要回归自然,寻找人类的本性。因此,在内容的选择上,休闲体育多倾向于野外、大自然中进行的活动,主要分为三个方面:陆域——以山林野外为背景的登山、攀崖、定向徒步越野、郊游、山地自行车运动、野外旅行、探险、滑雪、滑冰、雪上摩托等;水域——划船、赛艇、帆板、水上摩托、潜水、冲浪、滑水、钓鱼、游泳、漂流等;空域——滑翔、跳伞、热气球等活动。

四、竞技体育的休闲化发展

第二次世界大战之后结束之后,各国致力于自身的经济恢复和发展,这一阶段竞技体育得到了快速的发展,奥运会的参与人数、项目的设置以及比赛的竞争程度等各方面都得到了大幅度提高,竞技体育的发展水平在一定程度上代表了该国的体育发展水平。随着竞技体育的发展,人们对竞技体育的关注和欣赏已经成为人们生活的重要方面,这在一定程度上刺激了人们参与休闲体育运动的积极性。另外,随着竞技体育的发展,各国也逐渐认识到了体育产业发展对于经济社会发展的重要作用,为了使人们更好地参与健身活动,竞技体育逐渐向休闲体育方向转化。竞技体育的休闲化并不是竞技体育和休闲体育之间的对立,这两者是并行存在的,并且在一定程度上起到了相互促进的作用。

五、休闲体育的商业化发展

纵观休闲体育的发展,休闲体育已成为现代健康生活方式的重要组成部分,参与休闲体育人数的上升将会带动整个体育消费数量的增加,促进体育场馆、体育设施、体育服装、体育书籍、体育报刊等相关产业的发展。美国、日本、意大利等国家的研究成果表明,体育产业的总值均可排在本国的前10位,其中,休闲体育产业占有相当大的比重。

在休闲文化发达的美国,休闲服务分别由政府、非营利性服务机构及赢利性服务机构来实施。其中,95％都是由赢利性服务机构承担这些休闲服务。我国随着思想的进一步解放,改革开放以来,我国冲破了"计划经济的束缚",1997年又冲破了"所有制的约束",体育的社会化、产业化程度逐步增加。21世纪人们的文化素质显著提高,选择科学、文明、健康的休闲体育已在情理之中,"花钱买健康""花钱买休闲"的观念已经深入人心。休闲体育赢利性服务组织机构将大幅度增加,包括体育旅游、休闲体育产品以及娱乐活动等。休闲体育服务也许会成为21世纪初我国经济的一个新的增长点。

在我国,休闲体育产业与休闲体育尚处在一个发展阶段,但已显示良好的发展态势。随着休闲体育在我国的不断发展,参与休闲体育活动人数的不断增多,人们对休闲体育产品的需求将会进一步增加,由此会带来相关体育产业的快速发展。今后如何处理好满足人们对休闲体育产品的多样化需求与保证休闲体育产品质量的关系是促进休闲体育产业快速、可持续发展的关键问题。同时,随着休闲体育在我国的发展,对于休闲体育专业人才的需求会逐渐增加,因此,休闲体育专门人才的就业市场会有较大的发展潜力。

在商品经济社会里商业利益是几乎所有社会活动的主要推动力,围绕着休闲体育项目可以铺展开一个相当广泛的商业群体。这一组合的连带经济群体为休闲体育的发展提供了一个相当巨大的操作面,最终形成一个以休闲体育项目为核心和主要对象,紧密结合相关辅助性行业的商业化的产业组织。使经营与发展共同进步。我国休闲体育目前的发展形势已经呈现出这一变化,只是许多辅助性行业还没有形成针对性较强的业务能力。比如,我国的体育旅游业在一定程度上已经形成了自己的商业体系,以体育旅游观光为龙头的餐饮、住宿等服务群体基本成型,相关的制造业更是高速发展,进一步的发展趋势表明其辅助业务将涉及更广泛的领域,已有的内容也将更加完善,显示强劲的发展势头。休闲体育商业群体必然会发展成为我国第三产业发展的重要力量。

六、新媒体对休闲体育发展的影响

手机、网络等大众媒介在促进体育事业发展中的作用越来越受到人们的重视,也必然会对我国休闲体育的发展产生重要的推动作用。这主要表现在几个方面。

其一,手机、电视、网络使更多的人成为休闲体育的参与者。大众媒介在竞技体育中比赛实况和体坛明星的报道,使得大众更加关注体育活动,同时拉近了体育与观众之间的距离,放大了体育比赛场地,使亿万电视观众欣赏到高水平体育比赛,也将竞技体育中的比赛项目推广为个人的休闲体育活动内容,从而使更多的人成为休闲体育的参与者。

其二,大众媒介对休闲体育的推动和普及发挥积极作用。休闲体育作为一种健康的休闲方式已逐渐被越来越多人接受,因此,大众媒介对于休闲体育的报道和宣传也不断增加,对休闲体育的推动和普及发挥积极作用。韩国学者曾对韩国十大网站进行过调查,结果显示,韩国大众对休闲体育高度关注,以运动和休闲为主题的上网人数排在音乐、科技、教育、经济之前,位于前5位。我国新近研究结果也表明,电视等大众媒体已成为影响参加体育活动人数的最重要因素之一。

其三,网络时代休闲体育的机遇和挑战。信息网络产业的高速发展、有效弥补了人们所面临的"信息失衡"现象。由于网络的飞速发展(网络所具有的最重要的特征:各种信息极为丰富且交易成本极低),为经营休闲体育的企业提供了机遇和挑战。网络对经营观赏性和参与性体育项目的企业提供了前所未有的机遇,使人们更容易、更廉价的获得其所需的娱乐对象和信息,使企业在经营规模规划和宣传媒介的选择上有了更大空间,但同时,也给经营休闲体育的企业带来了一定的困难。如何在各种休闲信息日益丰富的情况下争夺潜在的消费者,即能占据消费者的"注意力中心",使大众更关注休闲体育,已成为其从业者所面临的重大问题。

七、重视健康,实现生态化

新时代的休闲体育是集生态性、休闲性于一体,关注自然生态,注重人与自然、人与社会的和谐发展,强调人的身心全面发展的一种休闲方式。它既是一种自觉保护自然、保护生态环境的文明休闲形式,又是人形成的一种崭新的生活方式和生活态度。毋庸置疑,现代的发展对自然、资源、生态造成了严重的破坏,人们也为此付出了健康的代价。旅游业的过快发展和景区的人满为患,带给人类的不仅是经济发展的福音,还有环境恶化、水质污染、生态破坏等所产生的隐患和警示。如今,关注自然生态,挽救休闲带来的生态危机,倡导可持续休闲,已成为国内外大众的共识。

第八章　保健体育相关理论与发展探讨

　　保健体育,顾名思义是一种具有良好健身保健功能的体育形式。同其他类型的体育运动相同,保健体育活动的开展离不开一定的科学理论的指导。本章主要就保健体育相关理论与发展进行研究,内容包括保健体育基本理论知识、保健体育的基本手段和方法及其传承与发展的社会学审视。

第一节　保健体育基本理论

一、保健体育的概念

　　所谓保健体育是以那些将身体活动作为主要形式,具有良好健身保健功能的自我锻炼。通常来说,保健体育往往会与自我按摩、呼吸和意识相互结合在一起来进行,用来增强体质、锻炼身体、舒畅情志、调摄精神、防治疾病。

　　在促进和维护人体健康方面,保健体育具有非常好的促进作用。人们通过参与各类保健体育活动能够更好地改善人体的血液循环,增强人体各器官系统的功能,保持身体健康;此外,对于婴幼儿、青少年群体,保健体育还能够更好地促使其实现正常的身体发育和健康成长;对于中壮年群体来说,保健体育有助于使他们能够更好地维持旺盛的精力;对于老年人群体来说,保健体育能够促使他们健康长寿,同时能够对一些常见的疾病加以有效的预防和治疗,以更好地促使其身体得以快速恢复。

　　由此可见,对于各种不同的群体来说,保健体育都具有非常积极的作用,所以,在休息之余,人们要积极参与到一些具有良好健身价值的保健体育活动之中,以更好地促进身心得到更好发展。

二、保健体育的任务与分类

(一)保健体育的任务

　　保健体育主要具有以下几方面任务。

（1）促使机体活动能力得以有效提高,对人的体质状况加以全面改善。

（2）对各种心理和生理疾病加以有效的治疗和预防,促使身体的健康水平得以提高。

（3）延缓人体的生理衰老过程,延年益寿。

（4）促使人的审美意识不断提高,并提高人对美的理解、感受、评价和创造能力,更好地对人的生活加以美化。

（5）对人的社会和心理适应能力加以全面调节,对人的社会生活和精神生活加以改善和丰富。

（二）保健体育的分类

根据不同的标准,保健体育可以划分为很多不同的种类。下面主要根据保健体育的功能和性质来进行分类,可将其划分为体育健身、体育养生和体育医疗与康复三大类,具体如下。

1.体育健身

体育健身主要是指为了是人们健身强体的需要得以满足而开展的各类身体锻炼活动。通过有目的地参与体育运动锻炼,来促使人体的各器官系统的机能得以不断增强,促使人体的身体素质得以不断提高,并提高人的基本运动能力。国家专门对体育健身方法和手段进行了收集和整理,从而为广大人民群众更好地参与体育健身活动提供了更为丰富的内容手段。另外,在日常生活中,人们的健身走、健身跑、骑自行车等,都是人们参与体育健身的一种非常重要的手段和选择。

2.体育养生

体育养生是一种东方保健体育类型,它是在对我国传统养生进行挖掘和整理的基础上发展起来的。就整个东方体育的产生和演变过程来说,从本质上讲,东方体育将人体保健功能放在了最为重要的位置。中国传统养生学主要是注重将人与自然环境达成协调统一,并重视用医学和哲学的观点来对人的整体优化进行研究,其涉及很多方面的内容,如人的饮食、起居、劳逸、导引、情绪等,已将人们的物质和精神生活等基本内容涵盖其中。在中国传统养生学中,体育养生是其中重要的组成部分,也是其中最具主动性的因素。时至今日,现代人们依然对传统体育养生体系中的很多方法和理论非常推崇,成为促进人们身心健康的重要方法和手段。

3.体育医疗与康复

所谓体育医疗与康复是指通过对各种体育手段的运用来对某些疾病加

以预防和治疗的体育保健实践活动。将治疗疾病同相关体育手段的运用相结合是体育康复和医疗的基本特征。根据现代实践研究表明,体育既能够促使人的体质增强,增进人的身体健康,同时还能够对一些疾病的治疗有着非常有效的辅助治疗效果。通过对各种体育手段的运用,对于病愈后的恢复有着非常有效的促进作用。随着现代社会生活方式和生产方式的改变,现代社会中出现了一些"富贵病""文明病"等现象,并呈现出增长的趋势,随着社会竞争激烈程度的提高和人类生存环境的恶化,人们大都处在"亚健康"的状态,在体育康复和医疗方面,人们有着越来越迫切的需求,在医疗康复活动中,体育所扮演的角色和发挥的作用越来越重要。

第二节　保健体育基本手段与方法

保健体育有很多种健身锻炼的手段和方法,如基本的走、跑、跳、投的锻炼方法,养生气功,太极拳等。本节主要就健身走、健身跑、健身跳的基本方法和游戏方法进行阐述。

一、健身走方法

(一)健身走基本方法

1.快步走锻炼法(图 8-1)

(1)技术与动作

在快步走的过程中,身体向前适度倾 3°～5°,两手臂配合腿协同摆动,手臂前摆时肘部要成 90°,手臂前摆的高度不能高于胸,向后摆动时肘部也要成 90°,在身体两侧两手臂自然前后摆动,随着步幅的变化,两手臂摆动幅度也要进行变化。保持步幅稳定的前提下,来加快双腿交换的频率。前摆动腿的脚跟着地之后要快速过渡到前脚掌,整个动作要尽量做到柔和,后脚离开地面。

(2)锻炼方法

①以两脚的内侧作为基准,两脚踩成一条直线,骨盆稍微前后左右转动,但幅度不宜过大。

②在快步走过程中,要保持均匀的步速,同时也可以采用变速的方式,采用每分钟 100～120 步的速度,或每小时走约 5 千米;以每分钟 100 米的

急速步行,或每小时 6.5 千米,每次走大约 30～60 分钟。

③要注意步幅不能太大,尽量加快步频。

④将脉搏尽量控制在 120～150 次/分钟,以为今后的跑步锻炼打下良好的基础。

图 8-1

2.散步锻炼法(图 8-2)

(1)技术与动作

只有采取正确的身体姿势,才能获得良好的散步锻炼效果。具体方法就是保持姿势自然、放松、脚要放平、柔和着地、收腹提臀、抬头挺胸,保持与脊柱成一条直线,放松肩部,两手臂自然垂放在身体两侧,同两腿迈步相协同,动作要自然,前后进行摆动,两腿交替屈膝向前摆动,采用足跟着地,然后滚动到脚尖,另一条腿要屈膝前摆,足跟着地,步幅要因人而异。

图 8-2

(2)锻炼方法

①普通散步法。这种方法所采用的速度为每分钟 60～90 步,每次行走 20～40 分钟。

②摆臂散步法。在行进的过程中,两手臂前后做较大幅度的摆动,采用的速度为 60～90 步/分钟。

③快速行走法。采用的速度为每分钟 90～120 步,每次行走 30～60 分钟。

④臂后背向散步法。在行走的过程中,要将两手手背放在腰部,先缓步背向行走 50 步,然后再向前行走 100 步。按照这种方式反复行走 5～10 次。

⑤摩腹散步法。这种方法为传统中医养生方法,在行走的过程中用两手对腹部进行旋转按摩,采用速度为每分钟 30～60 步,每行走一步即对腹部按摩一周。

(二)健身走游戏方法

1.脚跟走往返接力

准备:2根标志杆,两块10米长的游戏场地。

方法:如图8-3所示,首先将所有参与游戏者划分成两组,保持两组人数相等,两组分别在起跑线后成纵队排列。在开始游戏之后,各组的第一个游戏者快速用脚跟走到终点,绕过终点标志杆之后,再走回到本队,在与本组第二人击掌之后,第二人开始做相同的动作。按照同样的方式依次进行,一直到最后一人完成游戏,以先走完的组为胜。

规则:

(1)不能抢走。

(2)整个游戏过程,只能采用脚跟走来完成,不能将前脚掌触地,走的过程中要保持腿伸直。

图8-3

2.往返竞走接力

准备:2根标志杆,在两条跑道上分别画两条平行线,相距30米,作为起点和终点。

方法:如图8-4所示,首先将参与游戏者划分成人数相等的两个组,各组分别站在起跑线后,成纵队排列。在开始游戏之后,各组第一人快速采用竞走的方法走到终点,绕过标志杆,再走回到本组,同第二人完成击掌之后,第二人按照同样的方法进行,一直到最后一人完成游戏,以先完成的组为胜。

规则:只能用竞走的方法完成游戏。

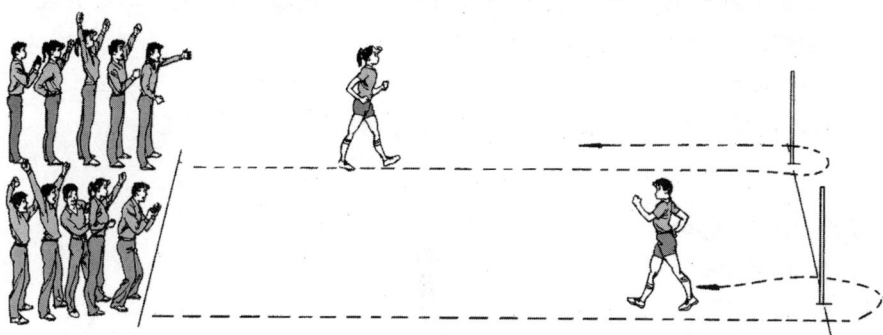

图 8-4

3.同步行

准备:1个平坦场地。

方法:如图 8-5 所示,将所有游戏者划分成两列横队站立,在听到"同步走"这一口令时,换成迈右腿摆右臂,迈左腿摆左臂,即按照同手同脚的方式向前走。在听到"齐步走"的口令后,转换成正常齐步走的形式向前走,这两个口令交替使用。

规则:

(1)根据相应的口令变换行走的方式。

(2)要保持整齐的步伐,要给予做错者一定的判罚。

图 8-5

4.脚内侧走接力

准备:2个标志杆,画两块长为 10 米的场地。

方法:如图 8-6 所示,首先将所有的游戏者划分成两个人数均等的组,各组分别在起跑线后成纵队排列,在开始游戏之后,各组的第一人开始快速采用脚内侧走到终点,绕过标志杆之后,再回到本组,与第二人完成击掌后,第二人按照同样的方法进行,直到最后一人完成游戏,以先完成的组为胜。

规则:

(1)不能抢走。

(2)在整个游戏中,采用脚内侧走进行,要尽量保持直腿走。

图 8-6

5.手持球拍带球走接力

准备:2个标志杆,羽毛球拍和羽毛球,在场地上画两条平行线,距离15米,作为起点和终点。

方法:如图8-7所示,先将所有游戏者划分成人数相等的两个组,分别站在起点线后成纵队的形式排列。在开始游戏之后,各组的第一人手拿羽毛球拍,并将球放在拍面上向前行走,绕过标志杆,再回到起点,将球拍和球交给本组第二人,第二人按照同样的方式进行,直到最后一人完成游戏,以先完成的组为胜。

规则:在整个过程中不能跑,要将手臂伸直,如果球掉到地上,要在原位放好球后再继续进行。

图 8-7

6.持哑铃走迎面接力

准备:两副哑铃,在场地上两条相距 10 米的平行线。

方法:如图 8-8 所示,首先将所有游戏者分成两个人数相等的队,每队再分成甲乙两个组,分别在两条平行线的后面对面站立。在开始游戏之后,每队甲组的第一人双手拿哑铃,将两手臂侧平举,走到对面乙组,将哑铃交给乙组排头,然后站到队尾,同时乙组排头按照同样的方式走到甲组,将哑铃交给甲组第二人,重复进行。直到最后一人完成游戏,以先走完的队为胜。

规则:

(1)要保持两手臂侧平举,不能跑。

(2)不得抢走。

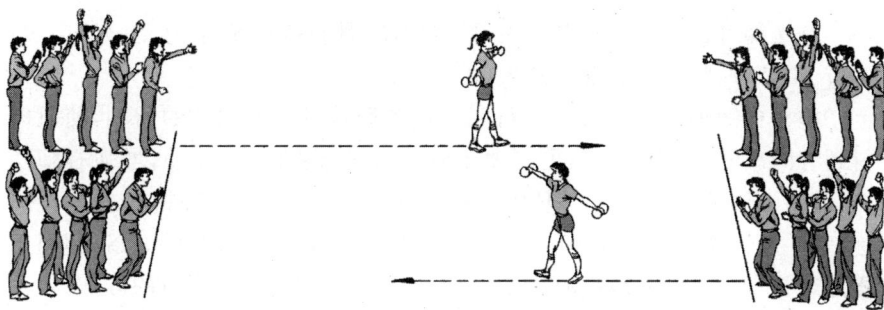

图 8-8

二、健身跑方法

(一)健身跑基本方法

1.慢速跑锻炼法(图 8-9)

在健身跑中,慢跑是一种主要的锻炼方式,根据每个人的实际情况,采用匀速慢跑的方式来完成一定的距离,从而对身体加以锻炼。健身慢跑先开始采用速度为每分钟 90～100 步为宜,然后再逐渐增加到每分钟 110～130 步,时间以每天 30 分钟为宜,距离大约为 2.5～3 千米。

在进行慢速跑的练习过程中,需要根据脉搏来控制运动强度,一般脉搏以不超过 110～120 次/分钟为宜;也可以根据公式:心率＝180－年龄来计算,如对于一个 60 岁的老人来说,其慢速跑的心率以不超过 180－60＝120 次/分钟为宜。在跑动过程中,还要注意呼吸以不喘粗气为宜。

图 8-9

2.跑楼梯锻炼法(图 8-10)

跑楼梯可延缓肢体肌群萎缩、韧带僵硬、骨质疏松脆弱,达到强肌肉、疏关节、柔韧带、坚骨质的健美效果。

跑楼梯锻炼法需要腰部、背部、颈部和肢体进行不间歇的活动,使肌肉得到有间歇的放松和收缩,更好地改善肺活量,促进血液流动,增强心肺功能,改善人体的新陈代谢。据相关研究证明,采用匀速跑楼梯方式进行锻炼,每 5 分钟能够消耗掉 100~110 千卡的热量,相当于散步的 2 倍,相当于慢跑或骑自行车所能消耗的热量,是一种比较有效的减肥瘦身的方法。

图 8-10

3.原地跑锻炼法(图 8-11)

原地跑是一种在室内便可以开展的一种健身锻炼形式,这种方式适合普通人群以及具有良好锻炼基础的慢性病患者。原地跑锻炼的时间可以根据需要来制定,可长可短。速度可以不断加快,动作也可以随着速度的加快而不断加大,这样能够更好地增加运动量和运动强度。此外,还可以根据跑步的速度来选择相应的音乐,在音乐伴奏之下进行原地跑步,从而不断提高练习的兴趣,以更好地发挥出跑步健身的功效。

图 8-11

(二)健身跑游戏方法

1.背向起跑

准备:长 30 米的跑道。

方法:如图 8-12 所示,首先将所有游戏者分成若干组,每组为 6~8 人。在游戏开始时,每组按照顺序在起跑线后背对做好蹲踞式起跑的准备姿势或站立式起跑姿势。当听到发令枪响之后,游戏者要快速转身起跑,按照先后到达终点的顺序排好名次。

规则:

(1)既不能越线,也不能抢跑。

(2)不能跑错跑道。

图 8-12

2.喊数组队

准备:1个平坦场地。

方法:如图 8-13 所示,按照一定的圆圈跑进,圆圈的大小根据具体的人数来确定。在游戏的过程中,当听到"2""3"……等数字之后,根据所喊出的具体数字,快速与周围的同伴抱成一团。最后没有抱成团,或抱错团的要给予一定的惩罚。

规则:

(1)不能对已抱团的游戏者进行推、拉等动作,否则犯规。

(2)只能与相近的游戏者抱团。

图 8-13

3.转身起跑冲刺

准备:在跑道或平整场地上画两条相距 15 米的平行线,分别为起点线和终点线。

方法:如图 8-14 所示,将参与游戏者按 8~10 人一组分成若干组。在游戏开始之后,第一组背对跑道蹲在起跑线之后,做好起跑的预备姿势。在听到发令枪响后,快速转身起跑。在终点处设有裁判员,按照到达的先后顺序确定名次。然后,再将各组同名次者放在一起,进行比赛。

规则:预备姿势要全蹲,不能提前启动或者抬起臀部,否则视为犯规。

4.丢手绢游戏

准备:1块手绢,在场地上画一个直径为 15 米的圆。

图 8-14

　　方法：如图 8-15 所示，让游戏者面向圆心坐在圆圈上，选出一人来"丢手绢"。在开始游戏时，丢手绢者首先在圆外按照逆时针方向行进，在将手绢丢到任一游戏者背后之后，继续行进，当跑道此人位置时轻拍其背部，被拍者来丢手绢。当被拍者发现背后有手绢时，要立即捡起手段去追赶丢手绢者，若中途追上，则两人角色不变，如跑一圈没有追上，则两人角色互换，继续游戏。

　　规则：

　　(1)游戏者之间不能互相提示，否则被判为"丢手绢人"。

　　(2)追赶者用手轻拍对方肩膀即可。

图 8-15

5.蛇头抓蛇尾

　　准备：1 个平坦场地。

　　方法：如图 8-16 所示，游戏者用双手抱住前面一人的腰部排成单行，形成"蛇"。游戏开始后，蛇头努力去抓蛇尾的人，前半部游戏者努力帮助蛇头尽可能抓住蛇尾，后半部的游戏者努力帮助蛇尾不让被蛇头捉到。

规则：

(1)队伍不能被拉断，拉断后重新开始，即使抓到蛇尾也是无效。

(2)蛇头触到蛇尾时，即换人做蛇头和蛇尾，重新开始游戏。

图 8-16

6.喊号追人

准备：跑道 30 米。

方法：如图 8-17 所示，参与者成两排面对面站在跑道中间相距 2 米，分别给两排的参与者规定号码"1""2"，要求每人记住自己的号码。游戏开始后，喊"1"时，编号为"1"的同学向后转身跑出，编号为"2"的同学从后面追赶，追逐区内追上者为胜方，追不上者为负方。

规则：

(1)做好站立式起跑姿势时，脚不得过线。

(2)用手触摸到被追者即为追上。

图 8-17

7. 贴人

准备:直径 10 米的圆形场地 1 个。

方法:如图 8-18 所示,每两位游戏者一组并排面向圆心站立,各组游戏者左右间隔 2 米。从游戏者中选出两人作为追逐者与逃跑者,追逐者可以在圈内圈外及各组之间穿插跑动,逃跑者只能沿圈外跑进。追逐过程中,追者如果用手拍到逃者,则 2 人互换角色,但如果逃者贴住任意一组的一侧,则这组的另一侧同伴立即成为新的逃跑者。

规则:

(1)逃跑者不得跑出规定的圆圈附近以外范围。

(2)逃跑者贴人时只能沿跑进方向贴人,不能向回贴。

图 8-18

8. 淘汰性赛跑

准备:直径 10 米的圆形场地 1 个,在圈外画一条斜线为起跑线。

方法:如图 8-19 所示,将游戏者每 8 人分为一组站在起跑线上,游戏开始后,各组第一次跑,规定每人跑两圈,跑在最后的两人被淘汰。各组都跑完一次后,未被淘汰的游戏者继续跑,未被淘汰的游戏者继续跑,规定每人跑一圈,最后两人被淘汰,每组剩下的 4 人为优胜者。

规则:

(1)发令枪响后才能跑。

(2)超越别人时,应从外侧越过。

图 8-19

三、健身跳方法

(一)健身跳基本方法

1.原地跳练习法

(1)立定跳远

两脚原地开立,协调预摆几次,两臂及两腿用力蹬伸,然后收腹举腿前伸落地(图 8-20)。

图 8-20

(2)立定跳远后坐入沙坑

基本要领同立定跳远,只是两脚落地时,尽量使两腿触胸后两脚远伸,用臀部坐入沙坑(图 8-21)。

(3)原地两级蛙跳

两脚原地开立,协调预摆几次,两臂及两腿用力蹬伸摆动,然后收腹举腿前伸落地,接着继续蹬伸配合进行第二次跳跃(图 8-22)。

图 8-21

图 8-22

(4)蹲起挺身跳

动作要领:两腿半蹲,两臂用力向前上方摆起,同时两腿用力蹬伸跳起,空中挺胸展胯,然后收腹举腿落地(图 8-23)。

图 8-23

（5）单足跳接跨步跳

单足向前跳一次，脚着地后，迅速蹬伸用力做跨步跳动作，当前摆的腿落地后再接着做单足向前跳，依次反复，左右腿轮换练习（图8-24）。

图 8-24

（6）连续兔跳

全蹲或深半蹲，两手体后互握，身体正直，两腿用力蹬地向前跳进。连续进行练习（图8-25）。

图 8-25

（7）连续蛙跳

半蹲或深半蹲开始，两臂前摆，两腿蹬地向前跳出，接着双腿前收落地并继续保持半蹲或深半蹲姿势继续向前跳。

2.高度跳练习法

（1）直膝跳

直膝跳的作用主要是发展踝关节和小腿三头肌的力量。其动作要领：身体直立，两手置于体后，一手握住另一只手腕，两膝微屈，主要靠踝关节蹬伸的力量跳起，身体垂直向上，落地时以脚前掌着地，连续富有弹性地跳起（图8-26）。每组可做 20 次以上，可重复多组。

图 8-26

（2）原地蹲跳起

原地全蹲或半蹲，两臂后摆，两腿迅速用力向上蹬伸，两臂向上摆动，使人体尽可能获得最高的腾空高度（图 8-27）。

（3）团身收腹跳

原地半蹲跳起，两腿并拢，屈膝团身大腿尽量触及胸部，两臂协调配合摆动（图 8-28）。

图 8-27

图 8-28

（4）跳起分腿

原地双腿蹬地向上跳起，在空中两腿前后分腿，然后在空中完成并腿并以前脚掌着地，重复进行练习（图 8-29）。

（5）原地跳起直腿收腹跳

两腿半蹲两手后摆，接着两腿蹬伸跳起，两臂同时向上摆起，空中两腿并拢直腿收腹，两手尽量触及脚尖。落地时注意缓冲（图 8-30）。

图 8-29

图 8-30

（6）原地单足换腿跳

左（或右）蹬伸跳起，左（或右）腿向上摆动，跳起时摆动腿下放与蹬地腿配合人体向上伸展，接着起跳腿落地，摆动腿上步换腿后继续蹬伸跳起（图8-31）。

图 8-31

（7）弧线助跑起跳

弧线助跑 3～4 步起跳，起跳时摆蹬配合，摆动腿屈膝带胯前摆，起跳腿充分蹬伸向上跳起（图 8-32）。

图 8-32

（8）连续助跑摸高

在运动场地放置多个悬挂物或利用自然环境，按照一定的要求连续助跑摸高（图 8-33）。

图 8-33

3.障碍跳练习法

（1）连续跳越栏架练习

栏架高 70～100 厘米，距栏架 30～50 厘米处双腿起跳越过栏架（图 8-34）。

（2）跳深练习

跳箱高 60～100 厘米，栏架高 80～100 厘米，栏架距跳箱 2 米左右。站在跳箱上两腿并拢跳下,接着继续跳起越过栏架(图 8-35)。

图 8-34

图 8-35

(3)单腿跳上跳箱向远跳

跳箱高 20~30 厘米。单腿跳上跳箱然后继续用力蹬伸向前跳落沙坑(图 8-36)。

图 8-36

（4）原地弓步并腿跳跃过障碍

距障碍 80 厘米处站立,障碍高 30 厘米左右。原地弓步站立,两臂向前上方摆起,支撑腿用力蹬伸向前上方跳起,两腿并拢收腹越过障碍后落地（图 8-37）。

图 8-37

（二）健身跳游戏方法

1.穿梭跳远

场地器材:在场上画两条相距 10 米的平行线。

游戏方法:如图 8-38 所示,首先将所有游戏者划分成两个人数相等的队,每队又分别划分成甲乙两个组,分别在两条平行线后面对面成纵队排列。在开始游戏后,每队甲组第一人开始以立定跳远的方式,连续跳到对面同乙组第一人击掌后,占到队尾,乙组第一人采用同样的方式跳到甲组,同甲组第二人击掌后,占到队尾,依次进行游戏,以最先跳完的队为胜。

图 8-38

游戏规则：

（1）跳跃的过程中要保持双脚起跳，双脚落地。

（2）只有击掌完成后第二人才能开始跳。

2. 多级跳累积比赛

场地器材：在场地画一条起跳线。

游戏方法：如图 8-39 所示，首先将所有游戏者划分成两个人数相等的队，分别在起跳线后成纵队排列。当组织者发出指令之后，各队第一人向前做三级跨步跳，然后各队第二人在第一人最近落地点继续向前做三级跨步跳。全队每人都要轮跳一次，以累积跳得远的队为胜。

游戏规则：

（1）跨步跳要符合规定。

（2）必须要在前一人落点处最近点起跳。

图 8-39

3. 看谁跳得快

场地器材：在平坦场地上画两条相距 10～20 米的平行线，作为起跳线和终点线。

游戏方法：如图 8-40 所示，将所有参与游戏者划分成几个人数相等的队，各队在起跳线后成纵队排列。在听到指令之后，各队第一人作为第一组以双脚并跳的方式跳向终点线，以先到达终点线者为胜。

游戏规则：

（1）不能走或跑，只能用双脚并跳。

（2）不能抢跳。

图 8-40

4.拐子追逐

场地器材:一块平坦空地。

游戏方法:如图 8-41 所示,首先将所有游戏者划分成两个人数相等的队,所有游戏者都要站在一个圆形或方形的场地内,在听到预备口令之后,所有游戏者都要用双手搬起自己的一条腿,在听到开始口令之后,两队游戏者要用搬起的腿去撞击对手,力争将对手撞出场外或使其双脚落地,凡是被推出场地之外或双脚落地者都要退出场地,在规定时间内以场地内剩下人数多的队为胜。

图 8-41

游戏规则：

(1)在听到预备口令之后，要快速将一条腿搬起，如有拖延时间，则被判定退出比赛。

(2)不能使用手或脚来推撞对手，否则就要被罚出场地。

5.火车赛跑

场地器材：一块平坦场地，画两条平行线，距离为 15 米，作为起点和终点。

游戏方法：如图 8-42 所示，首先将所有的游戏者划分成两个人数相等的队，各队分别在起点线后成纵队排列。在游戏开始前，各队队员要将自己的左脚伸给前面的人，左手用手掌将后面队员的脚兜住，将右手搭在前面人的肩膀上。排头不伸脚，排尾不兜脚，组成一列"火车"。在开始游戏后，全队按照一定的节拍向前跳动，排头可以走步，根据"车尾"通过终点的先后顺序来判定胜负。

游戏规则：

(1)在行走的过程中，如果出现"翻车""脱节"，需要在原地接好之后再继续前进。

(2)只有完全通过终点线才能算作成绩。

图 8-42

6.触球跳

场地器材：一块平坦场地，吊球若干。

游戏方法：如图 8-43 所示，先将所有游戏者划分成若干个组，各组成一列纵队，在各组前方同等距离和同等高度放置一个吊球。游戏者通过助跑起跳来用手触球,触到球即算作一分。在每一个吊球处设有一人,来计算各组的得分。在完成一轮之后,以得分多的队为胜。

游戏规则:要采用单腿起跳的方式来触球。

图 8-43

7.撑竿过河接力

场地器材:平坦场地一个,撑竿两根,垫子四块。

游戏方法:如图 8-44 所示,画两条平行线,距离为 3 米,作为"河",分别在河的两边各放两块垫子,在距离河 10 米的两边各画一条起点线。首先将所有的游戏者划分成两个人数相等的队,并将各个队划分成甲、乙两组,分

图 8-44

别在两条起点线后成纵队排列,其中各队甲组的第一人拿着一根撑竿。在开始游戏后,各队甲组第一人拿着撑竿向前跑,跑到河边,将竿插入河中,撑竿跳过河之后,跑到本队的乙组,将撑竿交给乙组第一人之后,乙组第一人按照同样的方法跳过河,依次进行,直到最后一人完成游戏,以先完成的队为胜。

游戏规则:

(1)接住撑竿后再起动。

(2)脚踏入河内或踩线者,要在游戏一轮次的最后补做一次。

8.绕障碍跳

场地器材:在平坦的场地画两条相距18米的平行线,一条为起跳线,一条为终点线。在起跳线前,每隔3米插一个小旗(或放实心球),共插5面。在终点线前面画一直径2米的圆圈。

游戏方法:如图8-45所示,首先将所有游戏者划分为两个人数相等的队,分别站在起跳线后成纵队排列。在游戏开始后,各队排头沿着曲线采用单脚的方式绕过障碍旗跳到终点,然后再逆时针采用双脚绕圆圈跳跃一周,再换另一只脚沿着曲线采用单脚绕过障碍旗跳回到起点,同第二人完成击手,排到队尾。第二人按照同样的方法,继续向前跳跃。依次进行,以率先完成的队为胜。

游戏规则:

(1)不得抢跳。

(2)必须按照规定的跳法和路线进行。

(3)往返单脚跳不得用同一脚。

图 8-45

9.龙腾虎跃

场地器材:一个平地,2根1.5米长的皮管。

游戏方法:如图8-46所示,首先将所有游戏者分成两个人数相等的队,各队成纵队排列,每人前后相距1米,队与队之间间隔至少4米,每队由排头第一名和第二名游戏者手持皮管的两端分别站在队的前面。在开始游戏之后,两人抬着皮管要经过游戏者的脚下,从排头的两侧跑向排尾,游戏者通过跳起的方式来躲避皮管,在跑道排尾之后,第一名游戏者留在排尾,第二名游戏者持皮管跑回到队首,然后同第三名游戏者合作重复上述过程,到达排尾后,第二名游戏者留下,第三名游戏者跑回队首,依次进行循环,以率先完成的队为胜。

游戏规则:

(1)皮管高度可以自定。

(2)如果皮管脱手或被踩掉要返回原位重新开始。

(3)要尽量保持队列整齐。

图 8-46

10.跳上跳下

场地器材:两副1米高跳箱,平行摆放在跳远沙坑前。

游戏方法:如图8-47所示,首先将所有游戏者划分成人数相等的两个组,在跳箱前成纵队排列。在听到开始命令之后,各组排头采用双脚起跳的方式跳上跳箱,再向前跳入沙坑,继续采用双脚跳的方式跳出沙坑,在跳出沙坑之后,本组第二名游戏者按照同样的方式重复动作。依次进行,直至最后一人完成游戏,以率先完成的组为胜。

游戏规则:

(1)要采用双脚跳的方式进行跳上和跳下。

(2)要在前面一人跳出沙坑之后,才能开始跳上跳箱。

（3）在跳上跳箱时，如果双手触摸跳箱，需要退回去重新起跳。

图 8-47

11.越跳越高

场地器材：在场地画一条起跳线，在线前每间隔 2 米固定一个小支架，共设四个支架，支架上拉挂橡皮筋，高度依次为 30 厘米、40 厘米、50 厘米、60 厘米。

游戏方法：如图 8-48 所示，将游戏者划分成几个人数相等的队，各队成纵队排列，分别站在起跳线之后，在开始游戏之后，各队的第一人要采用起跳的动作依次通过每条橡皮筋，如果碰到皮筋就被扣 1 分。在第一人跳到第三条皮筋时，第二人开始跳。按照这种方式依次进行，以最后扣分少的队为胜。

游戏规则：

（1）起跳动作为跳远起跳动作。

（2）跳的过程中不能碰皮筋和支架，如果碰到一次就会被扣 1 分。

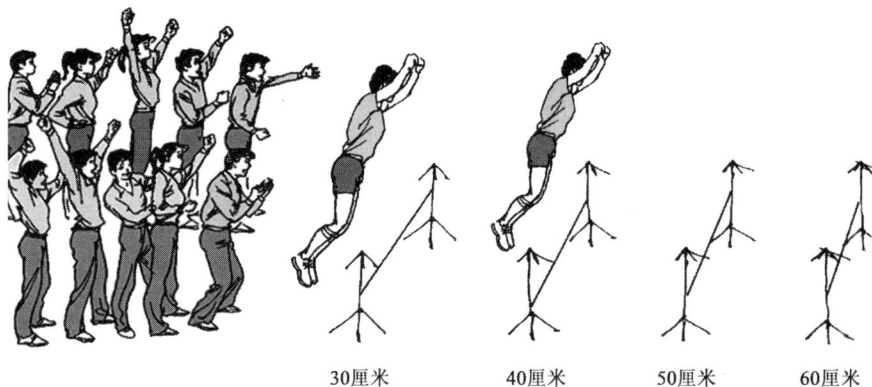

| 30厘米 | 40厘米 | 50厘米 | 60厘米 |

图 8-48

12.跳跃躲竿

场地器材:在平坦的场地上画一个圆,直径为 10 米。准备竹竿长 4.5米,并在竿头套一根长 1 米的皮管。

游戏方法:如图 8-49 所示,让所有游戏者面向圆心站在圆圈上,人与人之间相距 1~1.5 米。组织者于圆心处站立,手执竹竿的一端,将竹竿抡起平行于地面进行转动,以使竹竿上的皮管能够通过每个游戏者的脚下,游戏者要通过跳跃来躲竿。竿的转动速度要根据具体实际来进行掌握,为了提高难度,可以适当增加竿的高度。游戏者无论是踩住皮管,还是碰到皮管,只要对游戏的正常进行造成影响,都要判为失败。

游戏规则:

(1)不能离开圆圈站立,要站在圆圈上。

(2)躲竿可以采用不同的跳跃方式。

(3)要确保皮管能够完全从脚下通过。

图 8-49

第三节　保健体育传承与发展的社会学审视

一、传统保健体育的基本态势与主要问题

当前社会的现代化发展,使得人们的生活水平和生活质量都得到了很大的提高,人们在物质生活得到满足的同时,也越来越关注和追求健康,延

长寿命,这就使得保健体育受到社会的广泛关注。全国传统保健体育研究会于 1987 年成立,这几十年来在挖掘和整理传统功法方面做了非常多的研究工作,通过进行比较、分析,对"五禽戏""八段锦""易筋经""六字诀"这四套功法的内容进行了相应的整理和归纳,在使这四套功法保持原貌的同时,也使其焕发了活力和青春,同时也提供了相应的发展平台将我国传统保健体育作为一项运动推向整个社会。经过这几十年的发展,在科学研究的基础上,传统保健体育得到了相应的提高,并呈现出了一种繁荣发展的景象。但随着现代体育的不断传播和发展,这种繁荣景象逐渐被其削弱,并且存在以下几方面问题。

(1)一些被列入到非物质文化遗产保护名录中的传统保健体育项目尚未得到相应的开发和运用。这些项目之所以被列为保护对象,说明其受到现代体育的冲击很大,需要我们对其给予高度的重视。目前,达摩等一些保健传统体育项目被列为各级非物质文化遗产保护名录之中;易筋经被列为上海市第二批非物质文化遗产保护名录之中;太极拳、心意拳、形意拳、八卦掌、八极拳等具有保健养生功能的传统武术项目被列入到了国家级非物质文化遗产保护名录之中。以上这些项目,除了太极拳在人们生活中仍然发挥较大的作用和影响之外,其他项目在群众生活中的影响并没有因保护而得到相应的提高。

(2)新一代的人们并没有太高的参与积极性。根据相关的调查研究可知,在选择体育锻炼项目方面,选择民族传统体育相关内容的不足 15%,选择传统保健体育项目来作为锻炼手段的则更加稀少,在这些选择保健体育项目作为健身手段的人群中,大都是一些中老年人。而对于那些喜欢休闲运动,喜欢健身的年轻人群来说,他们并没有对传统保健体育的休闲和健身功能形成正确的认识和理解,仅将这些柔缓、轻灵的运动项目视为只是适合老年人参与,这就使得这些年轻群体更加不愿意参与传统保健体育健身活动,甚至越来越多的年轻人不再关注传统保健体育。

(3)在学校体育及相关活动开展过程中,并没有对传统保健体育给予充分的重视和普及。一些传统保健体育项目教育活动只是在各个中医药大学和部分高等体育院校有所设置之外,在很多中小学、中等职业学校、普通高校中除了开展太极拳项目之外,并没有对传统保健体育的教学和活动给予相应的开展,就拿武术教育这一得到国家大力提倡的项目,在很多学校中的开展也只是流于形式,不但没有重视那些具有保健功能的传统武术项目,而且将其挡在了学校教育之外。即使传统保健体育专业在一些中医药大学和部分体育院校中有所设置,但在课程内容和课程设置方面仍然存在很多不足之处,这些都是很难和现代体育项目相提并论的。

（4）在交流和展示方面，传统保健体育并没有形成应有的规模。虽然我国举办了很多次全国体育大会和全国中医药院校传统保健体育运动会，但无论是从民众的参与数量方面，还是从民众参与范围方面都大大受到了限制，这些活动的举办和开展并没有给各大中城市民众的生活带来影响，很少有政府部门来组织社区民众参与传统保健体育交流和展示活动。同竞赛有着很大不同，交流展示活动通过借鉴竞赛的形式，来进行集体和个人的保健套路演练和保健养生功法的相关展示，通过进行相互沟通和交流，民众能够获得相应的新的体会，这样既能够营造出良好的氛围，促使彼此的技艺得以不断增强，也能够更好地吸引越来越的民众参与其中。就目前而言，在全国范围内尚未开展全民性的传统保健体育交流展示活动。

二、传统保健体育当代传承与发展护和改善的对策

（一）加强政府主导力

作为一个非常重要的系统，政府的行为对传统保健体育得以协调发展和良性运行有着非常有效的推动作用。传统保健体育只有在政府进行积极的行政介入之后，其发展工作才能更顺畅地运行，才具有了明确的方向和相应的保障。就目前来说，在传统保健体育发展工作方面，政府需要对主导力度进一步加强。

1. 对各个相关法规和条例加以制定和完善

对于民族传统体育的发展，虽然政府已经制定并出台了一系列的规章和制度，但仍有很多地方还不完善，在文化、教育、宣传、民政和体育等部门的相关法规条例之中，并没有针对传统保健体育的开发制定出具体有效的制度。这就要求各相关法规条例要进一步深化制定，以更好地促使下属各个单位能够根据各自相应的法规条例，并结合具体实际来制定出行之有效的详细的工作制度。

2. 制定出科学发展规划

传统保健体育包含有很多项目，种类繁多，对这些项目的发展进行合理规划，能够很好地提升我国民族文化的国际形象，促进我国民族文化得以进一步发展。就目前来说，针对这一方面，政府并没有制定相应的发展规划。对其发展进行规划，一方面能够更为全面地做好相应的挖掘和整理工作，对于那些具有保健养生功能的民族传统体育项目加以挖掘和整理，并对它们

目前的传承情况进行掌握；另一方面，对那些比较重要的发展项目加以确定，既要设置国际优先发展的重点项目，以争取能够将其推向国际市场，同时也要设置地方优先发展的项目，促使其够得到群众的喜爱，并做好其他项目文化的相关保护工作。

3.价值评估体系的制定要科学

对项目所具有的价值做出科学的评估，这样能够有助于对发展项目做出选择，将那些非现代社会发展所需，并且违背现代社会发展规律的民族体育项目要坚持舍弃，保留那些具有良好的保健养生价值的项目，并对其进行大力的开发和保护。

4.制定良好的配套政策

传统保健体育的开发，离不开社会的广泛参与，这就需要政府制定出相关的配套政策，在促使他们提高参与的积极性的同时，对他们的行为进行规范和制约，如转化和推广学术成果、社会力量的融资、媒体的宣传报道、研究设备和器材的配备、研究人员资金资助等。

（二）加强传统保健体育创新性开发

现代体育已经成为当前社会中体育环境中的发展主流，在促进传统保健体育的发展和保护方面，我们需要有文化自觉和自为行为。在发展传统保健体育的过程中，我们需要将文化自觉作为基础，在此基础上，来对"原生态"或"次生态"文化进行结构重构、创造加工、诠释弘扬，从而促使其能够进入到"文化自觉"阶段，以在民族内部形成一股强大的凝聚力，同时将传统文化作为其前进发展的原动力。[①] 这就要求我们在促进传统保健体育发展方面不能进行简单的复制，而是要进行有针对性的创新，并对以往传统保健体育较为单一的发展模式加以改变，将传统保健体育更多地运用在健身休闲、现代教育、文化传承、交流展示等社会发展需要方面，同时也对现代生活元素和现代体育成果加以借鉴，以更好地为开发传统保健体育提供服务。一方面，借鉴和吸收现代体育的竞争、奋斗精神和科学的管理组织制度，来更好地加工传统保健体育，以促使那些具有较高可塑性的项目能够走上"现代体育"转型之路，促使其娱乐性得以进一步提高。另一方面，对现代生活元素加以更好的吸收，在服装、道具、动作编排方面追求创新，对现有的活动形

---

① 谭克理,陈永辉.传统保健体育当代传承与发展的社会学审视[J].武汉体育学院学报,2010(10).

式加以改变,以促使一些传统保健体育项目能够与老百姓的生活相贴近,更加具有现代生活的味道。让广大群众能够明白其所蕴含的意义,同时又能够欣赏到其整个过程,对现代元素与传统思想相结合所带来的仪式美加以感受。

第九章　健身健美体育相关理论与发展探讨

　　健身健美体育是当前大众体育参与中最受欢迎的体育内容之一，尤其受到青年体育人口的喜爱。健康和健美的体魄是现代人追求的一种普遍审美需求，是现代人身心健康的重要外在特征与表现，在增强大众体质的基础上让每个人拥有健康与健美的身材，是大众体育发展的重要目标。

第一节　健身健美体育基本理论

一、身体审美价值

　　人类对身体美的关注可以追溯到远古时期，早期人类对身体美的认识主要停留在经验理性的基础上，并没有上升到理性认知，随着人类知识丰富与文明的发展，人类对身体美的认识逐渐由感性提升到理性，并结合现代科学对身体美进行了科学系统的理论阐释。

（一）身体美与人体艺术研究

　　中西方文化不同，对人体美的认知也不同。

　　在我国古代，有许多关于身体美的理论阐述，这些理论大都以人体部位及功能为切入点进行文学艺术方面的审美比拟，主要表现在诗论、画论与文学典籍等方面，常使用的赞誉之词有"气""韵""味""风骨"等，这种审美描述不仅涉及人体外部形态，还涉及人体内部结构与功能，整体来看，是一种具象性与意象化特点的审美，并没有上升到逻辑推理的层次。[①] 在漫长的历史文化发展过程中，我国对人体审美的理论研究一直没有大的进展，直到20世纪90年代才有了新的发展，如著名学者陈醉从艺术史、宗教、美学和文化角度对人体艺术的研究成书《裸体艺术论》(1988年)；高小康、方漳林

---

　　① 程新宇.当代医学美容与人体美的文化差异和时代变迁[J]中国医学伦理学报，2008(2).

等的《人体美学》；王德胜的《形体美的发现——中西形体审美意识比较》（1993年）等，均从理论归纳的角度对人体美进行了较为详细的探讨，并为之后我国的人体美研究奠定了理论基础。

西方哲学与美学重视对人体艺术的研究，尤其在西方绘画、西方体育文化中表现得更加深刻。西方文明中，较为丰富、系统的人体艺术理论代表著作为19世纪法国艺术批评家丹纳的《艺术哲学》，这是一本艺术通史性质的人体艺术理论著作，对西方人体审美具有重要影响。[①] 此后的西方文化中的人体审美理论研究都与人体艺术有着密切的关系。

（二）身体审美意识及表现形式

不同文化视域下，身体审美意识及表现不同；不同的社会发展时期，人们对身体的审美也表现出明显的时代差异。

首先，东西方文化的差异使得这两种文化从不同的角度来认识和研究人体美和人体艺术，中国传统文化更注重伦理道德因素，西方文化更注重对人体美的自然科学的角度研究。简言之，中国文化中的美多为"貌美""道德美"，西方木文化中的美多为"体美"。

其次，时代的变迁会导致人们的审美发生变化。在不同的历史发展时期，人们对人体美的定义和标准是不一样的。如我国古代不同时期的"以胖为美"（唐朝时期），"以瘦为美"（宋以后）和现代的"以健康为美"。

二、形体的可塑性

人体是一个动态的发展变化的系统，从人体的各部分构成来看，骨骼、肌肉、关节、韧带等始终处于动态变化之中，给形体改变提供了生理学基础，均具有可塑性，这也是人体形体可以通过参与健身健美体育得到有效改善的一个重要原因。

（一）肌肉的可塑性

根据"用进废退"的原理，人体长期科学地参与体育锻炼，可以促进肌肉力量的增加，在生理方面具体表现为，肌肉的生理横断面增加，肌纤维增粗，肌肉块增大；肌肉更加结实。

健身健美体育运动训练对人体肌肉的塑造具有针对性，可以通过专门

---

① 杨斌.健身健美体育：女性身体美的理性回归[D].上海体育学院博士论文，2011.

性的训练,改变身体各部位的围度,使身体各部位向着需要的方向发展,从而使运动者的身体线条可以变得更加流畅、优美。

(二)骨骼的可塑性

和人体肌肉相比,骨骼的改变比较缓慢,但这并不意味着骨骼的生长发育不可以被改变。运动实践表明,经常参加体育锻炼的青少年要比不参加体育锻炼的青少年的平均身高要高 4～5 厘米。

运动生理学研究表明,人体的骨骼处于经常不断地新陈代谢过程中,会同时受到来自机体内部和身体外部环境的多种因素的影响,当这些因素发生变化时,骨骼的结构也会发生变化。例如,就骨骼生长方式来说,有膜内成骨和软骨内成骨两种,骨细胞的不断生长和长骨两端骺软骨的不断生长都会促进骨骼的生长发育,通过运动,人体内环境发生改变,血液循环加快,新陈代谢旺盛,生长激素分泌量明显增多,骨获得充分的营养,可促进骨骼发育。

需要特别注意的是,运动不当会影响骨骼的正常发育。例如,如果过早地从事大强度的力量性练习和过度负重,会导致长骨两端的骺软骨过早地骨化而妨碍骨骼的增长;长时间地站立和负重,可导致骨骼的负重过度而产生畸形,如"O 型腿"和"X 型腿"。

针对骨骼的可塑性,应通过正确、合理的健身健美体育参与,让骨骼朝着有利的方向生长,使骨骼修长、挺拔,使人体形态更加理想。

(三)脂肪的可塑性

人体皮下脂肪的可塑性是非常高的,社会大众参与健身健美体育运动很大程度上是希望通过减少皮下脂肪来实现塑身美体的运动效果。

从生物化学角度分析来看,人体的脂肪由脂肪细胞和少量细胞间胶原物质组成,主要分布在皮下、脏器周围,为人体储存能量、维持体温、减缓器脏受外界撞击损伤。

脂肪对于人体来说具有十分重要的作用,在人体中,不同身体部位的脂肪储存量是不同的,一般来说,人体脂肪储存量比较多的地方主要集中在腹部、臀部和大腿上段、腰背部皮下等,这也是很多人在参与健身健美体育运动过程中要求重点进行锻炼的部位。

生物化学研究表明,在人体中,脂肪组织的总量取决于体内脂肪细胞的数量以及脂肪细胞内脂质的含量,而人体的胖瘦程度则主要是由脂肪组织的总量所决定的。脂肪含量过高、过低都会影响人的形体美,也会影响人体的生理健康和心理健康。

皮下脂肪具有很大的可塑性，比骨骼和肌肉的可塑性更强，人体参与健身健美体育运动能有效控制身体脂肪含量，短期的运动训练可使人体皮下脂肪的厚度明显降低，从而塑造优美的人体曲线。

综上分析，人体的肌肉、骨骼、脂肪都是处于动态变化之中的，可以通过参与体育运动来改变，而健身健美体育是专门针对人体美进行的运动，通过有针对地运动，能实现更加显著的健身健美效果。

三、形体美的标准

体形，具体指人体的外形特征与体形类型。

人体美的标准会因人的审美而异、因时代的变化和人们对美的科学认知而异，从来都不存在一个绝对的美的标准，但是，相对稳定的形体美的标准是存在的，它是一种基于人体健康的美的标准。[①]

（一）形体美的基本标准

（1）五官端正，皮肤红润、细腻、有光泽。

（2）肩部：双肩对称，女圆浑，男宽阔。

（3）胸部：女子胸部丰满而不下垂，身体曲线正常且明显；男子胸廓隆起厚实，从正、侧两面看均略成"V"形。

（4）腰腹：女子细而结实，圆柱形，腹扁平；男子有腹肌块隐现，站立状态下腹部上立。

（5）臀部：圆满、上翘、有弹性。

（6）腿部：修长，线条柔和，跟腱长。

（7）踝细，足弓较高。

（8）脊柱：垂直、无不良弯曲。

（9）骨骼与关节：发育正常，均衡发达；关节灵活，不粗大突出。

（10）体态：丰满不肥胖。

（二）形体美的健康标准

人体健美的主要内容是形体美，在很大程度上取决于身体各部位体围的尺寸和相互间的比例。

一般的成年人，可以用人体健美的体围（胸围、腰围、臂围、腿围等）以及身高、体重等指数的测量来判断自己是否具有健美的体态和形体，具体可参

---

① 王振超，薛月.形体训练[M].北京：科学出版社，2009.

考表 9-1、表 9-2、表 9-3。①

表 9-1 男子一般健美体围标准

身高 （厘米）	体重 （千克）	胸围 （厘米）	扩展胸围 （厘米）	上臂围 （厘米）	大腿围 （厘米）	腰围 （厘米）
153～155	50	94	97	32	48	65
155～157	52	94	98	32	49	65
157～160	54	95	99	33	50	66
160～163	56	95	101	33	51	66
163～166	59	98	102	34	52	68
166～169	61	100	103	34	53	69
169～171	63	100	104	35	53	69
171～174	65	102	105	35	54	70
174～177	67	103	107	36	55	71
177～180	70	103	108	36	55	72
180～183	72	104	109	37	56	72

表 9-2 女子一般体形健美标准

身高 （厘米）	体重 （千克）	吸气压胸围 （厘米）	腰围 （厘米）	臀围 （厘米）
154～155	47.5	88	58	88
155～158	48.5	88	58	88
158～160	50	89	59	89
160～163	51.5	89	59	89
163～166	53	90	60	90
166～169	54.5	90	60	90

① 王碧怡,周茜,李月.高校形体类课程教学内容的解析[M].长春:吉林大学出版社,2010.

续表

身高 （厘米）	体重 （千克）	吸气压胸围 （厘米）	腰围 （厘米）	臀围 （厘米）
169～171	56	92	61	92
171～174	58	92	61	92
174～176	60	94	64	94
176～180	61.5	98	66	96

表 9-3 健美体型评分标准

得分\性别	胸围（厘米）	腰围（厘米）	身高（厘米）	体重（千克）
	男	女	男	女
优秀	30	26	95	100
良好	20	18	100	105
及格	15	14	105	110
不及格	5 以下	14 以下	90 以下 105 以上	95 以下 110 以上

第二节 健身健美体育基本手段与方法

一、健身健美体育手段

参与健身健美体育，要想达到健身健美效果，主要是从两个方面入手：一是塑造完美形体；二是改变不良形体，这两个方面要兼顾，如此才能真正实现通过参与体育运动达到身材健康健美的目的。

（一）健美形体训练

针对身体各部位的针对性健美训练能改变运动者身体发育发展不完善的地方，使运动者在健康的基础上获得健美的形体。

1.颈部健美

颈部的重要健身健美训练目标就是通过运动扩大头部运动范围、促进血液循环,使颈部的线条更加挺拔。

训练方法:直立,两脚分开同肩宽,双手头后交叉相握,头部用力向后拉伸,再向前拉,头和手在运动过程中始终保持相抵状态(图9-1)。

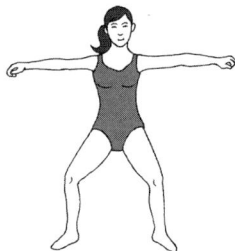

图 9-1　　　　　　　　　　　　　　　图 9-2

2.肩部健美

肩部训练旨在增强肩部力量,扩大胸部肌肉和骨骼的活动范围,使运动者的肩背外形线条柔和、健美。

训练方法:直立,两脚分开同肩宽,半蹲马步,双臂两侧平举,握拳,坚持数秒后还原,重复训练(图9-2)。

3.胸部健美

胸部训练是参与健身健美体育运动训练者的重点塑形部位,对于女性来说,主要是促进乳房更好地发育、防止乳房下垂;对于男性来说,主要是增大肌肉的体积,使胸部肌肉更加结实、健美。

针对胸部的健身健美训练可以采取以下手段。

(1)直立,两脚分开同肩宽,双臂胸前平屈,掌心向下。以屈臂反复做振肩扩胸运动(图9-3)。

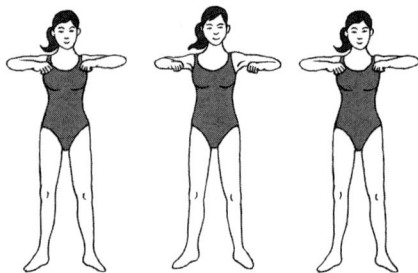

图 9-3

（2）跪坐，上体正直，两臂自然下垂。胸部先后反复做挺胸、含胸的动作，动作过程中，始终保持肩背肌肉的紧张状态（图9-4）。

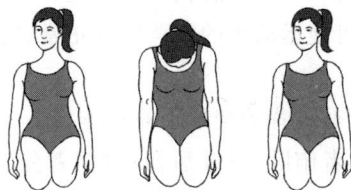

图 9-4

4.腹部健美

腹部是影响人体形态的一个非常重要的部位，拥有平坦的腹部和隐现的腹肌是健身健美者非常追求的运动效果，针对腹部的训练主要目的是增强腹部肌肉力量，减少腹部脂肪的堆积，保持身体优美曲线。

健身健美运动中针对腹部的具体训练手段如下。

（1）屈腿提膝坐，两手扶膝，上体保持正直（可稍后倾），抬头、挺胸，双腿直举，与上体呈锐角，保持动作数秒后还原，反复训练（图9-5）。

图 9-5

（2）仰卧，两臂体侧自然摆放，挺胸，背部肌肉保持紧张，双腿伸直，在空中做交叉动作；重复训练（图9-6）。

（3）仰卧，收腹、两臂头后相握，微抬上体，右转体90°，同时屈右小腿与地面平行，左肘与右膝相对，左腿伸直向上，保证姿势数秒，还原；换另一边做相同动作，方向相反；反复训练（图9-7）。

图 9-6

图 9-7

5.腰背部健美

挺直的腰背部能让人看起来更高、气质更优雅或伟岸,通过专门针对性的腰背健身健美训练,可使运动者的腰背发育正常、防止脊柱不良弯曲和肩部的不良倾斜。

健身健美运动中针对腰背的塑形手段具体如下。

(1)两人一组,练习者俯卧,双臂后伸;协助者分腿立在练习者后侧,双腿跨立在练习者两大腿的两侧,双手与练习者相握,用力向后上方面拉抬练习者的上体,使练习者呈最大反背弓,保持动作数秒后还原,两人交替反复训练(图9-8)。

(2)两人一组,面向一个方向并立,练习者双脚并拢,右手上举;协助者在练习者左侧站立,左脚向左跨出一大步,右脚抵住练习者的左脚;同时,协助者右手握练习者右手,左手握练习者左手,用力向左侧拉,使练习者侧屈至最大限度;练习者侧屈过程中保持腰部伸直,身体不前后倾斜。保持侧屈姿势数秒后还原,两人交替反复训练(图9-9)。

图 9-8　　　　　　　　　　　　　　图 9-9

6.臀部健美

臀部健身健美训练旨在增强臀部肌肉的弹性,减少脂肪堆积、提高臀位,使臀部的线条更优美,使腿部更显修长。训练手段有以下几种。

(1)仰卧,屈膝分腿,两臂自然下垂。两腿蹬伸,挺髋,臀部用力,保证动作数秒后还原,反复训练。

(2)撑,双臂支撑地面。左腿屈膝后踢,抬头挺胸,双臂支撑,保证动作数秒后还原,反复训练。

(3)跪撑,低头,右脚背点地。两臂伸直,抬头,右腿用力向右侧踢腿,保证动作数秒后还原,反复训练。

7.腿部健美

修长、结实的腿部能拉长人体的整个纵向线条,使运动者的身高在视觉上更显高,身体比例更加协调。腿部健美训练主要是通过拉长腿后侧、内侧、外侧的肌肉韧带来增强腿部的柔韧性、灵活性及弹跳力量,并消除多余的脂肪,预防腿部畸形,使腿部线条更优美。

腿部健美常用训练手段主要有以下三种。

(1)直角坐,上体正直、挺胸、立腰,腿部直伸,两臂体后侧撑地;脚尖绷直。足背屈,足趾张开;足背伸,还原;重复训练(图 9-10)。

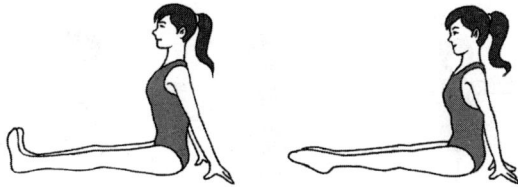

图 9-10

(2)仰卧,收腹,两臂体侧平放,一腿伸直上举,另一腿屈膝点地。上举腿在空中以踝关节为轴划圆,两腿交换进行(图 9-11)。

图 9-11

8.手部优美姿态训练

很多人认为,手是仅次于人的面部容貌的第二个重要的表现美的部位,当前,针对手部姿态的训练主要是借鉴于芭蕾手位进行,具体如图 9-12所示。

(二)不良形体矫正

健身健美既要促进身体向良好的形体姿态发展,又要重视已经形成的不良形体姿态,这两方面均不可缺少。目前,针对社会群众形体姿态调查分析来看,常见的不良形体都可以通过参与健身健美体育运动得到有效纠正,这里重点分析以下几种不良形体及其纠正手段。

图 9-12

1.颈部缺陷矫正

(1)颈短

不良表现:颈部与身体比例不协调。

健美纠正:在保持肩部平稳的情况下,颈部进行有节奏的伸缩训练,反复练习,50次/天。

(2)颈侧弯

不良表现:颈部向一侧弯曲。

健美纠正:根据颈部弯曲的方向进行有针对性的反方向训练,如颈部向左侧弯,则有意识地强迫颈部向右侧弯,保持动作数秒还原,一天数次。

(3)颈前移

不良表现:直立状态下,后脑与脚跟不在一条垂直线上。头部前倾,习惯性低头。

健美纠正:背靠墙站立,挺胸,颈部梗直,再后平移,保持动作数秒还原,一天数次。

2.肩臂部缺陷矫正

(1)臂太细

不良表现:臂围过小。

健美纠正:

①站立臂屈伸:两脚开立同肩宽,双臂伸直,双手握杠铃,快速用力举杠铃至胸前,反复数次。

②悬垂臂屈伸:仰卧,两臂伸直同肩宽,双手握杠,两腿直膝、绷脚放在凳上,屈臂,用力将身体抬起,保持动作数秒还原,反复数次。

③仰卧臂屈伸:仰卧,两臂胸前屈肘,两手持杠铃,双臂伸直向上举杠铃,保持动作数秒还原,反复数次。

(2)手臂太粗

不良表现:臂围过大。

健美纠正:

①腕屈伸:端坐,双手持哑铃做屈、伸动作。

②臂屈伸:面向墙站立,双臂伸直,双手掌撑墙,两脚前掌站地,双臂做屈伸动作,反复数次。

③前臂屈伸:直立,双手持哑铃,屈肘抬前臂,再放下手臂还原,反复数次。

(3)两肩不平

不良表现:一肩高,一肩低。

健美纠正:面对肋木站立,肋木高于双肩,内侧手握肋木,外侧手臂上举,身体向外侧倒,保持动作数秒还原,反复数次。

(4)溜肩

不良表现:肩部过度消瘦,肩与髋部呈正三角形。

健美纠正:

①双手握哑铃或其他物体负重,做直臂侧平举。

②直立,双手握宽带橡胶皮筋的两端,两脚踩在皮筋中间,双手用力拉橡皮筋至侧平举,保持动作数秒还原,反复数次。

(5)扛肩

不良表现:一肩或双肩耸起。

健美纠正:面对镜子,小八字步站立,双手持哑铃,呼气,肩部下沉,吸气,肩部还原,反复数次。

3.腰腹塑形减脂

不良表现:腰围过大,腹部隆起。

健美纠正:

(1)俯撑控腰腹:俯撑,两腿直膝,绷脚,两脚背放在把杆上,保持动作数秒还原,反复数次。

(2)俯卧起上体:俯卧,直膝,双脚紧绷并拢,双臂屈肘,双手头后交叉相握。抬上体成体后屈,保持动作数秒还原,反复数次。

(3)俯卧两头起:俯卧,直膝,双脚紧绷并拢,双手抱头,上体与两腿同时抬起,保持动作数秒还原,反复数次。

(4)仰卧直膝举腿:仰卧,直膝,双脚紧绷并拢,双臂伸直抓住同伴的脚或一物。两腿同时举至90°,保持动作数秒还原,反复数次。

(5)屈膝仰卧起坐:仰卧,屈膝,双脚着地,双臂屈肘,双手头后交叉相握;上体立起,保持动作数秒还原,反复数次。

(6)屈膝仰卧转体起坐:仰卧,屈膝,上体立起同时向一侧转体,保持动作数秒还原,反复数次,然后再反方向练习。

4.背部缺陷矫正

(1)脊柱侧弯

不良表现:直立状态下,两肩不平,身体向一侧弯。

健美纠正:

①针对脊柱侧弯方向,进行反方向的拉伸训练。

②站立,双手握杠体侧屈:内侧手握把杆,外侧手臂上举,动作过程中,身体远离把杆,保持动作数秒还原,反复数次。

③侧弯提物:站立,两脚呈小八字步,一侧弯曲提起重物。

④体侧屈:侧卧,固定脚部,双臂屈肘抱头,侧屈。

(2)驼背

不良表现:侧面看,背部有不正常隆起。

健美纠正:

①靠墙胸背:面对墙站立,离墙一脚距离,双臂上举扶墙,胸部贴墙,双臂上升。

②双臂握杠胸背:背对杠站立,离杠一臂距离,双臂握杠或椅背。

③坐椅胸背:坐在椅子上,上体正直,背部与垫物紧贴椅背,保持背部肌肉紧张。

5.臀部缺陷矫正

（1）臀部肥大

不良表现：臀围脂肪堆积过多。

健美纠正：仰卧，屈膝，双臂自然平放，用力抬高臀部至最高点，保持动作数秒还原，反复数次。

（2）臀部下塌

不良表现：臀部下垂。

健美纠正：跪撑，一腿直膝，大腿稍外旋，脚背向外，大脚趾点地，用力向后上方踢至最高点后落下，保持动作数秒还原，两腿交替反复数次。

6.腿脚部缺陷矫正

（1）腿太细

不良表现：腿围太小，与身体不协调，通常称"羊角骨"。

健美纠正：

①骑自行车：在自行车练习器上进行定时的训练。

②高抬腿跳：立正，上体正直，两腿交替做高抬腿跳。每条腿 50 次/天。

③静止半蹲：背对墙壁，两脚开立，下蹲，保持动作数秒还原，15 分钟/天。

（2）腿太粗

不良表现：大腿和小腿的围度相对全身比例过大。

健美纠正：

①慢跑：跑 1 000～2 000 米/天。

②屈直腿：俯卧，直膝，绷脚并拢，双臂屈肘扶地，屈膝，脚跟尽量碰臀部，保持动作数秒还原，100 次/天。

（3）"X"型腿

不良表现：两腿向内弯曲，俗称"X"型腿。

健美纠正：屈膝坐地，两腿外旋，双手扶两膝内侧，下压两膝，保持动作数秒还原，反复数次。

（4）罗圈腿

不良表现：两腿中间并不拢，俗称"O"型腿。

健美纠正：屈膝坐地，两腿内旋，双手扶两膝外侧部，将两膝向内向下压，保持动作数秒还原，反复数次。

二、健身健美体育方法

健身健美体育运动中有许多动作技术方法能帮助运动者获得优美的形体和姿态,这里主要对健身健美体育运动中的常见基本动作与组合动作练习方法进行简要介绍如下。

(一)基本动作

1.手部动作

(1)合掌。五指并拢伸直。
(2)分掌。五指用力分开,手腕保持紧张。
(3)拳。五指弯曲,大拇指压握食指。
(4)推掌。手掌上翘,五指自然弯曲。
(5)西班牙舞手势。拇指和小指内扣,其他手指自然伸直。
(6)芭蕾手势。拇指内扣,其他手指自然前伸。
(7)一指式。食指伸直或拇指伸直,其他手指弯曲相握。
(8)响指。拇指与中指摩擦与食指打响。
常见基本动作具体如图 9-13 所示。

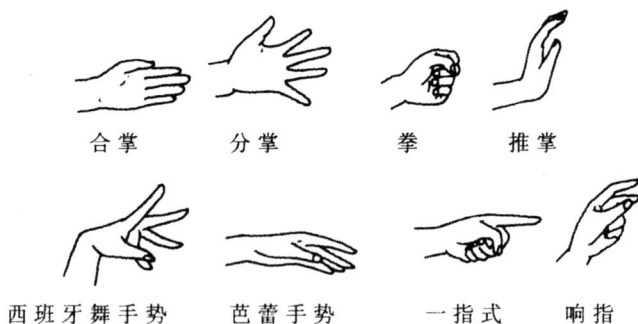

合掌　　　　分掌　　　　拳　　　推掌

西班牙舞手势　　芭蕾手势　　一指式　　响指

图 9-13

2.头、颈部动作

(1)屈
双脚开立同肩宽,两臂自然下垂,头部向前、后、左、右 4 个方向做弯曲的运动(图 9-14)。如前屈、后屈、左侧屈、右侧屈。

（2）转

双脚开立同肩宽，两臂自然下垂，头正直，上体正直，下颌平稳地左右转动，头颈部沿身体垂直轴向左、右转动 90°（图 9-15）。

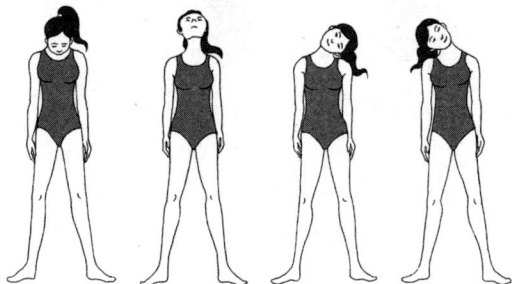

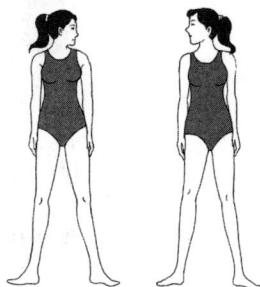

图 9-14　　　　　　　　　　　　　　　　图 9-15

（3）环绕

双脚开立同肩宽，两臂自然下垂，上体正直，头颈部沿身体垂直轴向左或右转动 360°匀速转动，进行左或右环绕（图 9-16）。

3.肩部动作

（1）提肩

双脚开立同肩宽，两臂自然下垂，上体正直，肩部（单肩或双肩）沿身体垂直轴向上提起，动作过程中身体不动（图 9-17）。

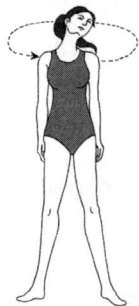

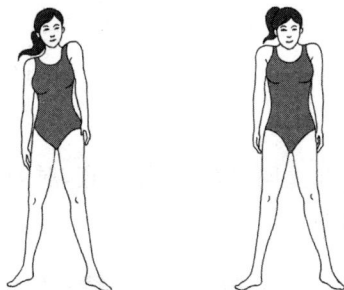

图 9-16　　　　　　　　　　　图 9-17

（2）沉肩

双脚开立同肩宽，两臂自然下垂，上体正直，将肩部（单肩或双肩）沿身体垂直轴向下沉落，动作过程中身体不动（图 9-18）。

（3）绕肩

双脚开立同肩宽，两臂自然下垂，上体正直，肩部（单肩或双肩）沿身前、后、上、下四个方向进行绕动,动作过程中身体不动(图 9-19)。

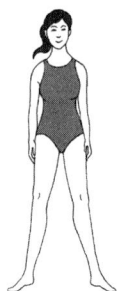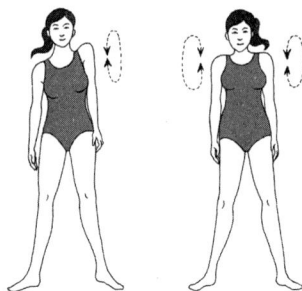

图 9-18　　　　　　　图 9-19

4.上肢动作

(1)举

双脚开立同肩宽,上体正直,以肩关节为中心,手臂进行各个方向的举臂练习(图 9-20)。

图 9-20

(2)屈

双脚开立同肩宽,上体正直,肘关节做有弹性的、由弯曲到伸直或由伸直到弯曲的动作(图 9-21)。

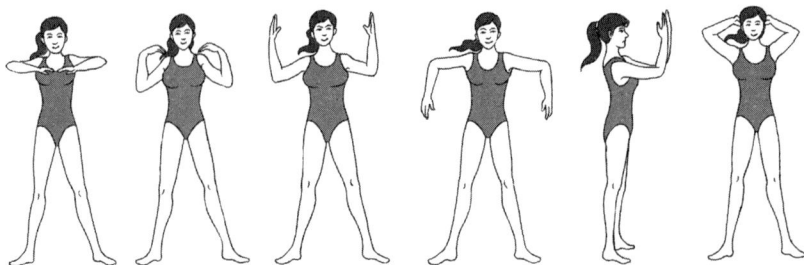

图 9-21

（3）绕、绕环

双脚开立同肩宽，上体正直，手臂（单臂或双臂）以肩为轴做弧线运动，如向内、外、前、后绕或环绕（图 9-22）。

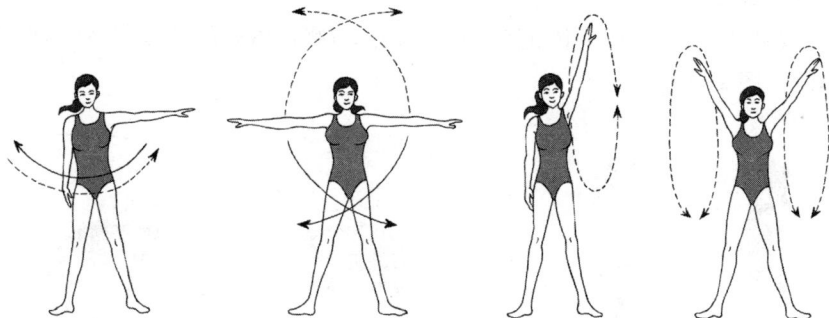

图 9-22

5.胸部动作

（1）移胸

双脚开立同肩宽，双臂自然下垂，上体正直，髋部位置固定，腰腹随胸部左右移动。

（2）含胸、挺胸

双脚开立同肩宽，双臂自然下垂，上体正直，含胸时，低头，收腹，收肩，形成背弓，呼气；挺胸时，抬头，挺胸，展肩，吸气（图 9-23）。

6.腰部动作

（1）屈

双脚开立同肩宽，上体正直，腰部向前或向侧做拉伸运动，如前屈、后屈、侧屈（图 9-24）。

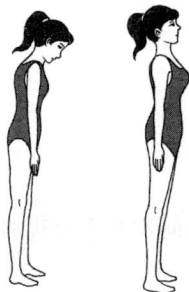

图 9-23

图 9-24

（2）转

双脚开立同肩宽，上体正直，结合迈步，腰部带动身体沿垂直轴左右灵活转动（图9-25）。

（3）绕和环绕

双脚开立同肩宽，上体正直，手臂侧上举，腰部做弧线或圆周运动，即绕和环绕（图9-26）。

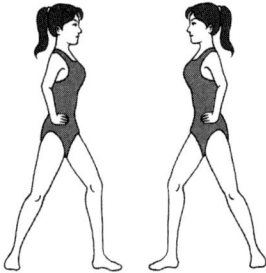

图 9-25

图 9-26

7. 髋部动作

（1）顶髋

双脚开立同肩宽，上体正直，双手叉腰，一腿伸直支撑、另一腿屈膝内扣，用力将髋向各个方向顶出（图9-27）。

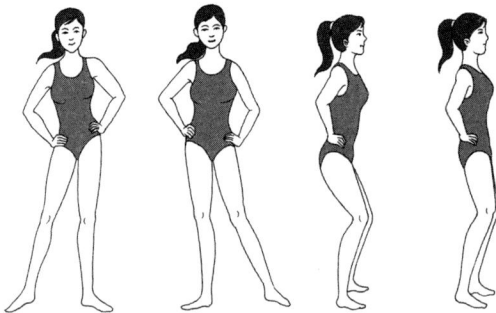

图 9-27

（2）提髋

双脚开立同肩宽，上体正直，手臂自然弯曲，半握拳，髋向左右上方提起（图9-28）。

（3）绕和环绕

双脚开立同肩宽，上体正直，双手叉腰，髋做顺时针或者逆时针的弧线或圆周运动(图 9-29)。

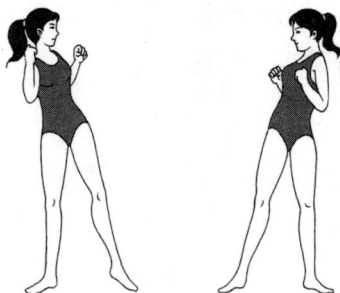

图 9-28   图 9-29

8.下肢动作

(1)直立、开立

双脚并拢站立,上体正直,双手叉腰,抬头挺胸;将双腿打开,做开立动作(图 9-30)。

(2)点立

自然站立,上体正直,双手叉腰,先直立,再伸出一条腿做点立或双腿提起做提踵立(图 9-31)。

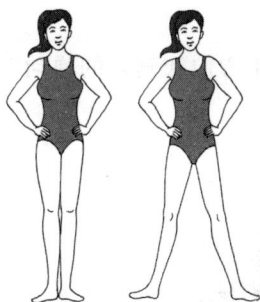

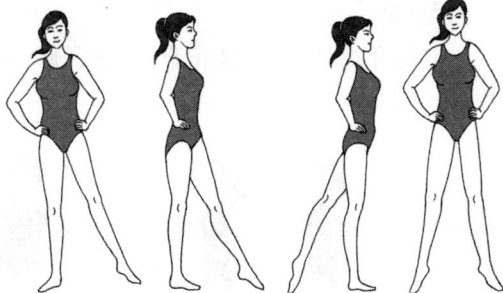

图 9-30   图 9-31

(3)弓步

自然站立,上体正直,双手叉腰,大步迈出一腿,做向前、侧、后的弓步屈的动作(图 9-32)。

(4)踢

双脚并拢站立,上体正直,双手叉腰,双腿交换做前、侧、后的踢腿动作(图 9-33)。

图 9-32

图 9-33

（5）弹

双脚并拢站立，上体正直，双手叉腰，双腿进行正方向和侧向的弹动动作（图 9-34）。

图 9-34

（6）跳

双脚并拢站立，上体正直，双手叉腰，做各种姿势进行并腿跳、开并腿跳、踢腿跳等腿部练习（图 9-35）。

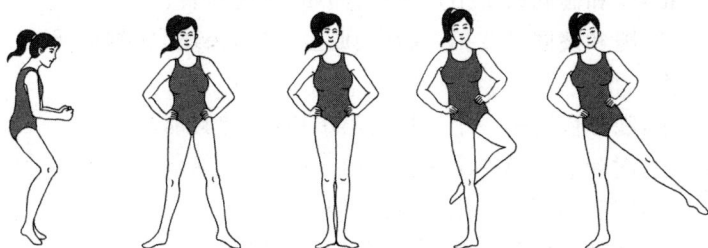

图 9-35

（二）组合动作

1.髋部动作组合

动作共 3×8 拍，音乐节奏感强，速度为 24 拍/10 秒。

预备阶段：

预备姿势：开立，双手叉腰。

第 1～4 拍：保持预备姿势。

第 5 拍：左腿屈膝内扣，向右顶髋。

第 6 拍：右腿屈膝内扣，向左顶髋。

第 7、8 拍和 5、6 拍相同（图 9-36）。

图 9-36

第一个八拍：

第 1 拍：左腿屈膝内扣，向右顶髋，双臂胸前平屈。

第 2 拍：右腿屈膝内扣，向左顶髋，双臂下伸。

第 3、4 拍同 1、2 拍（图 9-37）。

第 5 拍：腿和髋同第 1 拍，双臂经侧至头上交叉 1 次后成上举，抬头。

第 6 拍：腿和髋同第 2 拍，双臂头上交叉 1 次后成上举。

第7拍:腿和髋同第1拍,双臂肩侧屈,头向右转。

第8拍:腿和髋同第2拍,双臂还原至体侧,头还原(图9-38)。

第二个八拍:

第1拍:腿和髋同第一个8拍的第1拍,左臂胸前屈。

第2拍:腿和髋同第一个8拍的第2拍,右臂胸前屈。

第3拍:腿和髋同第1拍,左臂前伸。

第4拍:腿和髋同第2拍,右臂前伸(图9-39)。

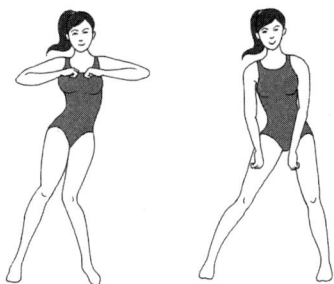

图 9-37

图 9-38

图 9-39

第5、6拍自左脚起踏步走2步,双手胸前击掌2次。

第7拍:双脚起跳成开立,双手叉腰。

第8拍不动(图9-40)。

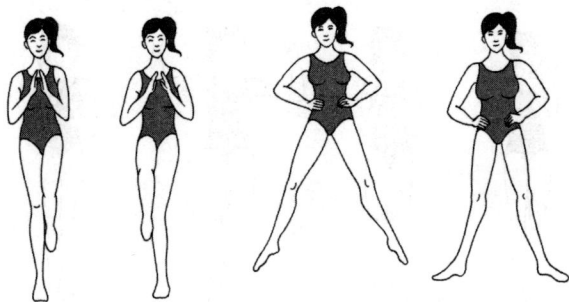

图 9-40

2.跳步动作组合

动作共6×8拍,音乐节奏感强,速度为26拍/10秒。

预备姿势:开立,双手叉腰。

第一个八拍:

第1、2拍不动。

第3、4拍两脚弹动2次(图9-41)。

第5、6拍跳成并立,两脚弹动2次。

第7拍:开立跳。

第8拍:并跳立,双臂落至体侧(图9-42)。

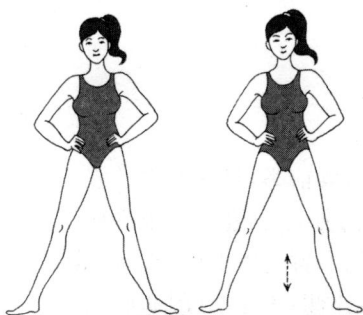

图 9-41

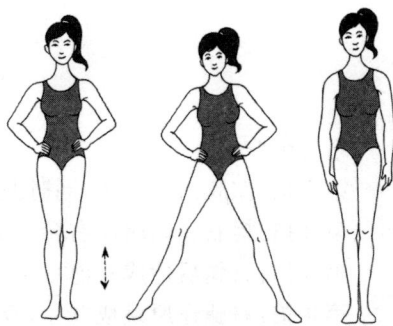

图 9-42

第二个八拍:

第1拍:右腿后踢跑,双臂胸前屈。

第 2 拍:左腿后踢跑,双手胸前击掌。

第 3 拍:右腿后踢跑,双臂肩侧上屈。

第 4 拍:并腿,手同第 2 拍(图 9-43)。

图 9-43

第 5 拍:双脚向右蹬跳成右侧弓步,左臂侧举,右臂胸前平屈,头稍左转。

第 6 拍:并立,双手胸前击掌。

第 7、8 拍同 5、6 拍,方向相反,但第 8 拍双臂还原至体侧(图 9-44)。

图 9-44

第三个八拍:

第 1 拍:左脚向侧一步,同时左臂上举,右臂前举,目视前方。

第 2 拍:提右膝同时向右转体 90°,右臂胸前上屈,左臂胸前平屈。

第 3 拍:右腿后伸成左前弓步,左臂侧举,右臂肩侧上屈,头向左转。

第 4 拍:右腿还原跳成并立,双臂还原至体侧,头还原(图 9-45)。

第 5 拍:左腿提膝跳,双臂胸前平屈。

第 6 拍:并立,双臂还原至体侧。

第 7 拍:右腿高踢跳。

第 8 拍:右腿落下成并立(图 9-46)。

图 9-45

图 9-46

第四个八拍：

第 1 拍：右脚向侧一步，同时右臂上举，左臂前举，目视前方。

第 2 拍：提左膝，右转体 90°，左臂胸前上屈，右臂胸前平屈。

第 3 拍：左腿后伸，右前弓步，右臂侧举，左臂肩侧上屈，头向右转。

第 4 拍：左腿并向右腿成立，双臂还原，头还原（图 9-47）。

图 9-47

第 5 拍:右腿提膝跳,双臂胸前平屈。

第 6 拍:并立,双臂还原至体侧。

第 7 拍:左腿高踢跳。

第 8 拍:左腿落下成并立(图 9-48)。

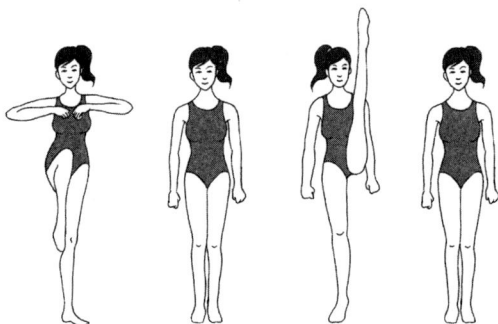

图 9-48

第五个八拍:

第 1 拍:开立跳,左臂侧举,头向左转。

第 2 拍:开立跳,左臂肩侧上屈,头还原。

第 3 拍:开立跳,右臂侧举,头向右转。

第 4 拍:开立跳,右臂肩侧上屈,头还原(图 9-49)。

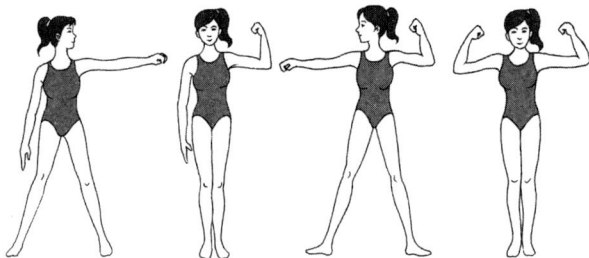

图 9-49

第 5 拍:开立跳,双臂胸前屈。

第 6 拍:开立跳,双臂胸前平屈。

第 7 拍:开立跳,双臂上举。

第 8 拍:开立跳,双臂还原至体侧(图 9-50)。

第六个八拍:

第 1~4 拍:跑跳步向左转体 360°,双臂体侧屈自然摆动。

第 5、6 拍:原地踏步走,双手胸前击掌 2 次。

第7、8拍：开跳立，双臂向外绕至肩上屈，双手扶头后，挺胸立腰，目视前方（图9-51）。

图 9-50

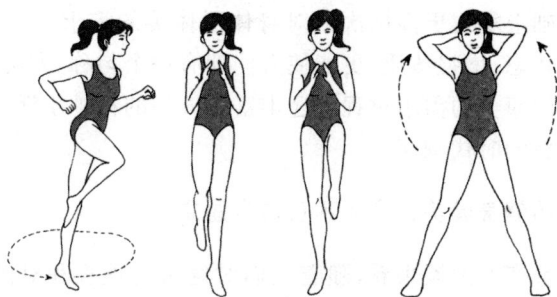

图 9-51

第三节　健身健美体育发展探讨

一、健身健美体育的发展现状

现阶段，我国健美体育事业的发展虽然还有许多需要改进的地方，但是和之前相比已经有了长足的进步与发展。我国大众体育开展已经有相当长的一段时间，其中，健身健美体育运动以其独特的运动魅力而深受社会大众的喜爱，拥有广泛的体育人口基础，其体育人口还在呈不断增加的趋势。我国健身健美体育的发展主要集中表现出以下两个基本特征。

（一）健美体育被大众认同并发展快速

改革开放以后，我国社会经济等诸多方面都发生了很大的变化，20世纪80年代健美操运动风靡全球，被引入我国后更是得到了十分迅猛的发展，社会大众参与健美操的热情高涨，这是我国健身健美体育的发展开端。

知识经济时代的来临，社会的生产方式和人们的生活方式更是发生了重大的变化，人们的观念发生了本质的变化，从日常发展需求来讲，人们已经从生产—生产—生产的定势改变为生产—休闲—娱乐新理念，从健康审美和精神追求来讲，人们开始注重健康、注重健美。对于高质量生活的追求和健康美的需求，使得人们追求更高层次的身体健美，基于健康基础之上的健康美成为人们参加体育运动的最高追求目标。

当前，追求健康、追求美成为一种时尚，健身健美体育能在满足人们对身体健康的基础上实现更高层次的对身体形体美的需求，不仅能帮助运动者远离亚健康状态、增强体质，更能使人们拥有一个匀称、完美的身体曲线，在满足人们对健康美的需求过程中还丰富了人们的精神生活，也因此，健身健美成为一种新的时代潮流。

（二）完善的健身健美体育体系已初步建立

就我国体育产业发展来看，随着人们对健康的重视和对健康生活质量的要求，体育健身娱乐进入大众视野，并在全国范围内蓬勃开展起来，人们对体育健身场地、体育技能指导、健身知识普及等的需求越来越大。

就我国大众体育发展来看，随着我国一系列大众体育发展政策与制度的出台，大众体育发展迅速，在我国对全民健身事业的大力支持的支持下，我国各地的社区体育设施建设不断完善，大大提高了大众体育健身的物质条件；基层社区居民体育的发展已经不能满足体育运动爱好者最基本的健身需求，更多的体育爱好者开始寻求专业的健身指导，开始走向健身房，健身健美的体育运动参与目标也更加明确。

就我国群众健身健美热情来看，社会物质财富日益丰富，人们生活水平不断提高。体育消费需求日益增长，社会大众对健康的投资日益重视，在日常消费中的比重不断增大，我国各类健身俱乐部、健身房层出不穷，正充分说明了我国群众对健身健美的热情的高涨。

基于以上几点，我国健身健美体育迎来了良好的市场发展空间和机遇，为了进一步推动我国包括健身健美体育在内的大众体育的更加快速、规范化的发展，我国做了许多工作，具体如下。

（1）加强健身健美体育宣传。

（2）完善基层健身健美社会体育指导工作。

（3）规范健身健美体育市场。

（4）鼓励和支持高校设置健身健美体育课程。

尽管和国外健身健美体育事业发展相比，我国的健美运动起步晚，但是，我国良好的社会经济与体育发展环境下，我国健身健美体育发展空间大。发展前景广阔。

二、健身健美体育的发展趋势

（一）更强调健身健美的主体意识

当前，我国健身健美体育参与人群最多的为女性人群，而相对于男性来说，女性在参与健身健美体育过程中其主体意识经历的变革也更加曲折、当前主体意识也表现得更为突出。因此，这里主要从女性的角度来对健身健美中运动者主体意识的突出做出详细解析。

现代健身健美体育中，女性是最广泛的体育参与人群，女性健康的身体审美的变化是历代女性成长过程中一个最直观的反应，反映了女性主体意识的不断增强和社会主体地位的不断提高。

我国传统社会观念认为，"女为悦己者容"，在很长的一段历史发展实现，女性都被视为男性的附属品，女性没有自身独立的思想和意志，封建父权和夫权社会制度下，女性的身体美是一种畸形的审美，这种畸形的审美标准以"细腰""三寸金莲"摧残着女性的肢体。

维新变革时期，在西方"天赋人权、男女平等"思想的影响下，"禁缠足、兴女学"是对我国女性思想和身体的一次大解放，这一时期，女性意识在男性的主导推动下被唤醒，但并非真正是从女性主体地位的角度来考虑的，而是为了把女性的家庭责任与社会义务统一起来，实现"保国强种"。[①]

五四以后，女性的主权意识被唤醒，女性开始进行自我社会地位和自我发展的思考。

新中国成立后，我国逐渐建立健全法制，从法律层面保障了女性的社会地位，传统的宗法、礼教、观念对女性的约束逐渐消失，女性的主体意识真正意义上得到体现。

---

① 杨斌.健身健美体育：女性身体美的理性回归［D］.上海体育学院博士论文，2011.

当前,女性已经彻底摆脱了对其他个人、宗法、礼教的附属,已经从男性、宗法、礼教所制定的"柳叶眉、水蛇腰、丹凤眼、三寸金莲……"的美的标准中走出了,追求基于健康的身体的健康美。女性以独立的个体和新的精神风貌来展现自我,女性参与健身健美体育并非为了取悦任何人或得到他人的认同,更多的是一种自我尊重和自我追求。

(二)更注重健身健美的人文内涵

真正的美是健康之美,一切美的都应该是健康的。现代人的健康美需求、对健康美及其标准的定义,都更多地体现了作为女性的价值和尊严,是个体对自我完善和自由发展的追求。

健身健美体育所倡导的人文内涵主要表现在,其注重人类自身的发展,是人类健康、可持续发展的一种有效的手段,其不仅仅具有促进人类健康、提高人类生存质量的重要生物学意义,更多表现在满足人类对健康生活的需求方面,通过对健康身体的塑造来实现健康的心理和精神。

健身健美体育包含着体育的人学本质,关注"人的身心既善且美"的和谐思想。旨在通过鼓励人们参与体育运动来实现运动者对身体、对自我的尊重。正如古代西方思想家强调体育参与的重要性是源于"反对神权、关注人自身发展"一样,现代健身健美也体现了人对自身生存健康的关怀。

健身健美体育运动作为当前最受大众欢迎的一类体育运动,重新定义了人对自我发展的需要和对自我发展的尊重。健身健美体育的重要体育精神内涵对于当前社会精神文明建设具有重要的引导作用。有助于大众建立最科学、正确的体育价值观和健康观,重视自我发展、并尊重他人,实现自我的人际关系的和谐和整个社会成员的共同进步。社会的发展,其最终目的是实现人的全面发展(包括身心健康与自我价值的实现),人类社会的健康发展必须建立在每一个人都健康发展的基础之上。

(三)参与健身健美体育更加科学

社会的不断发展与进步必然会带来人们生活、生产方式的改变,人们必须学着不断适应快节奏生活,并在享受现代化生产便利的同时面临身体机能下降的危险。对于整个社会来说,快节奏的生活方式是难以改变的,人们必须自觉接受并尽快适应快节奏的社会生活,与之同步发展。

健身健美体育具有时间特征,它通过肢体运动改变人体的身体疲劳和精神疲劳,在现代脑力劳动加大的生活生产方式中起到重要的协调作用。因此,健身健美体育备受重视。

人们越来越多地参与健身健美体育,并从总结经验和了解科学的健身健美体育知识中认识到科学参与健身健美体育运动的重要性。同时,社会的发展,社会大众审美的不断变化,也决定了社会大众的健身健美体育的发展必须朝着更加科学化的方向发展。

现阶段,随着我国体育"立人"思想的确立,更多的体育人口重视科学参与体育的重要性和对自我发展的重要意义,人们参与健身健美体育的内容、方法、强度等的选择越来越科学。

(四)健身健美体育更加生活化

随着我国大众体育的发展、人们对更高品质健康生活的追求,以及人们的科学文化素质的不断增强,再加上当前我国多种形式的传播媒介对健身健美体育运动的宣传,健身健美、享受高品质生活的观念已经越来越深入人们的日常生活当中,在正确的健身健美体育价值观的引导下,人们的健身健美体育观念和意识会进一步得到增强和提高,人们必将比以往任何时候都更加关注健康和追求健美,健身健美会成为越来越多的人,尤其是追求时尚和爱美的青年人日常生活中不可缺少的重要内容。

三、促进健身健美体育在大众体育中的发展策略

(一)政府部门应加大宣传力度

当前,我国健身健美体育运动的参与人群广泛,对科学参与健身健美体育运动的方式、方法的认知也越来越深入,但是,据调查显示,当前,我国健身健美体育发展面临以下两大问题。

(1)健身健美体育人口在大众体育人口中的比例并不算太高。有相当一部分比例的人为迎合所谓的时尚,热衷于手术、减肥、整形等不健康的方式和方法来实现身体美。

(2)在健身健美体育人口中,还存在很大一部分比例的人只重视身体局部的健美,而且很多年轻人过度追求某一部位的瘦身,对整体的身体健美和健美的标准认识不清。

针对上述情况,我国政府部门还应在健身健美体育运动宣传上多做工作,应该大力推广健美体育,普及健美运动,提高群众对健美的关注和了解,激发广大人民群众参与健美体育的积极性,使更多的人能认识和参与(更重要的是科学认识和参与)健身健美体育。[1]

---

① 石红哲.健美体育现状与发展研究[J].兰州教育学院学报,2012,28(4).

（二）将健身健美体育课程纳入高校教学体系

当前，我国在校生占全国总人口的比例是相当大的，而且，随着高校的不断扩招，我国青年学生已经成为一个庞大的人群，要推广和普及健身健美体育，可以通过在学校开设健美体育课程。

首先，通过鼓励学生参与健身健美体育提高学生的身体素质、塑造良好形体，促进学生的全面发展。

其次，通过开设专业健身健美体育运动项目课程，有助于培养一批具有专业健身健美体育知识的人才。

最后，以学校为依托，通过学生影响其家长，改变未来社会体育意识和价值观的发展导向，有助于全社会健身健美体育良好风气的形成。

政府和相关教育部门应对学校健身健美体育课程的开设和相关健身健美体育活动的开展给予多方面的支持。

（三）在社会指导员中引进健身健美教练员

发展大众体育，在社会大众中推广和普及健身健美体育，社会指导员发挥着重要的影响作用，同时还对引导体育人口科学参与健身健美运动具有重要的指导作用。

因此，在当前重视对社会指导员的培训、培养机制的改革与发展过程中，可以考虑适当引进健美教师、健美教练等，充分利用这些人的专业知识和素养来影响更多的社会指导员重视健身健美体育的推广和科学组织。

（四）社区鼓励群众参与体育，组织开展健美比赛

社区是推广和普及健身健美体育的一个重要场所，与社会大众的关系也最为密切。政府相关部门应鼓励并支持社区开展各种有益的健身健美体育活动，不同社区之间还可以相互联合，开展健身健美比赛，树立社区健身健美榜样，培养社区居民的健身健美意识，促进更多的社区居民参与到健身健美体育运动的科学锻炼中来。

在正确的舆论和体育价值观的引导下，社区居民的健身健美意识一定会进一步得到增强和提高，促社区居民更加关注身体健康和健美，也才能进一步扩大我国健身健美体育人口。

第十章　不同人群参与大众体育的
理论与发展研究

大众体育的意义是广泛的,其对不同人群都能够产生积极的作用,不同社会群体由于生理、心理及社会特征等存在差异,因此在参与大众体育运动方面也有一定的区别,只有以不同人群的实际情况为依据来开展大众体育活动,才能真正促进各个群体的健康与发展。本章主要就不同人群参与大众体育的理论与发展进行详细研究,具体涉及五类人群,即儿童少年、青年、中老年、女性及残障人。

第一节　儿童少年大众体育与发展

一、儿童少年体育概述

(一)儿童青少年体育的任务

儿童少年的年龄不同,其身心特点及社会性特征也就会有所不同,只有对各年龄段儿童少年的特征及运动能力有了全面的把握,才能对适宜儿童少年的体育锻炼内容与方法进行选择,这样对儿童少年进行培养才能取得良好的效果。儿童少年参与体育运动的主要任务各有侧重,具体分析如下。

1.儿童体育活动的主要任务

儿童参与体育活动主要是为了完成如下主要任务。

(1)通过体育锻炼促进身体的正常发育,养成正确身体姿势的习惯,促进基本活动能力的形成与发展。

(2)对生活中的体育、卫生保健常识和基础运动动作有一定的了解,产生对体育运动的乐趣,在体育运动中养成遵守纪律、团结友爱的美好品德。

2.少年体育活动的主要任务

少年参与体育运动主要是为了完成如下几个主要任务。

（1）关注身体素质发展的敏感期，为身体素质的全面发展打好基础。

（2）对体育的意义、运动卫生和基本运动知识进行了解，对基本的运动技能加以掌握，养成积极锻炼身体的习惯。

（3）树立健康观与体育观，发展在运动方面的优势与特长。

（二）儿童青少年体育的作用

作为大众体育的重要组成部分，儿童少年体育活动是集身体锻炼活动和教育活动于一体的，其开展的目的是促进儿童少年身体健康；提高儿童少年的体育兴趣，使儿童少年在体育中感受快乐。儿童少年体育的作用与意义是多方面的，这在儿童少年的成长及社会化发展中有突出的反映，具体表现在以下几方面。

1. 促进儿童少年的生长发育

儿童少年正处于发育时期，在这一阶段参加体育运动和身体锻炼，其身体器官和组织系统将会快速生长，身体机能会不断提高，外部形态也会趋于完善。体育运动在对儿童少年生长发育方面的作用具体从以下几方面表现出来。

（1）参与体育运动有利于使儿童少年的骨骼更快更健康地生长。

（2）体育锻炼能够使儿童少年的肌肉变得强壮。

（3）体育锻炼对儿童少年内脏器官的发育很有利，可以使内脏器官的机能得到有效增强。

（4）体育锻炼能对儿童少年神经系统的调节机能具有很明显的改善作用。

2. 促进儿童少年身体素质的全面发展

在大脑的支配下，人体肌肉的基本活动能力（走、跑、跳、爬等）体现了一个人身体素质水平的高低。一个人的体质是否健康，主要看其身体素质的好坏。儿童少年要想对运动技能加以掌握，提高自己的学习效率，首先要有良好的身体素质，而经常参加体育锻炼有利于获得良好的体能素质。

在体育锻炼过程中，儿童少年的基本活动能力会不断提高，身体对外界环境的变化能够很快适应，抵御疾病的能力也会加强，这都有利于健康水平的提高。因此说，体育锻炼在推动儿童少年身体素质全面发展方面具有很重要的影响。

3. 对儿童少年良好的个性和社会品格进行培养

每个人都是在活动的过程中形成一定个性和社会性品格的。儿童少年在参加体育活动的过程中,他们作为活动主体可以在一个较为广阔的空间里尽情活动,充分展示自己的个性,并促进自身个性的不断完善。此外,体育锻炼也为儿童少年提供了良好的社交机会,其可以利用这个机会寻找新的玩耍伙伴,交更多的朋友。

集体性的体育活动还有利于促进儿童少年竞争与合作意识、沟通与交流能力的提高。不仅如此,通过参与体育锻炼,儿童少年的自信心会进一步增强,人格会更加完善,这样对其社会化发展很有利。最后,体育运动还有利于促进儿童少年审美意识和审美能力的提高。

4.促进儿童少年自我保健意识的增强

体育运动可以使儿童少年自我保健和自觉锻炼的意识不断增强,可以使其在保健和锻炼方面的能力进一步提高,这对于良好生活习惯的养成和文明健康生活方式的形成具有积极的意义。

当前,儿童少年的功课任务很多,很少有时间放松和娱乐,因此他们时常感觉很累,而参与体育活动可以使其暂时摆脱学习的重任,使身心得到全面的放松和休息,长时间坚持参加体育锻炼有利于儿童少年学习效率的提高,也有利于其养成良好的生活习惯。儿童少年既可以参加校内体育活动,也可以参加校外体育活动,校内活动有利于儿童少年结交新的伙伴,认识更多的同学,校外活动可以使儿童少年深入体验生活,并从长辈那得到有价值的锻炼信息。

二、儿童少年体育的内容和方法

(一)儿童体育的内容和方法

1.体育活动内容

儿童普遍活泼好动,很难长时间将注意力集中在一件事物上,因此其对内容丰富多彩的活动更为喜欢,如游戏、韵律活动、基本体操、武术、小球类和一些身体素质练习等。

2.体育活动方法

在儿童体育运动中,应该采取灵活多样的教学方法和活动方法,教学方法以直观教学法为主,同时注意不断变换教学手段。儿童一般多参与小组活动和集体活动,游戏、竞赛活动方法更受儿童的欢迎。

(二)少年体育的内容和方法

1.体育活动内容

少年时期生长发育的速度与儿童时期相比是较快的,不管是骨骼的生长,还是肌肉力量的发展,都有了一定程度的提高,而且这时也具备了一定的抽象思维能力。受这些特征的影响,少年对球类、田径、武术、体操、舞蹈、身体素质练习等活动内容更为偏爱。

2.体育活动方法

身体练习法、比赛法是少年体育的主要活动方法,活动形式既有个人活动,又有小组活动和集体活动。

三、儿童少年体育活动的组织与指导

(一)儿童少年体育活动的组织与开展

学校体育、家庭体育以及社会大众体育都会对儿童少年的体育生活产生不同程度的影响。对形式多样、内容丰富的体育和娱乐活动进行组织与开展,有利于促进儿童少年身体素质、健康水平、道德品质的提高以及个性的发展和良好生活习惯的养成。此外,社会主义精神文明建设在客观上也要求对儿童少年体育活动进行积极组织与科学管理。

儿童少年体育的组织和开展要素具体见表10-1。

表10-1 儿童少年体育的组织和开展要素

组织与开展的要素	具体内容
活动组织机构	政府职能部门、社会团体教育文化机构、学校、家庭、社区等
活动区域	社会、学校、家庭、社区
活动方式	社区体育指导、家庭体育、自我锻炼、学校体育等
具体活动形式	早操、课间操、同伴群体活动、体育课及课外体育

（二）儿童少年体育指导

1.体育教师教学生

儿童少年有很大一部分时间都是在学校度过的。在学校,体育教师是儿童少年参加体育活动的主要指导者。教师应以儿童少年的身心特点为依据来对体育活动内容、方法、形式及手段等进行选用,在指导过程中将体育健身与锻炼的常识、方法等传授给学生,使学生对体育运动产生兴趣,并促使其养成良好的体育锻炼习惯。教师针对学生的特点对锻炼计划进行制定时,可以与学生共同完成计划制定工作,这样可以加强与学生的沟通,也可以使制定出来的计划更符合学生的特点,更能满足学生发展身体素质和运动能力的需求。此外,在执行体育锻炼计划的同时,教师可以对学生进行思想品德方面的教育,促进其全面发展。

2.家长引导孩子

在儿童少年的成长过程中,最有影响力的莫过于父母了,所以家长应尽可能为孩子提供良好的体育活动环境与条件,并积极对孩子的体育运动进行正确指导。对于儿童,家长可以带孩子做操、跑步、学武术基本动作,对于少年,家长可以督促其参加体育活动,在周末可以和孩子一起去郊游。

3.社区体育指导员指导儿童少年

儿童少年在假日参加体育活动时,除了由家长指导外,还有一个很重要的指导群体,即社区体育指导员。社区体育指导员在指导社区儿童少年及成人体育活动中是一支非常重要的力量。

4.大众媒体的传授

通过社会上的各种传媒途径可以将有关体育娱乐活动的内容与方法传播给儿童的少年,使儿童少年有对体育运动有更多的了解和认识,从而更加科学地参与其中。常见的媒体手段有相关出版物、影视、广播、互联网等。

5.同伴互动

儿童少年一般都喜欢和同龄伙伴在一起参加体育活动和娱乐游戏。大部分儿童少年都有自己比较固定的同伴群体,他们一起共同游戏,通过游戏来交流与沟通,共同实现身体健康和身体素质的提高。

四、我国儿童少年体育的发展现状与趋势

(一)我国儿童少年体育的发展现状

在儿童少年的成长过程中,体育是非常关键的一个内容,体育对儿童少年的成长与发育质量有非常重要的影响。发展儿童少年体育不但能够对合格的劳动者进行培养,还能够为竞技体育培养优秀的后备人才。现在,世界上很多国家都制定专门的政策法规来发展儿童少年体育,目的就是促进儿童少年体质健康,对儿童少年的体育活动能力进行培养,使其能够更好地适应社会的发展,将来在社会中做出自己的贡献。除了政府对儿童少年体育的发展比较重视外,社会各界也在这方面有比较高的关注,帮助儿童少年体育发展的社会力量越来越多。发展儿童少年体育,一个非常有效的途径是加强学校体育和社会体育的联系,二者的协调发展能够为儿童少年体育的发展提供很好的环境与平台,使儿童少年在体育锻炼过程中实现社会化发展,更好地适应社会环境。

新中国成立以后,随着我国体育运动的不断进步,儿童少年体育的发展也逐渐受到了重视,在各方的共同努力下,儿童少年体育的发展取得了一定的成果,积累了丰富的实践经验,培养了身心健康的下一代。但是,通过调查了解到,我国儿童少年的体质情况仍不容乐观,一些体质指标,如肌力、耐力和柔韧等有下降的趋势,而且肥胖的儿童越来越多,且多出现在城市。此外,一些儿童和少年的心理健康也令人担忧,孤僻、自私等心理问题普遍存在。

(二)制约我国儿童少年体育发展的因素

导致我国儿童少年体育发展滞后,且出现以上问题的原因主要有以下几个方面。

(1)家庭体育和健康教育的观念落后,方法不够完善。在家庭教育中,家庭体育的地位和作用很重要,很多家长也能够意识到这一点,但受应试教育的影响,家长还是普遍希望孩子将时间都用在文化课学习上,甚至会干扰孩子参加体育活动。

(2)学校体育教育观念落后,教学内容、方法不够科学。很多学校都存在严重的功利思想,过分追求升学率,只关注学生的分数,却忽视了学生的健康,所以对体育教育的重视严重不够。

(3)学校体育俱乐部发展滞后,不适应市场经济改革发展的需求。对于

儿童少年来说,体育俱乐部是其接受体育教育的第二课堂,但当前我国学校体育俱乐部建设落后,对体育活动的开展也不积极,这主要是因为社会各界对此不够重视。

(4)教学大纲的统一对儿童少年体育的发展不利。在应试教育制度的影响下,学校无法全面贯彻素质教育,因此在体育教学方面的改革力度也较小,丰富多彩的体育教育局面尚未形成。

(5)体育师资力量薄弱,很多学校都不重视体育课,配备的体育教师数量与学生数量严重不成比例,甚至一名体育教师要带全年级的体育课,这样必然会影响到体育课教学质量。而且现有的体育教师文化素质水平较低,专业能力也不够高,在指导学生体育活动方面能力有限。

(6)社区儿童少年体育发展滞后,对儿童少年体育活动的开展造成了严重的影响。在放学后,儿童少年基本上都是在一定的社区范围内活动的,而社区对儿童少年体育活动的组织力度不够,使儿童少年没有很好的环境与平台来参加课外体育锻炼,这样就对学生健康与全面发展造成了不利的影响。

(二)我国儿童少年体育的发展趋势

1.社会化发展

我国的教育体制与体育体制在市场经济的发展中都从根本上发生了变化,在这一背景下,儿童少年体育的发展也将突破学校范围,走向更广阔的社会。在儿童少年体育的传统发展中,是以学校为主体的,而现在主体变成了社会,这样一来,儿童少年对家庭的依附性会弱化。以社会为主体的儿童少年体育的发展对体育产业的发展具有一定的带动性,这主要是因为儿童少年体育休闲活动、健美体育活动和娱乐性体育活动都在慢慢走向社会。

在体育全球化背景下,我国儿童少年体育及体育教育也会逐渐向国际化的趋势发展。儿童少年体育与国际接轨将会促进这类大众体育运动的进一步发展。

2.组织化发展

在传统的儿童少年体育发展中,主要采取的是政府和学校联合办体育的发展模式,这一模式有一定的局限性。现在,多元化的组织与管理模式在儿童少年体育发展中被逐渐采用,这在社会各界共同办体育的多元格局中能够体现出来,在多元格局中,参与儿童少年体育发展的主体除了政府、学校外,还有企业、社区、社会等。

3.多元化发展

在素质教育全面普及和提高的今天,衡量学生是否得到了全面发展时,离不开体育这一指标。为了促进学生的全面发展,学校体育教学中采用的方法更为多元和灵活了,儿童少年在学校体育中不断获得进步,个性也在逐步完善。

随着我国考试制度的深入改革,体育在学校中的地位得到了提高,有关部门也在不断改进体育教学大纲,推动学校体育教育的发展。除了改进大纲外,教学模式也是一大改革重点,其中的地域、地区模式更是促进了儿童少年体育多元化发展格局的形成。在多元化发展中,儿童少年参加的体育运动越来越多,涉及竞技体育、健身体育、民族传统体育等多个方面。

4.商业化发展

在体育体制的不断改革中,体育经纪人、教练员或商业机构在争相扩大自己的商业范围,而学校是其共同争夺的重要场所,对于他们来说,学校是商业投资和吸引人才的重要领地,因此会通过一些商业行为来参与到学校举办的体育活动中,这直接推动了儿童少年体育的商业化发展。

5.娱乐化

大多数儿童少年参与体育活动主要是为了健身、健美和娱乐,这也就构成了儿童少年体育发展的主题。随着社会娱乐文化的不断发展与丰富,儿童青少年的生活空间、生活方式也会发生一定的变化,而且属于儿童少年自己的体育文化也会逐渐形成。

第二节　青年大众体育与发展

一、青年体育的意义

对于青年人来说,体育运动是他们生活中不可或缺的一部分。青年人参与体育活动,不但能够实现身心的发展,还可以扩大自己的社交范围,提高自己的社交能力。不同的青年人在社会中扮演的角色不同,但不管扮演何种角色,只要是在社会中生存,都需要和人打交道,只有先具备一定的社交能力,融入集体,才能逐渐适应社会,融入社会。而体育运动就是青年人交际和融入社会的主要途径。现在,走出家门参加社会活动的青年人越来越多,他们在参与体育运动的过程中认识新的朋友,建立自己的朋友圈,与他人友好相处,从而有效改善了自己单调的生活,而且工作中也更有活力和干劲了。

青年人的心理状态比较稳定,各方面的心理要素基本上都已成熟,而且心智活动效率也有了一定程度的提高,具体反映在理解问题、分析问题、推理问题以及创造性方面。受这些特征的影响,青年人更喜欢参加棋牌类等具有休闲娱乐特征而又能够发展智力的体育项目。

随着年龄的不断增长,社会角色和生活环境的逐步变化,青年人要养成良好的体育锻炼习惯,从而为中老年时期的健康打下良好的基础。

二、青年体育的内容

青年时期是参加体育运动的最佳时期,因为青年人体格健壮,肌肉、骨骼都已发育成熟,各器官系统功能也较为稳定,具备了参与体育运动的能力与素质,可参加的体育运动项目有很多。

青年人喜欢参加球类、拳击等具有明显竞技性和突出对抗性,且运动规则又比较明确的体育运动。在运动过程中,运动强度一般是中等偏上,可见青年人确实拥有充沛的体力和旺盛的精力,在这些活动中能够游刃有余。青年人喜欢参加对抗性运动与其具有较强的竞争意识也有关。

青年人还比较喜欢参加时尚新颖又充满刺激与挑战的户外体育运动,如攀岩、登山、徒步穿越、赛车、高山滑雪、潜水、漂流、冲浪、空中滑翔、溜索、溪降、蹦极等,在这些运动中,青年人挑战自然、征服自然的需求能够得到一定程度的满足。这些刺激性的体育运动对人的身体素质提出了很高的要求,并且需要有一定的经济能力才能参加,所以青年人要全面考虑自身的条件(身体条件、经济条件),不能仅凭一时冲动便盲目选择。

青年人普遍都很关注自己的外在形象,人一生中肌肤、体型、容貌最完美的时期也就是在青年时期,青年人保持健美肌肤、优美体型及青春容貌的愿望很强烈,所以健身健美运动颇受青年人的欢迎,如健美操、体育舞蹈、瑜伽等。

三、我国青年体育的发展现状与趋势

(一)青年体育的发展现状

1.青年人参加体育活动的动机

通过对900名青年体育人口进行调查后了解到,为了娱乐而参与体育活动的人占到总人数的 35%;为了强身健体而参与体育活动的人占到 20%;为了提高自己的社交能力而参加具有社交性特征体育活动项目的人占到 30%;有 5% 的人希望通过体育锻炼来培养自身的终身体育习惯,还有 10% 的人参加体育活动是为了实现其他方面的愿望,如塑形美体、挑战自我等(表 10-2)。

表 10-2 青年人参加体育活动的动机(N=900)[①]

动机	人数	百分比
娱乐	315	35%
强身健体	180	20%
社交	270	30%
培养终身体育习惯	45	5%
其他	90	10%

从以上调查数据来看,娱乐、社交和强身健体是青年人参加体育活动的主要动机,可见青年人在这些方面有着强烈的需求。需要注意的是,将培养终身体育习惯作为参加体育活动愿望的人并不多,可见青年人的终身体育锻炼意识还比较薄弱。

2.青年人参加体育项目现状

青年人经常参加的体育活动项目见表 10-3。

表 10-3 青年人对体育活动项目的选择(N=900)[②]

项目	人数	百分比
篮球	162	18%
网球	135	15%
羽毛球	126	14%
散步	90	10%

---

① 田建君,蔡建丰.我国城市青年人体育锻炼的心理——行为特征研究[J].成都体育学院学报,2011(11).

② 同上.

项目	人数	百分比
瑜伽	90	10％
游泳	90	10％
健美操	54	6％
毽球	45	5％
太极拳	18	2％
其他	90	10％

从调查数据来看,青年人在选择体育运动项目方面,还是以大众健身项目为主的,如篮球、羽毛球、游泳等,这主要是因为社会中这些项目的体育场地和设施条件比较充足,能够为青年人参与这些项目提供基本保障。此外,大众健身项目兼具健身、娱乐、社交等功能,可以使不同需求的青年人得到满足,因而比较受欢迎。

除常见项目外,还有一些青年人选择高尔夫、保龄球等项目来参与体育运动,这些项目能够使青年人对体育活动中多元体育价值的追求得到满足。健康价值是体育锻炼的传统价值,在这一基础上,体育锻炼的价值在不断延伸,彰显个性、娱乐等价值日益凸显,高尔夫、保龄球等体育运动在实现这些价值的同时,也促进了参与者社交能力的提高,因此受到了部分青年人的青睐。这些项目相对来说消费比较高,因此参加这些项目的人大都具备一定的经济条件。

(二)青年体育的发展趋势

1.娱乐将成为青年人参与体育运动的主要动机

当前,大多数青年人参加体育活动都是以娱乐为主要目的的,而且这一现象将会继续延续,但是随着体育健身意识的提高,以强身健体和培养终身体育锻炼习惯为主要参与动机的青年人也会越来越多。

2.青年人对体育运动的兴趣不断提高

大多数青年人对体育活动都表现出了很高的兴趣,参与体育运动的青年人来自不同职业,学历和经济收入也各有不同。一般来说,不同的青年人选择不同的体育运动主要与其职业、收入、年龄等自身因素有关。

3.青年人对体育的多元价值和意义有迫切的追求

随着体育的不断发展,体育锻炼的内涵、价值和意义都得到了一定程度的延伸。常规项目已难以满足青年人的选择。在健身基础上,青年人更关注那些具有社会交往价值和能够给自己工作与生活带来便利的体育活动。

第三节　中老年大众体育与发展

一、中年体育与发展

作为社会发展的中坚力量及社会财富的主要创造者,中年人在社会不同年龄阶段的群体中发挥着承上启下的作用。据有关人士统计,25—45岁是科学创造的最佳年龄段;35—45岁是技术创造的最佳年龄段;27—45岁是文学创造的最佳年龄段;35—67岁是社会科学创造的最佳年龄段。从这一点来看,创造社会物质财富和精神财富的最佳阶段就是中年时期。

人体的发展都是有一定自然规律的,所以中年人到了一定年龄后,身体机能就会慢慢从旺盛走向衰减,这是谁都不可避免的,再加上中年人肩负重任,面临的问题也很多,所以身心健康水平会下滑。如果不及时参与体育运动,将会影响老年后的生活。

(一)中年体育的意义和特点

1.中年体育的意义

对于中年人来说,体育运动具有以下几方面的作用和意义。

(1)促进身体各方面能力的提高与保持,抗衰老

中年人的身体机能、素质与运动能力要想获得进一步的提高是很难的,而且不仅不会提高,反而还会下降。但不同的人下降的速度和程度是不同的。如果中年人可以长期坚持参加体育锻炼,那么其身体机能、素质在短期内就不会有明显的下降,而且各种身体能力依然有可能保持在最佳状态,到中年后期,身体机能、素质虽然会有下降趋势,但下降幅度比较小,而且速度也比较慢。相反,如果不注意锻炼,就会出现未老先衰的情况,有些中年人缺乏锻炼,体力还比不上经常锻炼的老年人。所以说,中年人参与体育运动可以防衰抗衰,可以保持身体各方面的能力。

（2）促进社会交往能力的提高和业余文化生活的丰富

对于中年人而言，体育运动不仅是一项身体活动，更是一项社交活动。中年人通过观看体育比赛，参与运动群体活动，可以扩大社会接触面，加强与别人的沟通与交流，这种以人本主义为主的社交活动在日趋工业化、城市化和以业缘关系为主的现代生活中特别重要。

在参与活动的过程中，中年人可以摆脱日常的繁琐，全身心地放松，这对其业余文化生活的丰富具有积极的促进作用。

（3）防治疾病，保持精力，提高工作效率

体育运动是强身健身、防病治病的有效措施，经常参与体育锻炼的中年人患病的机率要比常年不参与体育锻炼的人小，而且在患病之后如果能够合理参与体育运动，疾病也可较快康复，身体健康的中年人精力充沛，可以更高效地投入到工作中。相反，如果中年人不注意锻炼，其精神状态就难以保持良好的状态，在工作中也无法全身心地投入其中，这就会对其工作效率造成不好的影响。

2. 中年人体育的特点

（1）针对性

中年人参与体育运动是具有明确目的的，即通过掌握运动技术来在生活中解决一些问题，这就体现了中年人体育的针对性特征，中年人参与体育锻炼都是结合实际需要进行的。

（2）灵活性

因为中年人在参与体育运动时，是以自身的实际生活需要和运动需要为依据的，因此不会按照统一的模式来锻炼，这是其与学校体育的主要区别之一，可见中年人体育具有突出的灵活性特征。但也不是每个人所采用的锻炼方法和方式都是不同的，有些中年人的生活环境相似，有共同的兴趣爱好，所以采用类似"标准化"的方法进行锻炼也是有可能的。

（3）自发性

中年人参加社会体育活动的一个重要动机就是实现自我需要。倘若体育运动无法使其需求实现，或者其无法达到预期的目的，继续参加体育活动的可能性就不大了。因此，满足需要是中年人体育的基础，在此基础上对体育锻炼目标、计划进行制定，对社会体育内容和方法进行选用时，要对中年人参与者的要求全面加以了解，只有这样，才能使中年人积极主动地参与到体育活动中，这也是中年人体育自发性特征的表现。

（4）现实性

通常而言，中年人是在个人日常生活和职业生活的过程中产生相应运动要求的,他们希望通过体育锻炼来解决一些现实问题,如减肥、放松、提高体质、交朋友等。这就要求中年人体育必须适应中年人本身的实际生活需要。中年人会在生活实践中运用自己的运动经验,以此来达到自己的目标。

(二)中年体育活动的内容与指导

1.中年人体育的内容

中年人体育活动的内容具有以下两个特点。

(1)多样性

中年人群在身心、社会等方面的特征都是相似的。但从个人的角度来看,中年人群在社会地位、职业类型、经济条件、生活方式、社交范围等方面存在着明显的差异,这些差异使得不同的中年人在参与体育活动的过程中有不同的动机,具体参与的项目也有很大的不同。所以,中年体育在活动内容上具有广泛的适应性。对于中年人群来说,健身健美类体育活动、娱乐类体育运动、竞技体育运动等都是比较适合参加的。

(2)专门性

专门性是针对个体来说的,习惯、兴趣等因素会影响中年人参加体育活动的项目、时间及动机,经常性运动的内容多数是比较专一的。

2.中年人体育的指导

(1)强化中年人参与体育运动的动机

中年人一般都需要承受比较大的家庭和工作负担,所以闲暇时间比较少,一部分人自认为身体很好,所以对锻炼不重视。所以,对中年人体育活动进行指导时,首先要培养其体育锻炼的意识,促进其参与体育运动的动机的不断强化,从而使其能够自觉积极地参与到体育活动中。

(2)了解中年人的差异,对锻炼方案进行合理制定

中年人群在很多方面的差异都是比较显著的,如体育需求、经济条件、生活方式等。只有对不同中年人的差异性进行充分的了解,以其各自的实际情况为依据来制定体育锻炼计划和运动处方,才能使中年人通过参与体育活动受益。

(3)科学锻炼

人们在进入中年阶段后,身体机能就会慢慢出现衰退的趋势,一些中年人为了避免这一点,在体育锻炼过程中不考虑自己的实际情况而随意加大运动量或运动强度,延长运动时间,表现出"逞强"的现象,因此其很容易发生损伤或疲劳问题。对此,需加强对中年人的科学指导,做好医务监督工

作,避免出现伤害事故。

(4)定期检测,及时反馈锻炼效果

总的来看,中年人参加体育锻炼的功利性是比较强烈的。他们往往希望在短时间内就能看到好的锻炼效果,对此,需对中年人的运动效果进行及时的检测,使其对自身锻炼的效果有充分的了解,这样有利于激发中年人更加积极地参与体育活动,也有利于使其运动行为更持久稳定。

(三)我国中年体育的发展现状与趋势

1.我国中年人参与体育活动的现状

(1)参与比例偏低

通过调查发现,我国不同年龄人群参与体育活动的比例有一定的差异,如图 10-1 所示,从图中可以看出,中年人参与体育运动的比例整体来说是比较低的。经过进一步的调查后了解到,工作负担重、闲暇时间少是制约中年人群参与体育活动的主要因素。

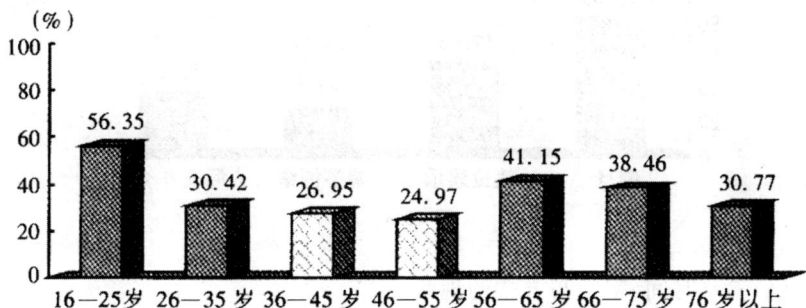

图 10-1[①]

(2)参与项目多样

中年人可参与的体育项目非常广泛,不管是个人体育项目,还是集体项目;竞技性运动,还是休闲性运动都很受中年人的欢迎。而且调查显示,民间体育运动项目也比较受欢迎(图 10-2)。

(3)体育行为目的的多元性

中年人体育行为的目的是多元的,有些中年人进行体育锻炼是为了强身健体;有些是为了放松身心,缓解压力,消除紧张,改善精神状态。此外,将体育活动作为社交手段的中年人也有很多,社交范围的扩展和社交能力

---

① 李建国等.社会体育[M].北京:人民体育出版社,2004.

的提高有利于促进中年人社会生活效率的提高(图 10-3)。

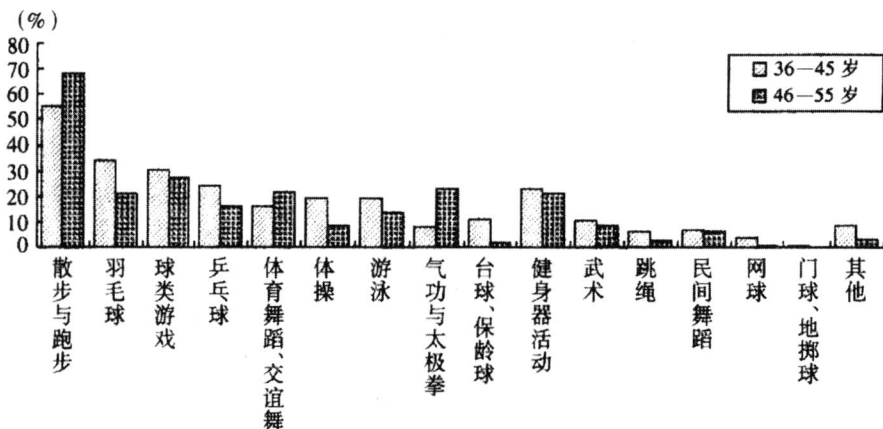

图 10-2①

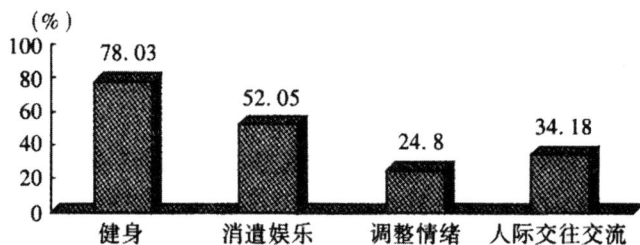

图 10-3②

(4)参与时间、空间与方式的现状

中年人参与体育运动的时间较为零散(图 10-4)。有些中年人选择在固定时间坚持体育锻炼;有些中年人选择在节假日集中参加体育活动。以自身的时间、精力具体情况为依据参与体育运动的人更多一些,这也说明中年体育是比较灵活的。

从参与空间来看,在自家庭院进行体育锻炼的人比较多,其次是公园街道和小区空地。

中年人参加体育活动的形式既有个人参加,也有和朋友一起参加、参加家庭体育活动等。此外,参与单位组织的体育活动的中年人也占到了一定的比例。

---

① 李建国等.社会体育[M].北京:人民体育出版社,2004.
② 同上.

（5）不参加大众体育的原因

在我国，不参加体育活动的人占多数，从调查结果来看，时间少、工作负担重、体育设施缺乏、没兴趣是制约中年人参与体育锻炼的几大要素（图 10-5）。

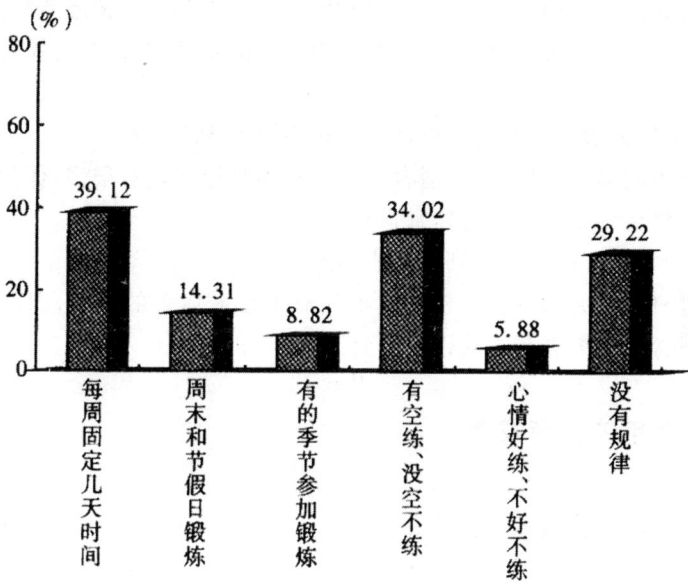

图 10-4①

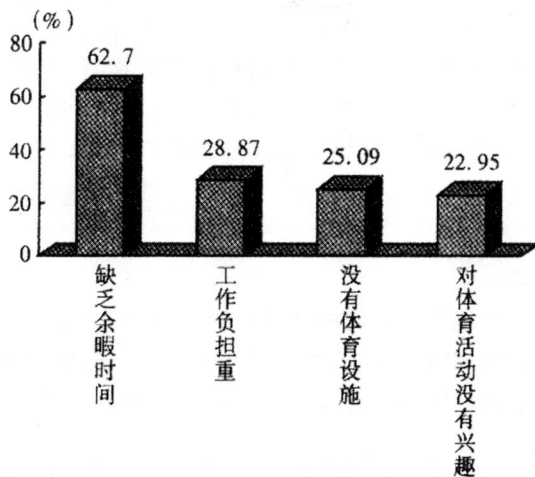

图 10-5②

---

① 李建国等.社会体育［M］.北京：人民体育出版社，2004.
② 同上.

2.我国中年人体育的发展趋势

(1)中年体育人口数量将增加

随着我国经济的发展与产业结构的优化,体力劳动者将逐渐减少,取而代之的是脑力劳动者,这样中年人群的闲暇时间就会增多,参与体育运动的中年人也会逐步增加。

(2)中年人参与体育活动以休闲娱乐类内容为主

体育活动形式多样,而且适合中年人的体育形式也有很多,休闲娱乐类体育项目将成为中年人参与体育运动的主要内容。

(3)中年体育研究将受到进一步的重视

体育科学研究领域将会越来越重视对中年人体育的研究,因此适合中年人的体育活动内容与方法也将得到开发。

二、老年体育与发展

(一)老年体育的意义和特点

1.老年人体育的意义

(1)防病治病

晚年的健康离不开体育运动。在防病治病方面,体育运动的作用是非常明显的,而且也得到了普遍的认可,很多老年人都通过体育锻炼治好了老年疾病。有些老年症状通过药物很难取得好的治疗效果,如肩周炎、肌力衰退等,而参与体育活动可以收到很好的效果。此外,体育锻炼不仅治病效果好,而且更经济。

(2)延缓衰老

人到了老年阶段后,大量的神经细胞会萎缩和死亡,因此大脑重量会慢慢减轻,大脑表面面积也会减少,人会很快衰老,而参与体育锻炼可以刺激中枢神经系统,能够使神经系统的衰老过程得以延缓,使头脑继续保持敏锐状态。

(3)提高精神文化生活质量

老年人很容易产生心理不适应症,这是由其身心特征造成的。如果不及时调整心理不适应症,很容易危害健康。治疗这种症状的关键在于老年人重新建立符合自己角色的生活方式,并适应新角色。

老年人需要娱乐文化生活,而体育活动刚好为其开辟了这样一个有价值的空间。老年人闲暇时间比较多,利用这个时间进行体育锻炼可以改善身体健康状况,也可以交到新的朋友,这些都能够使老年人保持愉快的心情和良好的精神状态,促进其幸福感的增强和精神生活质量的提高。

2.老年人体育的特点

(1)针对性

老年人参与体育锻炼主要是为了预防和治疗疾病,这反映了老年人体育的针对性特征,防病治病也是吸引老年人参与体育运动的主要原因。另外,老年人身体机能在下降,身体素质水平也比较低,因此在对运动内容、时间、方法等进行选择时具有一定的局限性。所以在组织老年人参与体育活动时,应做到区别对待。

(2)积极性

老年人参加体育运动一般都是比较自觉积极的,因为其对健康与长寿有强烈的追求,这种追求是持续的,所以其体育运动行为也是稳定持久的。通过调查每周参与体育锻炼达到三次的体育人群后发现,老年人的比例要高于中年人,而且不同年龄段老年人参与体育锻炼的比例都是较高的(图10-6)。

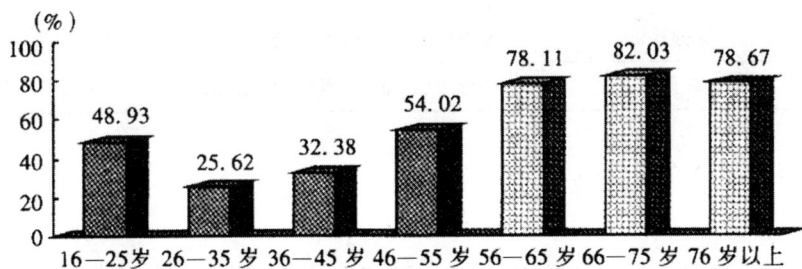

图 10-6[①]

(3)结群性

老年人一般都是比较孤独的,所以喜欢以群体的形式来参加体育活动。对此,政府应满足老年人的这一需求,通过成立组织与团队来鼓励老年人参加团体体育活动。此外,很多老年人是自发组织成小群体来共同进行体育锻炼的,主要就是小区中的邻居组合起来的。

---

① 李建国等.社会体育[M].北京:人民体育出版社,2004.

（二）老年人体育的内容与指导

1.老年体育的内容

老年人适合参加的体育活动主要是运动量小，且比较缓慢的一些活动，具体见表 10-4。

表 10-4　老年体育的内容①

体育活动内容	说明
步行	(1)放慢步行的速度 (2)减小步幅 (3)以八字步行走 (4)两脚着地后稍延长停留时间 (5)脚拖地 (6)两臂小幅度前后摆动
慢跑	最高心率≤(170－年龄的数字)次/分钟
健身性游泳	夏游、冬泳
小强度球类运动	门球、羽毛球等
保健操	太极拳、八段锦、木兰扇等
其他	自行车、广播操、垂钓、登山、旅游等

2.老年人体育的指导

（1）体检

有些老年人看似是健康的，没有明显的疾病，但其疾患都是比较隐蔽的，所以要做好健康检查，以免在体育运动中发生意外。

（2）选择合适的运动环境

老年人的体温调节机能在不断下降，所以在运动时要选择适宜温度的环境，一般 5℃～27℃之间的环境温度有益于老年人身体健康。如果是在夏天运动，尽量将时间定在早晨，中午外出锻炼很容易中暑。如果是在冬天运动，中午比较合适，这时天气比较暖和，不易感冒。

（3）保持身体与精神的平衡

身体健康并不是完全的健康，因此老年人在体育锻炼中除了追求健身

---

① 李建国等.社会体育[M].北京:人民体育出版社,2004.

效果外,还要注意精神与心理方面的健康。这就要求在指导老年人体育锻炼的过程中,为老年人创造更多接触社会、结交朋友的机会,注意对和谐环境氛围的构建,从而使老年达到身心健康的平衡。

(4)注意安全

老年人体力较差,对过重的负荷无法承受,所以在指导老年人体育锻炼的过程中,必须将安全放在首位,合理安排运动量,避免做大幅度高强度的练习,以免发生安全事故。

(三)我国老年体育的发展现状与趋势

1.我国老年体育的发展现状

(1)老年人参与体育活动的比例较大

老年人闲暇时间比较多,而且对防病治病、延年益寿的需求很强烈,所以其具备参与体育锻炼的条件,这也是老年人体育人口比较多的主要原因。

(2)参与项目具有局限性

当前,我国老年人在体育锻炼中可选的项目内容不及中青年那样广泛,具有一定的局限性,从调查结果来看,散步与慢跑、气功、太极拳、体操等是老年人选择比较多的活动项目(图 10-7)。

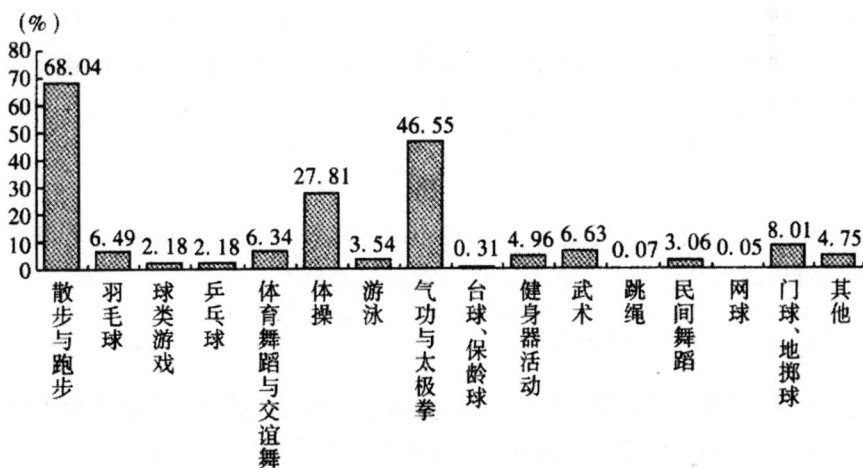

图 10-7[①]

---

① 李建国等.社会体育[M].北京:人民体育出版社,2004.

（3）以健身为主

强身健体是老年人参加体育活动的主要目的，此外，将体育运动作为调整情绪、娱乐放松、社会交往等手段的老年人也占一定的比例，可见老年人在精神方面的需求也能够通过参与体育锻炼而实现（图 10-8）。

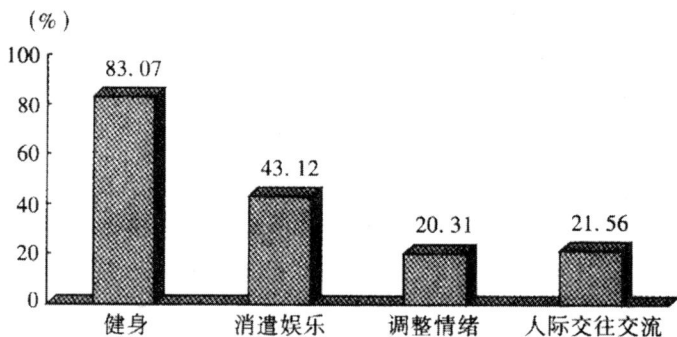

（%）

健身	消遣娱乐	调整情绪	人际交往交流
83.07	43.12	20.31	21.56

图 10-8①

（4）参与时间、空间与方式现状

老年人参与体育活动的时间是比较规律的，每周固定几天时间参与体育锻炼者居多（图 10-9）。

老年人一般选择在自家庭院、街道、公园、社区空地等空间内进行体育锻炼。

个人锻炼是老年人参加体育锻炼的主要形式，与朋友一起锻炼和与家人共同锻炼的老年人也占一定的比例。此外，现阶段，参与社区体育活动的老年人也越来越多。

（5）不参加体育活动的原因

调查发现，不感兴趣是制约老年人参加体育活动的主要原因；体育设施缺乏和时间不足分别是排在第二位和第三位的原因。

2.我国老年人体育的发展趋势

（1）随着我国老龄化现象的严重，国家和政府将会越来越重视老年人健康问题，因此老年人体育也会受到进一步的重视。

（2）我国将为老年人置备更多的体育运动设施，而且老年人体育设施的专门化、便捷化趋势将进一步增强。

（3）随着社会体育指导员队伍的壮大，老年人参与体育运动的内容、方

---

① 李建国等.社会体育［M］.北京：人民体育出版社，2004.

法将更加科学合理。

(4)老年人参与体育锻炼的形式将逐渐以社区体育为主。

(5)有关机构与学者将更加系统且深入地研究老年人体育。

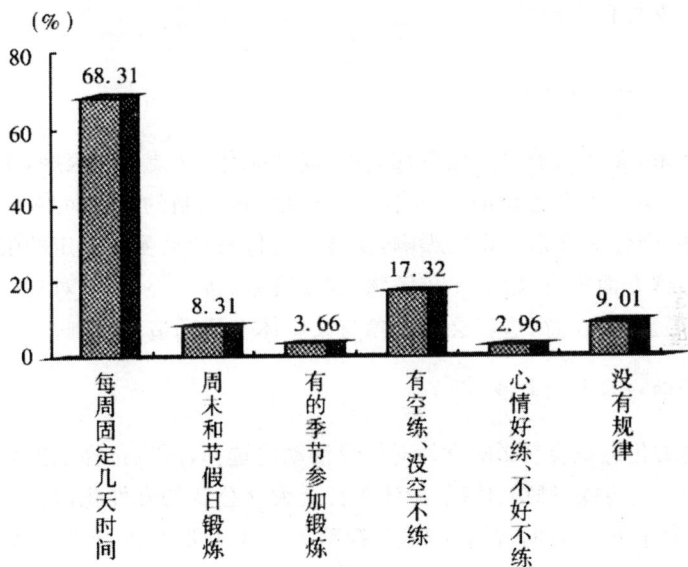

图 10-9①

第四节 女性大众体育与发展

一、女性体育概述

(一)女性体育的意义

(1)在人类再生产中,女性的作用举足轻重,女性体育可以促进女性人口身体素质和健康水平的提高,这对人口的再生产非常有利。

(2)女性以自身的生理特点为依据合理参与体育活动,有助于使特殊生理期的不良反应得以减轻,从而促进健康。

(3)女性长期坚持体育锻炼有利于达到塑形美体的效果,有利于心情的

---

① 李建国等.社会体育[M].北京:人民体育出版社,2004.

愉悦和精神的焕发,同时能够延缓衰老。

(4)参与体育活动能够使女性的自信心不断增强,也能够使女性扩大自己的社会生活范围,体现自己的价值,实现个性化发展。

(二)女性体育的特点

1.参与性相对较低

近年来,女性似乎比男性更加繁忙,既要工作,又要照顾家庭,所以余暇时间很少,参加体育运动的时间不是很充足,这就制约了女性体育的参与度。此外,受传统性别意识的影响,女性参与体育活动受到一定的限制。从女性的心理方面来看,她们比较敏感,容易害羞,自信心不足,对自己在他人面前的"形象"很在意,这就会对其参与某些体育活动造成限制。

2.活动内容相对较少

女性文化意识容易影响女性对体育活动的选择,所以选择范围相对来说不及男性。健身操、舞蹈、体操、游泳等社会大众公认的女性化体育项目等是女性参与体育运动时的首选。拳击、探险等对体力要求高,有明显危险性且身体接触比较多的运动项目一般少有女性参与,甚至有些女性会刻意回避。

3.多结群参与活动

在参与体育活动的过程中,女性容易对团体压力产生遵从反应,而且也容易移情,她们参与体育活动通常都是二三人结群,在选择活动内容和形式时,更倾向合作性强的体育运动。那些充满竞争的体育项目一般不受女性的青睐。

二、女性特殊时期体育锻炼指导

(一)月经期

月经期女性适当参加体育活动对其身体健康是有利的。需要注意的是,在活动中要采取较小的运动负荷,要严格控制运动强度和运动时间。受寒;有大量跑跳、倒立等动作的项目都是要避免的,否则会危害身体健康。

(二)妊娠期

妊娠期的孕妇参与体育活动必须适度,在不同阶段需要注意的侧重点也不同,具体如下。

在妊娠期前 2 个月内参与体育运动时,为避免流产现象发生,必须注意安排小的运动量。

妊娠 3 个月后,一些保健体操动作是可以做的,散步也有利于健康的。安排运动量时,以身体未感到疲劳为宜。容易摔倒或发生损伤的动作尽量不要去做,如跳跃等。

妊娠 5～6 个月时,重点练习背肌和正确的呼吸。

妊娠 8～9 个月时,多做下肢练习更加有利于胎儿健康。

不管在哪个阶段进行体育锻炼,妊娠期妇女都要注意对营养的合理补充。

(三)更年期

持之以恒和针对性是更年期女性参加体育活动需重点坚持的两项原则,在安排运动量和运动强度时,以自我感觉舒适为宜。选择活动内容时,以感兴趣、熟悉且轻松的活动为主。

更年期女性在选择运动环境时,以自然环境为主,景色优美、宜人的环境最佳。女性喜欢结伴锻炼,关系融洽的朋友是最适宜的结伴人选。在运动过程中,更年期妇女应放松身心,注意情绪的调节,这样才能达到锻炼身心的效果。

三、我国女性体育的发展现状与趋势

(一)我国女性体育的发展现状

1.女性参与体育活动的动机

女性的年龄、职业等因素直接关系到参加体育活动的动机。

(1)不同年龄女性参与体育活动的动机

第一,美体、塑身、娱乐、美容等是青年女性参加体育活动的主要动机。

第二,放松身心、调整精神状态和情绪是中年女性参加体育活动的主要动机。

第三,健身、治病及娱乐是老年妇女参加体育活动的主要动机。

(2)不同职业女性参与体育活动的动机

女性的职业不同,参加体育活动的动机也就不同。

大部分女性是利用公共体育场所、居住地附近的场地、单位体育锻炼场地来进行体育锻炼。以脑力劳动为主且收入较高的阶层女性多选择在专门的场所参加休闲性、美体性的体育项目。

2. 活动内容

在活动内容方面,女性的可选范围不及男性大,局限性比较明显,选择散步、跑步、球类、舞蹈、瑜伽、健美操等活动内容的女性占绝大多数。

3. 参与形式

结群参与是我国女性参加体育活动在主要形式,女性更喜欢和自己的朋友、同事一起进行体育运动。老年妇女一般与社区内的同龄人结群参与体育活动。

(二)我国女性体育的发展趋势

1. 女性体育人口将不断增加

随着科技的不断发展和社会的日益进步,家务劳动的社会化与自动化程度将日趋提高,而且随着"独生子女"现象的日趋普遍,女性的家庭负担会不断减轻,这样女性就有比较多的余暇时间来自由支配了,这为其参与体育运动提供了基本条件。

文化教育事业及大众传播媒介的发展促进了女性健康观念及人生观的变革。当代女性对身体健康、生活质量的追求越来越强烈,因此女性体育人口,尤其是城市女性体育人口将不断增加。

2. 政府将进一步重视女性体育的发展

国际社会近年来十分关注妇女健康问题,女性在人口再生产中的地位很重要,妇女身体健康问题对我国人口质量有很重要的影响,因此女性健康问题不仅是女性自身的问题,也是一个重大的社会性问题。所以我国政府十分关注提高女性人口健康水平的问题,体育作为提高健康的一个重要途径自然也会受到重视。

3. 女性体育的科学研究将进一步发展

女性在身体、心理和社会方面的独特特征决定了其更适合也更愿意参与运动型健康休闲娱乐活动,这类活动的发展将为我国体育科研提供一个新的研究领域,有关女性体育的科研成果也将从理论上进一步推动女性体育的发展,更科学地指导女性体育实践。

第五节　残障人群大众体育与发展

一、残障人体育概述

以促进残障人身体康复、余暇生活丰富、生活质量提高为目的的体育活动就是所谓的残障人体育。[①]

（一）残障人体育的意义

残障人体育的发展具有非常重要的意义，这主要表现在以下几个方面。

（1）残障人体育为残障人提供融入社会和回归社会大家庭的有利途径。

（2）残障人体育为残障人身体康复、生活质量提高提供科学有效的手段。

（3）残障人体育为残障人提供共享社会体育文化成果的舞台。

（二）残障人体育的特殊性

1.活动内容特殊

在身体结构与活动功能方面，残障人是无法与正常人相比的，是存在不同程度的障碍的。残障人分几种不同的类型，各类残障人在身体活动能力、身体活动适应度方面存在一定的差异。身体及活动能力方面的障碍会对残障人的体育活动形式、幅度、强度、活动量等造成一定的限制。所以，在组织残障人体育活动过程中，需以残障的类别和程度为依据来对适宜不同残障人的活动内容和运动形式进行合理选择。

2.活动空间特殊

身体及活动功能的障碍性决定了残障人对体育活动物质条件需求的特殊性。残障人在参与体育运动的过程中所使用的活动场地、器材、用具等都具有一定的特殊性，因此在布置这些基本设施时，需充分体现人文关怀，确保残障人使用的场地器材是安全和便捷的。有关单位需针对残障人研发专用的体育设施，为残障人提供更安全和更畅通的运动环境，以此来提高残障

---

① 李建国等.社会体育[M].北京：人民体育出版社，2004.

人参与体育活动的积极性。

3.活动指导特殊

残障人较为敏感,因此在对残障人进行指导时,需秉承人道主义精神,对残障人的个案材料进行充分的了解,尊重其自尊心,在指导的过程中与其多交流,多沟通,以朋友的角色进行指导。而且在指导过程中应耐心讲解,仔细示范,多加鼓励,先培养其兴趣,再激发其动机,然后对其自信心和顽强的意志品质进行培养。

二、残障人体育的内容

(一)残障人休闲体育

残障人可选择的体育内容有很多,不同类型的残障人在体育活动内容方面具有一定的差异性,只有针对自身情况参与体育锻炼,才能获得良好的效果(表 10-5)。

表 10-5 残障人休闲体育内容

不同类型的残障人		适合参加的体育运动
听力残障人		田径、三大球、三小球、自行车、游泳、摔跤、体操等
视力残障人		田径、盲人乒乓球、盲人木球、健身操、游泳、柔道等
智力残障人		田径、手球、水上项目、体操、举重、篮球、保龄球、自行车、轮滑、马术等
肢残人	脑瘫	田径、健身操、乒乓球、游泳、硬地滚球、射击、轮椅网球等
	脊髓损伤类型	田径、健身操、乒乓球、射箭、举重、轮椅篮球、轮椅网球、射击、轮椅击剑等
	截肢	健身操、举重、田径、轮椅击剑、轮椅篮球、轮椅排球等

(二)残障人康复体育

康复是残障人参与体育锻炼的主要动机之一,有很多体育活动内容及练习方法都可以帮助残障人达到康复目的。在对残障人的康复体育运动进行指导时,需全面了解与分析其疾病或损伤情况,然后在此基础上对适宜的活动内容与方法进行安排,设计针对性强的运动处方,且由体育康复师监督残障人实施运动处方。主动运动练习、被动运动练习、助力运动练习、肌肉放松练习、伸展运动练习、矫正运动练习等都是能够促进残障人身体康复的体育练习手段。

三、残障人体育的指导

(一)预防性指导

残障人参与体育运动主要就是为了实现康复的目的,所以,在对残障人体育活动进行指导时,一定要注意避免发生新的运动伤病,要将安全放在第一位,加强医疗监督,同时做好保护性措施。

(二)针对性指导

不同残障人的身体条件和活动功能各有不同,只有因人而异地有针对性地进行指导,才能提高残障人的体育锻炼效果,才能帮助其更早实现康复的目的。某些有功能缺陷的部位应重点地进行锻炼,从而促进功能的恢复和体质健康水平的提高。

(三)全面性指导

在对残障人进行体育指导时,应注意有机结合局部性与全面性,即既要进行局部运动,也要注意全身运动,从而使身体素质得到全面的提高,使机体功能得到改善。

四、我国残障人体育的发展现状与趋势

(一)我国残障人体育的发展现状

1.残障人体育人口现状

通过调查各国的残障人体育人口现状后了解到,与国外体育发达国家相比,我国残障人体育人口明显比较少(图 10-10),可见残障人体育在我国的开展情况不容乐观。制约残障人参与体育运动的因素主要是残障人自身的心理问题。

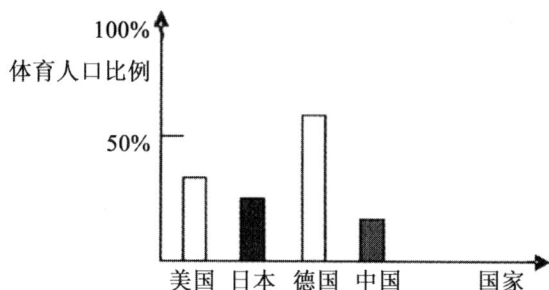

图 10-10①

2.残障人参与体育活动的动机

通过调查 118 名残障体育人口参与体育活动的动机后了解到,有 38.14%的残障人是为了康复参加运动的;有 30.51%的残障人是为了健身,14.41%的残障人是为了娱乐,16.94%的人出于其他目的参加体育运动(图 10-11)。这充分表明,体育运动在康复方面的价值已经得到了残障人的认可。

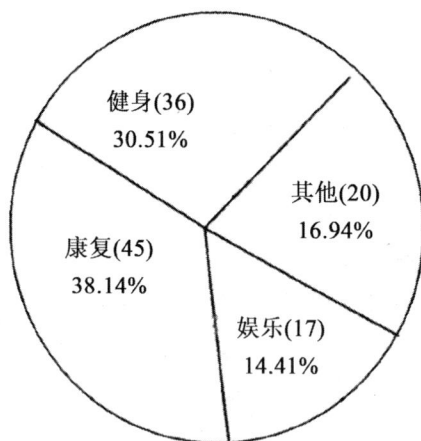

图 10-11②

3.残障人体育消费现状

经济因素会影响体育运动的发展,只有经济发展速度加快,才能在体育

---

① 崔兵.残障人体育现状分析[J].广州体育学院学报,2006(02).
② 同上.

运动方面投入更多的资金与资源,才能为社会体育的发展提供良好的经济环境。总体来看,残障人的经济收入不及正常人,通过对 513 名农民残障人,354 名城镇残障人的体育消费情况进行调查后了解到,农民残障人中,经济条件允许其参加体育活动的占 16.4%,有一定收入后想参加体育活动的占 23.5%;城镇残障人中,经济条件允许其参加体育活动的占 40.4%,有一定收入后想参加体育活动的占 45.6%。这些调查数据表明残障人进行体育消费的能力是比较弱的。

(二)我国残障人体育的发展趋势

1. 政府将进一步关注残障人体育事业

随着社会体育的不断发展与残疾人体育大赛的广泛举办,残障人体育事业在我国越来越受重视,我国政府积极采取各种措施来保障残障人参与体育运动的权利,为残疾人提供更好的法律保障。

2. 我国将开发更多适合残障人的体育项目和体育设施

当前,我国不仅在政策上保障残障人参与体育运动的权利,而且也在为其这一权利的实现不断提供良好的社会环境,这主要表现在我国针对残障人的特点对规范、无障碍、专门性、综合性的体育活动场所进行了修建,并开发了很多适合残障人参与的体育项目,设计了多种集功能康复、信息咨询、休闲娱乐等多元功能为一体的体育设施,为残障人参与体育活动提供了更安全和便捷的服务。

3. 残障人体育与健全人体育的融合度将进一步提升

随着残障人体育的不断发展,残障人将逐渐融入正常人的生活中,与正常人共同享用社会体育资源,甚至同职业运动员一起进行运动。残障人体育与健全人体育的不断融合有效促进了我国社会体育事业的发展。

参考文献

［1］胡小明，王广进.体育休闲概论［M］.北京:高等教育出版社,2016.

［2］钱利安.体育休闲理论与实践调查研究［M］.杭州:浙江大学出版社,2008.

［3］李小进.制约我国家庭体育发展的因素及其对策研究［J］.福建体育科技,2009(01).

［4］操伊芬.试论影响我国 21 世纪家庭体育发展的主要因素及对策［J］.湖北体育科技,2005(04).

［5］李小进,张永保.我国家庭体育发展路径探究［J］.体育文化导刊,2014(01).

［6］陈恒等.浅析社会体育参加的制约因素［J］.体育世界(学术版),2016(12).

［7］姜健.我国社会体育指导员发展现状与对策研究［J］.价值工程,2012(07).

［8］丁浩.社会体育组织的发展路径探索［J］.佳木斯职业学院学报,2016(08).

［9］高国生,宋证远.对我国大众体育设施建设的现状和对策的研究［J］.江苏工业学院学报(社会科学版),2006(04).

［10］周争蔚,廖玉美.大众体育多元化服务体系结构与运行模式研究［J］.佳木斯教育学院学报,2013(12).

［11］崔兵.残障人体育现状分析［J］.广州体育学院学报,2006(02).

［12］田建君,蔡建丰.我国城市青年人体育锻炼的心理——行为特征研究［J］.成都体育学院学报,2011(11).

［13］吕树庭,刘德佩.体育社会学［M］.北京:人民体育出版社,2007.

［14］郭亚飞,刘炜.社会体育学［M］.北京:北京师范大学出版社,2012.

［15］卢元镇.体育社会学(第 2 版)［M］.北京:高等教育出版社,2008.

［16］何劲鹏,柴娇,姜立嘉.体育社会学［M］.北京:中国社会出版社,2009.

［17］李建国,吕树庭,董新光.社会体育［M］.北京:人民体育出版社,2004.

[18]王凯珍.社会体育活动组织与管理[M].北京:中国劳动社会保障出版社,2005.

[19]徐建清,周晓东等.福建省社区体育发展研究[J].福建体育科技,2004(03).

[20]张妍.哈尔滨市社区体育发展现状及发展趋势的研究[D].东北师范大学,2005.

[21]张笑春,刘小辉.对我国大众体育的发展现状及趋势的研究[J].吉林省教育学院学报(上旬),2015(05).

[22]周争蔚,彭智.市场经济背景下我国大众体育发展现状的调查研究[J].云南社会主义学院学报,2013(05).

[23]陈阳阳.我国城市大众体育发展现状及对策研究[D].湖南师范大学,2012.

[24]谭克理,陈永辉.传统保健体育当代传承与发展的社会学审视[J].武汉体育学院学报,2010(10).

[25]陈玉忠.论休闲体育与体育休闲[J].上海体育学院学报,2010,34(01).

[26]黄益苏,李岳峰等.时尚休闲运动[M].北京:高等教育出版社,2007.